근대 한국미의 정체성

조선대학교 우리철학연구소 우리철학총서 07
근대전환기의 한국철학 〈美〉

한국학
총 서

근대 한국미의 정체성

이난수 지음

學古房

19세기 후반기부터 20세기 전반기까지 약 100년 동안의 한국 사회는 격동의 시기였다. 이 시기는 '전통'과 '현대' 및 '동양'과 '서양' 등의 가치관이 혼재되면서 많은 문제가 발생했다. 특히 사상계는 일본 사람인 서주西周(니시 아마네 : 1829~1897)에 의해 굴절된 상태로 소개된 '철학哲學' 용어의 출현과 일제 강점기의 도래로 인해 새로운 문화가 형성되었다.

서양 근대 문명을 동경했던 서주는 '지혜를 사랑함'이라는 'Philosophia, Philosophy'를 '철학'으로 번역했다. 이때 그와 일본의 주류 사상계는 근대 과학 문명을 탄생시킨 서구적 사유를 물리物理와 심리心理를 아우르는 '철학'으로 여기고, 유·불·도를 중심으로 하는 동아시아의 전통적 사유를 심리心理의 영역으로 제한시켰다.

특히 일제 강점기에 서양 선진국의 교육시스템을 모방한 동경제국대학의 교육 체계를 모델로 삼은 경성제국대학 철학과의 주요 교과목은 서양철학 위주로 편성되었다. 이 무렵 한국의 전통철학은 제도권 안에서 부분적으로 수용되었다. 따라서 전통철학은 제도권 안에서 독자적인 영역을 확보할 기회를 갖지 못하고, 주로 제도권 밖에서 연구되었다. 이 때문에 당시의 많은 사람들에게 서양철학은 보편적인 철학이고, 전통의 동양철학은 특수한 철학으로 여겨졌다. 이러한 상황은 많은 학자들에게 서양철학에 대한 무비판적인 수용과 동양철학에 대한 연구의 소홀을 가져오도록 안내했다. 이러한 비주체적인 학문

탐구 경향은 해방 정국 이후부터 산업화시기인 20세기 후반까지 이어졌다.

비록 일부의 학자들에 의해 학문의 주체성 회복과 우리철학의 정립을 위한 연구가 진행되었지만, 철학계에서 그들의 영향력은 크지 않았다. 그러나 20세기 말의 민주화 과정에서 철학의 현실화와 주체적인 학문 탐구를 중시하는 일군의 학자들에 의해 우리철학 정립에 대한 열기가 고조되었다. 그들은 서양철학을 무비판적으로 수용하는 태도와 전통철학을 맹목적으로 옹호하는 태도를 지양하였다. 그들에 따르면 비주체적인 철학 활동은 건조한 수입철학으로 전락하거나, 복고적인 훈고학의 울타리를 벗어나기 어렵다. 이러한 비주체적인 철학 활동은 창의적인 사유를 통한 생명력 있는 이론을 생산하고 발전시키는 면에 제한적이다. 이를 해결하기 위해 시대정신에 대한 통찰력을 강화할 필요가 있다.

우리철학의 정립에 대한 이러한 풍조는 21세기에 확산되고 있다. 조선대학교 우리철학연구소는 비주체적인 철학 풍토를 비판적으로 성찰하고, 통일 시대에 부응하는 21세기형 우리철학의 정립을 목표로 2014년에 설립되었다.

21세기형 우리철학이란 역동적인 시대의 다양한 특성을 반영한 것으로서 한국 전통철학의 비판적 계승, 외래철학의 한국화, 한국의 특수성과 세계의 보편적 흐름을 유기적으로 결합한 사유체계이다. 곧 21세기형 우리철학은 특수와 보편의 변증법적 통일로서 한국의 전통철학과 외래철학과 현실 문제 등에 대해 시대정신을 반영하여 주체적으로 연구한 이론체계를 의미한다.

이 총서는 조선대학교 우리철학연구소가 2015년 한국학중앙연구원의 '2015년도 한국학총서' 사업에 선정된 〈우리철학, 어떻게 할 것인가? - 근대전환기 한국철학의 도전과 응전 - 〉의 연구 성과를 집약한 것이다.

조선대학교 우리철학연구소의 이 총서 사업은 근대전환기 한국사회에서 발생한 철학 담론을 탐구하는 결과물로서 전통의 유·불·도 철학과 민족종교와 미의식 등을 주요 연구대상으로 한다. 이 사업은 민족, 계층, 종교, 이념, 동양과 서양, 전통과 현대, 특수와 보편 등의 문제가 중첩된 근대전환기의 한국사회를 철학적 가치로 재해석하여, 21세기의 시대정신에 부응하는 우리철학 정립의 이론적 토대를 제공하고자 한다. 이 연구는 19세기 후반부터 21세기의 현재까지 취급하는 총론을 제외한 7개의 주제에 대해 19세기 중·후반부터 20세기 전반기까지 약 100년 동안의 전통철학 전반을 대상으로 한다. 내용은 총론, 리理, 심心, 기氣, 실實, 교敎, 민民, 미美 등 총 8개의 주제이다. 총서는 △총론 : 우리철학, 어떻게 할 것인가 △성리학 : 근대전환기의 한국철학 〈理〉 - 호락논변의 전개와 현대적 가치 △심학 : 근대전환기의 한국철학 〈心〉 - 실심실학과 국학 △기철학 : 근대전환기의 한국철학 〈氣〉 - 서양 문명의 도전과 기의 철학 △실학 : 근대전환기의 한국철학 〈實〉 - 현실비판과 근대지향 △종교철학 : 근대전환기의 한국철학 〈敎〉 - 근대전환기 도교·불교의 인식과 반응 △민족종교 : 근대전환기의 한국철학 〈民〉 - 민족종교와 민의 철학 △미학 : 근대전환기의 한국철학 〈美〉 - 근대 한국미의 정체성 등 총 8권으로 구성된다.

총론인 『우리철학, 어떻게 할 것인가』(이철승)는 21세기형 우리철학의 정립이라는 문제의식으로 '철학' 용어가 출현한 19세기 후반부터 21세기가 진행되고 있는 현재까지 한국 철학계의 현황을 고찰한다. 또한 우리철학 정립의 이론적 토대에 해당하는 고유의식, 외래철학의 한국화, 전통철학의 비판·계승·변용, 자생철학의 모색 등을 살펴보고, 우리철학 정립의 사회적 토양에 해당하는 다양한 정치 현실과 문화 현상을 분석한다. 그리고 특수와 보편 및 타율성과 자율성의 등의 시각으로 우리철학 정립의 방법을 모색하고, 같음과 다름의 관계와 어울림철학을 중심으로 하는 우리철학 정립의 한 유형을 고찰한다.

근대전환기의 한국철학 〈理〉인 『호락논변의 전개와 현대적 가치』(홍정근)는 호론과 낙론 사이의 학술논변을 다루고 있다. 호락논변은 중국이나 일본 등 다른 전통 사회에서 찾아볼 수 없는 독자성이 강한 우리철학의 한 유형이다. 이 논변은 중국과 일본을 비롯한 전통의 동아시아사회에서 찾아볼 수 없는 독자성이 있다. 이 책은 호락논변 초기의 사상적 대립, 절충론의 등장, 실학에 끼친 영향 등을 서술하였고, 20세기 학자인 이철영의 사상을 집중적으로 검토하였다. 이철영은 호락논변을 재정리하고, 자신만의 새로운 학설을 정립한 학자이다. 다음으로 호락논변의 논쟁점을 총체적 관점에서 인물성동이논변과 미발심성논변으로 나누어 기술하였다. 마지막 장에서는 호락논변에 함유되어 있는 근현대적 가치들을 살펴보았다.

근대전환기의 한국철학 〈心〉인 『실심실학과 국학』(김윤경)은 근대 격변기 속에서 속일 수 없는 자기 본심을 자각하고 '실현'해 나간 양명학 수용자들의 철학적 문제의식, 자기수양, 사회적 실천 등을 고찰하였다. 이들의 중심에는 정제두 이래 양명학을 주체적으로 수용하고 계승한 이건승, 이건방, 정인보 등 하곡학파가 있다. 하곡학파는 실심

실학에 기초한 주체적 각성, '국학'의 재인식과 선양이라는 실천으로 식민지 현실을 극복하고자 하였다. 또한 본서에서는 하곡학파에 속하지 않지만, 하곡학파와 긴밀히 교류하면서 양명학적 유교 개혁을 추구한 박은식, 화담학과 양명학의 종합으로 독창적인 학술체계를 건립한 설태희, 진가논리로 불교개혁을 추구한 박한영 등의 사유를 부분적으로 취급하였다.

근대전환기의 한국철학 〈氣〉인 『서양 문명의 도전과 기의 철학』(이종란)에서 탐구하는 주제는 근대전환기 과학과 그리스도교로 대표되는 서양문명의 도전에 따라 그것을 수용·변용하거나 대응한 논리이다. 곧 기철학자와 종교사상가들이 서양문명의 수용·변용·대응 과정에서 기의 논리를 핵심으로 삼아, 전통사상의 계승·발전·극복 등의 사유 과정을 구체적으로 분석하였다.

근대전환기의 한국철학 〈實〉인 『현실비판과 근대지향』(김현우)에서는 한민족에게 내재한 현실 중심의 개혁·실천·개방의 전통 사유를 중심으로 근대전환기 전통 개혁론의 계승과 확산, 서구 과학기술의 수용과 한계, 초기 사회주의 수용과 경계 등을 대주제로 삼았다. 이를 바탕으로 북학파의 계승과 개화파의 등장, 1840년 아편전쟁 이후 한국 정부의 대응, 서구 문명에 대한 인식 변화, 문명과 유학과의 관계 재정립, 실학자들의 재발견, 보편 문명과 민족 문화와의 충돌과 해소, 사회 주체로서 국민의 등장, 대한민국 임시정부와 사회주의 소련과의 조우 등을 세부적으로 분석하였다.

근대전환기의 한국철학 〈敎〉인 『근대전환기 도교·불교의 인식과 반응』(김형석)은 도교철학과 불교철학을 중점적으로 취급한다. 도교의 경우, 근대전환기 한국 도교 전통의 맥락을 계승하면서 수련도교의 큰 축을 이루고 있는 전병훈의 『정신철학통편』을 중심으로 살펴본다. 특히 한국 도교전통을 통해 동·서문명의 만남, 전통과 근대의 만남을 기획했던 그의 세계관과 정치사상을 분석하였다. 불교의 경우, '호법護法', '호국護國', '호민護民' 등의 프리즘으로 숲과 마을, 성과 속, 교단과 세속권력, 종교와 정치 사이 등과 같은 당시의 시대적 모순에 대한 불교계의 인식과 반응을 분석하였다. 이는 정치주체와 '외호'의 주체에 대한 해석 문제, 한국불교전통의 계승과 불교 근대화의 문제, 불교교단의 승인·운영·관리 문제 등의 형태로 드러났다.

근대전환기의 한국철학 〈民〉인 『민족종교와 민의 철학』(이종란·김현우·이철승)은 동학·대종교·증산교·원불교 등 민족종교의 사상 속에 반영되어 있는 당시 민중들의 염원과 지향 및 사유를 철학적 관점으로 재구성하였다. 이들 종교는 모두 전근대적 민에서 주체의식과 민족주의, 상생과 평화, 공동체 의식을 갖는 근대적 시민으로 자각하도록 이끄는 데 일조하였음을 밝혔다.

근대전환기의 한국철학 〈美〉인 『근대 한국미의 정체성』(이난수)은 19세기 후반부터 20세기 전반까지 한국 사회에서 풍미했던 고유의 미의식을 분석한다. 특히 예술과 예술 정신의 기준이 변화하기 시작했던 1870년대 개항 시기부터 한국 고유의 미론이 등장하는 1930년대까지의 미의식 현황을 분석한다. 이때 미의 철학이란 한국인의 미에 대한 가치와 그것이 구체화된 현상적 특징을 말한다. 이는 전통에서 근대로의 이행 과정에서 예술이 어떻게 계승되고 변용되었는지를 고찰하는 것이다. 이를 통해 근대 예술의 형성이 오로지 예술만의 이념과 논리를 기준으로 형성되지 않고, 당시의 시대 상황과 뒤섞이며 시대정신과 함께 변모했음을 확인할 수 있다.

이 총서를 발간하면서 그동안 우리철학 정립이라는 문제의식을 공유하며 연구와 집필에 전념한 연구진께 고마움을 전한다. 연구진은 그동안 한국의 철학계에서 수행하기가 쉽지 않은 이 작업을 위해 많은 노력을 기울였다. 낯선 시도이기에 불안할 수도 있지만, 누군가는 해야 할 일이기에 연구진은 용기를 내어 이 길에 들어섰다. 미비한 점은 깊게 성찰하고, 이후의 연구를 통해 보완할 것이다.

이 사업이 이루어질수록 적극적으로 지원해준 한국학중앙연구원과 교육부에 감사를 드리며, 이 사업의 필요성을 인정하고 선정해 주신 심사위원들께도 감사를 드린다.

또한 어려운 상황임에도 출판을 허락하신 도서출판 학고방의 하운근 사장님과 글을 꼼꼼하게 다듬어주신 명지현 팀장님을 비롯한 편집실 구성원들께도 감사를 드린다.

2020년 7월
한국학중앙연구원 한국학총서 사업 연구책임자
조선대학교 철학과 교수 및 우리철학연구소장
이철승 씀

　이 책은 조선의 예술이 한국의 미론으로 이행하는 과정을 논의한다. 19세기 말에서 20세기 초반에 걸친 문명의 대전환 속에 예술은 어떻게 과거를 계승·변용했으며, 국권침탈의 혼돈 속에서 미론의 모색과 실천은 어떠하였는지 그 역정歷程을 탐색한다.

　아름다움을 지칭하는 'beauty'는 서양의 개념이며, 이에 해당되는 동양의 개념을 '미美'라 부른다. 서양미학은 근대에 유입된 학문으로 최상의 이데아idea 중 하나의 개념이고, 동양의 '미'는 '선善'과 더불어 동양적 사유 가운데 좋다good는 의미 범주로 서양만큼의 지위를 갖지 못했다. 또한 오늘날 '예술藝術, fine art'라는 개념도 서양에 의해 도입된 개념이다. 물론 과거의 문헌에 '예술 藝術'이라는 용어가 있었지만 문학·미술·음악·무용 등의 모든 장르를 포괄한 개념은 아니었다. 'fine art'에 해당되는 동양의 개념으로 '예술'이 선택된 것이다. 오늘날 '미'나 '예술'과 유사한 비유나 은유가 옛 문헌들 속에 적지 않지만 독립적인 학문으로 구성되기에는 충분하지 않다.[1] 그럼에도 불과하고 현대 연구자들은 미론, 미의식, 미적경험 등 일련의 미 개념이 근대 이전부터 있었다는 관점을 견지한다. 이러한 미에 대한 넓은 의미의 해석과 평가는 개념의 수용과 자기화의 역정을 고려하지 않은 것으로 볼 수 있다. 또한 미학의 형성 문제를 1930년대 중반부터 등장한 서양

------

1) 이상우, 『동양미학론』, 아카넷, 2018, 38~40쪽 참조.

미학과 예술을 전공한 한국 학자들을 기점으로 보는 견해도 재검토해야 한다. 이를 테면 기존의 근대 예술에 관한 평가로 '역사 단절론'과 '서구중심주의'가 있다. '역사단절론'은 예술의 역사가 19세기에서 20세기로 이어지지 않고 끊어졌다는 주장이다. 또한 '서구중심주의'는 비평이란 서구 근대 시기에 보여주는 형식을 갖추고 있어야 한다는 관점을 말한다. 이러한 논의는 앞선 시대 특히 19세기후반부터 20세기 초반까지 전개되어 온 여러 형식의 예술과 관련된 논의들을 외면하는 것이다.

근대 한국미의 형성은 전통과 근대, 제국과 식민의 경계에서 고뇌하는 근대인에 인식의 균열과 봉합의 지점에서 생성되었다. 이 책은 실제로 근대적인 예술인식이 생겨나게 된 1870년대부터 독립적이고 자율적인 영역을 구축하며 미적 근대성을 형성한 1930년대 초까지를 살펴본다.

미론의 형성 조건과 과정을 규명하기 위해, 당시 사상적 경향 및 근대 인식과 관련된 문화 담론을 함께 고찰할 것이다. 조선의 공간에서 예술이 구현된 담론의 장場은 정체성과 관련된다. 근대의 특징은 주체 혹은 개인이 인간의 유형 가운데 최소의 단위이자 분리될 수 없는 개체임을 자각하는 것이다. 유일하고 독자적이며 고유한 근대적 주체는 예술의 자율성과 독립성에 영향을 끼쳤다. 뿐만 아니라 개인의 정체성은 인간의 의식에 본래 내재된 것이 아니라 사회와 자아의 상호작용에 의해 형성된다. 다시 말해 정체성이란 태어나면서부터 조선이라는 국가에 속하게 되고, 자라면서 조선인이라는 의미가 부여되며 같은 조선인들에게 느끼는 동질감을 통해 형성된다. 여기서 개인의 정체성은 민족문제로 확장된다. 민족은 과거와 현재의 정치·역사

·문학·미술 등의 문화적 담론을 공유한 집단이다. 또한 정체성은 민족 내부로부터만 생성되는 것이 아니라 외부로부터 채워지기도 한다. 즉 타자와의 차이에 의해 정체성이 특징 지워진다.

이러한 측면에서 정체성은 고정된 하나의 특성이 아니라 시대적 상황과 사회적 변화에 따른 문화 담론으로 볼 수 있다. 개화 담론에서 예술은 근대를 정립하기 위한 전통의 계승·변용 문제와 문명화의 과정 가운데 나타났다. 그리고 주체 혹은 개인 담론은 독립적인 미적 주체의 발견과 그에 따른 근대적 미론의 모색으로 나아갔다. 마지막으로 근대적 미론의 형성은 조선 담론의 등장에서 비롯된다. 식민이라는 특수한 상황에서 근대를 맞이한 조선은 타자에 의해 정체성이 규정되기도 하였다. 다시 말해 조선 담론의 전개과정에서 우리는 타자에 의한 조선 미의 형성을 목격할 수 있다.

이처럼 근대 한국미는 서구적 관점의 이념과 논리에 따라 형성된 것이 아닌, 시대를 인식하며 생성된 정체성이다.

제1장
개화의 물결과 미의식의 발견

조선은 19세기 중반부터 열강의 물결로 인해 중국 중심의 세계관이 해체 되는 과정을 겪었다. 1862년 임술민란壬戌民亂이 발발하고, 1876년 일본과의 병자수호조약丙子修好條約을 기점으로 조선의 개항이 시작된다. 일반적으로 개항開港이란 서구 주도의 근대 세계로 향한 문호의 개방을 일컫는데, 조선은 비서구 국가인 일본에 의해 개항이 되었고 후에 일본의 식민국가가 되었다. 19세기의 학술계는 당대의 형국을 반영한 복잡성을 여실히 드러내었다. 이를 테면 정통 성리학을 주장하는 위정척사파와 개혁과 개방론을 주장한 실학파가 있다.[1] 비록 서로 대립하였지만, 그들의 사상적 토대와 방법은 모두 현실의 위기 상황을 어떻게 대응하느냐에 집중되었다.

이 장에서는 19세기 중반부터 나타난 개화의 기류 가운데 예술의 대응논리를 살펴보도록 하겠다.

---

1) 임형택 외, 실시학사 편, 『환재 박규수 연구』, 학자원, 2018, 43,45쪽 참조.

1 성리학 전통의 비판과 변용

김정희와 박규수는 청대 고증학을 기반으로 사상을 형성하며 그에 따른 예술론을 펼쳤다. 예술론은 중국에 대한 무비판적 수용이 아니라 현실에 맞게 적용한 공통점을 지니고 있다. 그들은 근대라는 새로운 변화를 예감하고, 이에 대응하려 하였다. 불안정한 국내 정세와 열강의 침입에 따른 외교적 혼란은 예술 위한 예술보다는 현실에 필요한 예술을 요청하였다. 이렇게 요청된 예술은 전통의 계승이자 변용으로 나타난다.

1) 실사구시적 예술론

19세기 조선 사회는 전통 성리학을 비판하고, 현실 문제를 중심으로 한 이용후생과 경세치용의 사상적 흐름이 일어났다. 특히 청나라의 고증학을 수용하여 변혁을 시도하려는 북학파가 새로운 시대를 주도하였다. 조선의 새로운 사상적 흐름에 바로 김정희金正喜(1786~1856)[2]가 있다. 김정희는 조선후기 대표적인 실학자이자 예술가로 활

---

2) 김정희의 자는 원춘元春, 본관은 경주, 호는 추사秋史이다. 그 외에 완당阮堂·예당禮堂·시암詩庵·과노果老·농장인農丈人 등 많은 호가 있다. 그는 북학에 경도되어 있던 백부의 영향으로 일찍부터 청나라에 관심을 갖는다. 더구나 박제가의 눈에 띄어 어린 나이에 그의 제자가 되었다. 24세 때 생원시에 합격하고, 이어 동지부사인 아버지를 따라 연경에 가게 된다. 그는 당시 연경 학계에 거두인 옹방강, 완원과 사제지간을 맺어 그들의 학문을 전수받았다. 당시 47세인 완원은 자신의 경학과, 예술관, 금석고증의 방법론을 전수하였고, 자신의 저서를 기증하였다. 78세의 옹방강으로부터는 금석고증·서화감식·서법원류에 관한 가르침을 받는다. 특히 그의 경학관은 훈고와 의리를 동시에 중시하

동하였다. 그는 경학을 기초로 금석·고증학에 뛰어났으며, 시문과 서
화에 능통하였다. 어릴 적부터 박제가朴齊家(1750~1805)의 영향으로 실
학적 세계관이 형성되었으며, 24살 되던 해 부친을 따라 연경燕京에
머물면서 새로운 학문과 문화를 접하게 된다. 당시 청학의 대표인 완
원阮元(1764~1849)과 옹방강翁方綱(1733~1818)과의 교류는 금석학과 고
증학을 수용하여 자신만의 사상적 토대를 구축하는 계기가 되었다.
특히 옹방강의 한송불분론漢宋不分論3)과 완원의 실사구시實事求是정
신은 김정희 사상의 핵심이 된다.

　　그는 학문과 예술의 지향점을 동일하다고 보았는데, 이러한 점은

는 한송불분론으로서 추사가 이에 영향을 받아 저술한 것이 바로 실사구시설
이다. 이 실사구시설은 추사가 31세 때 지은 것으로 옹방강의 경학관에 완원의
철저한 고증학적인 경학관을 합쳐 종합 정리한 것으로 새로운 경학관을 제시
한 것이라 할 수 있다. 추사는 1819년에 문과에 급제하고 암행어사. 예조 참의
·설서·검교·대교·시강원·보덕 등을 역임한다. 그러나 윤상도의 옥사에 연
루되어 아버지가 유배되고, 추사도 파직된다. 그 뒤 1836년에는 병조 참판과
성균관대사성을 역임하고, 다시 윤상도의 옥사가 거론되어 1840년부터 1848년
까지 9년간 제주되어 유배된다. 헌종 말년에 방환되나 1851년에는 권돈인의
예론에 연루되어 다시 함경도 북청으로 유배된다. 2년 만에 유배에서 풀년난
추사는 다시 관직에 나가지 않고 봉은사에 기거하며 학문에 몰두하다가 1856
년 71세의 나이에 생을 마쳤다. 민족문화추진회 편,『國譯 阮堂全集』4, 솔,
1998, 5~7쪽 참조.
3) 한송불분론漢宋不分論은 훈고訓詁를 중심으로 한 한학漢學과 의리義理를 중
심으로 한 송대宋代의 주자학이 서로 다르지 않고, 나눠지지도 않았다는 것이
다. '한송불분론'을 통해 훈고, 고증을 중심으로 주자학을 보완해야 한다는 주
장이다. 이는 주자학을 비판하면서 한대의 훈고적 경전 해석을 중시한 실학자
들의 일반적 견해와는 다르다. 즉 주자학의 학문태도를 비판하면서도 실학의
탈주자학적 입장에서 벗어난 것이다. 황지원, 사공홍주,『김정희의 철학과 예
술』, 계명대출판부, 2010, 7~8,42쪽.

조선 성리학의 '도본문말道本文末(도가 근본이고 문은 지엽이다.)'적 사고에서 벗어난 것이다.

> 세상에서 매양 문文을 소도小道라 하며 가볍게 여기는데, 이는 문을 유희遊戱로 삼는 자에게 해당되는 말로 문이 아니면 도道가 붙일 곳이 없다. 따라서 문과 도는 서로 필수적이어서 나누어 둘로 할 수 없는 것이다.4)

인용문에서 그는 문을 수단이나 보조적 방법으로 보는 견해를 반박하고 있다. 여기서 문은 예술로도 볼 수 있다. 김정희는 도와 예술은 서로 일치되므로, 예술이 없으면 도를 이룰 수 없다고 말하였다. 이에 따라 예술은 성현의 진리와 같은 위치를 점유하게 된다. 예술을 통한 도의 실현은 예술자체가 도의 목적이고 방법이 된다는 명제를 제시한 것이다. 다시 말해 예술과 성인의 길은 서로 다르지 않다. 이렇게 예술은 도로부터 분리되면서, 독자적이며 고유한 장르를 구축 할 수 있게 되었다.

(1) 실사구시론

김정희는 조선 후기 실학에서 '실사구시학파'를 개창한 대표적인 인물이다. 실사구시에 대한 논의는 조선 성리학자들에게도 나타났지만, 그의 실사구시는 고증학을 바탕으로 한 '사실'과 '의리'를 중시하는 실학의 풍토에서 조성되었다. 실사구시 정신은 경전에 대한 고증

---

4) 金正喜, 『阮堂全集』 8, 「雜識」: 世每以文爲小道而忽之, 是以文爲戲者也, 非文則道無以寓焉. 文與道相須, 不可歧而貳之也.

뿐만 아니라 금석학을 통한 역사·지리·서법의 연구까지 확대 적용되고 있다.[5]

> 『한서漢書』「하간헌왕전河間獻王傳」에 이르기를 "실사구시實事求
> 是"하였는데, 이 말은 곧 학문을 하는 데 있어 가장 중요한 도리이
> 다. 만일 사실에 의거하지 않고 다만 허술한 방도를 편리하게 여기
> 거나, 그 진리를 찾지 않고 다만 선입견을 위주로 한다면 성현의 도
> 에 있어 배치되지 않을 것이 없다. 한유漢儒들은 경전의 훈고에 대
> 해서 모두 스승에게서 가르침을 받은 것이 있어 정실함을 극도로
> 갖추었고, 성도인의性道仁義 등의 일에 이르러서는 그때 사람들이
> 모두 다 알고 있어서 깊이 논할 필요가 없었기 때문에 많이 추명推
> 明하지 않았다. 그러나 우연히 주석注釋이란 것이 있으니 이것은 진
> 정 사실에 의거하여 진리를 찾지 않은 것이 없었다.[6]

위의 내용은 「실사구시설實事求是說」의 시작부분이다. 그는 『한서漢書』에 실린 "실사구시實事求是"라는 문장을 인용하면서 학문의 지향점을 제시하였다. 사실에 의거한다는 "실사"는 실증적인 방법을 의미한다. 그리고 사물의 진리인 "구시"는 도를 찾는 것을 함의한다. 그는 한유漢儒의 예를 들어 설명한다. 그들은 함부로 자신의 선입견을 위주로 판단하지 않고, 스승으로부터 전해 받은 것을 그대로 실천하

---

5) 한국철학사연구회, 『한국실학사상사』, 다운샘, 2000, 289~290쪽 참조.
6) 金正喜, 『阮堂全集』1, 「實事求是說」: 漢書河間獻王傳云實事求是此, 語乃學問最要之道, 若不實以事而但以空疎之術爲便, 不求其是而但以先入之言爲主, 其于聖賢之道, 未有不背而馳者矣. 漢儒于經傳訓詁, 皆有師承, 備極精實, 至于性道仁義等事, 因爾時人人皆知, 無庸深論, 故不多加推明. 然偶有注釋, 未嘗不實事求是也.

였다. 그렇기 때문에 경전에 주석을 달지 않아도 되었고, 실제 주석을 달더라도 실사구시에 맞았다고 한다. 김정희는 역대 경전에 관한 학파들 가운데 한학이 성현의 길에 가장 가깝다고 보았다. 하지만 진晉나라 이후 학문이 실사구시에 충실하지 못하게 되면서 성현의 도가 실현되기 어려웠다고 말한다.

그의 실사구시는 문경론門逕論으로 구체화된다. 성현의 도를 당실로 비유하면서 그 과정을 문경이라 언급한다.

학자들은 훈고를 정밀히 탐구한 한유들을 높이 여기는데, 이는 참으로 옳은 일이다. 다만 성현의 도를 비유하자면 마치 갑제대택甲第大宅과 같으니, 주인은 항상 당실에 거처하는 데 그 당실은 문경門逕이 아니면 들어갈 수가 없다. 훈고는 바로 문경이 된다. 하지만 일생 동안 문경 사이에서만 분주하면서 당堂에 올라 실室에 들어가기를 구하지 않는다면 이것은 끝내 하인下人이 될 뿐이다. 그러므로 학문을 하는 데 있어 반드시 훈고를 정밀히 탐구하는 것은 당실을 들어가는 데에 그릇되지 않기 위함이요. 훈고만 하면 일이 다 끝난다고 여기는 것은 아니다. 그런데 특히 한나라 때 사람들이 당실에 대하여 그리 논하지 않았던 것은 그때의 문경이 그릇되지 않았고 당실도 본디 그릇되지 않았기 때문이었다.

그런데 진晉, 송宋 이후로는 학자들이 고원한 일만을 힘쓰면서 공자를 높이어 '성현의 도가 이렇게 천근하지 않을 것이라'고 하며, 이에 올바른 문경을 싫어하여 이를 버리고 특별히 초묘고원超妙高遠한 곳에서 그것을 찾게 되었다. 이처럼 허공을 딛고 올라가 용마루 위를 왕래하면서 창문의 빛과 다락의 그림자를 가지고 사의思議의 사이에서 이를 요량하며 깊은 문호와 방구석을 연구하지만 끝내 이를 직접 보지 못하고 만다.[7]

---

7) 金正喜, 『阮堂全集』1, 「實事求是說」: 學者尊漢, 精求訓詁, 此誠是也. 但聖

마찬가지로 그는 한유의 훈고적 태도를 긍정하면서도 훈고만으로는 성현의 도에 이를 수 없다고 말한다. 그가 말한 훈고는 당실에 들어가기 위한 문경일 뿐이다. 따라서 훈고에만 힘쓴다면 영원히 당실인 성현의 도에 이를 수 없다. 이처럼 문경은 당실에 들어가기 위한 과정일 뿐 당실이 될 수는 없다. 그럼에도 불구하고 문경은 실사구시에 입각한 학문의 방법으로 중요한 의의를 갖는다. 또한 그는 "그러므로 학문의 방법은 굳이 한漢, 송宋의 한계를 나눌 필요가 없고, 반드시 정현, 왕숙과 정자, 주자의 장단점을 비교할 필요가 없으며, 굳이 주희, 육구연과 설선, 왕수인의 문화를 다툴 필요가 없이 다만 심기를 평안하게 하여 널리 배우고 독실히 실천하면서 오로지 '사실에 의거하여 진리를 찾는다'는 하나의 말만 주장하여 행하는 것이 옳다."[8] 라고 말하며 당시 '한송불분론漢宋不分論'에 대한 견해를 피력하였다. 내용을 보면, 그는 한학과 송학뿐만 아니라 양명학 등의 여러 학설들에 관하여 그들의 학문에서 보아야 할 점을 실사구시라 하였다. 그의 실사구시설에 나타난 '한송불분론'은 옹방강과 완원의 견해에서 벗어

　　賢之道, 譬若甲第大宅, 主者所居, 恒在堂室, 堂室非門逕, 不能入也. 訓詁者, 門逕也. 一生奔走于門逕之間, 不求升堂入室, 是厮僕矣. 故爲學, 必精求訓詁者, 爲其不誤于堂室, 非謂訓詁 畢乃事也. 漢人不甚論堂室者, 因彼時門逕不誤, 堂室自不誤也. 晉宋以後, 學者務以高遠, 尊孔子, 以爲聖賢之道不若是之淺近也. 乃厭薄門逕而弃之, 別于超妙高遠處求之. 于是乎踽空騰虛, 往來于堂脊之上, 窓光樓影, 測度于思議之間, 究之奧戶屋漏, 未之親見也.

8) 金正喜,『阮堂全集』1,「實事求是說」: 故爲學之道, 不必分漢宋之界, 不必較鄭王程朱之短長, 不必爭朱陸薛王之門戶, 但平心靜氣, 博學篤行, 專主實事求是一語, 行之可矣.

났다. 옹방강은 한학을 두루 종합하되 반드시 송학을 각수할 것을 말하였고, 완원의 경우 송학을 높이고 한학으로 보완할 것을 주장하였다.[9] 이렇듯 김정희의 사유는 청학의 영향을 받았지만, 그대로의 답습이 아닌 새로운 길로 나아간다. 그의 문경론도 학문을 중심으로 한 완원의 관점에서 예술 영역으로 확장되어 독창적인 발전을 이룬다.

(2) 실사구시적 예술

김정희의 실사구시적 사유는 예술관에 그대로 반영된다. 학문에서 문경이 한학을 기반으로 한 훈고였다면 예술에서 문경은 모범이 되는 예술가의 기법과 정신을 가리킨다. 작품의 탄생은 예술가가 오랫동안 기법을 배우고 숙련하는 과정을 통해 이루어진다. 그 과정을 보면 아래와 같다.

> 난화蘭畫 한 권에 대해서는 망녕되이 제기題記한 것이 있어 이에 부쳐 올리오니 거두어주시겠습니까? 대체로 이 일은 하나의 하찮은 기예技藝이지만, 그 전심하여 공부하는 것은 성문聖門에 격물치지格物致知의 학문과 다를 것이 없습니다. 이 때문에 군자의 일거수 일투족이 어느 하나도 도道 아닌 것이 없으니, 만일 이렇게만 한다면 또 완물상지玩物喪志에 대한 경계를 어찌 논할 것이 있겠습니까? 그러나 이렇게 하지 못하면 곧 속사俗師의 마계魔界에 불과한 것입니다. 그리고 심지어 가슴 속에 5천권의 서책을 담는 일이나 팔목 아래 금강저金剛杵를 휘두르는 일도 모두 여기로 말미암아 들어가는 것입니다.[10]

9) 황지원, 사공홍주, 『김정희의 철학과 예술』, 63쪽.
10) 金正喜, 『阮堂全集』2, 「與石坡」2: 蘭話一, 妄有題記順, 此寄呈可蒙領存. 大

그는 그림을 그리는 것을 하찮은 기예로 볼 지라도, 이를 전심으로 하면 학문의 격물치지와 다를 것이 없다고 말한다. 예술이 성현의 도와 일치한다는 김정희의 견해가 여기에도 나타난다. 책을 많이 읽어서 성현의 가르침을 깨닫는 것과 끊임없이 필획을 연구하여 명필이 되는 것은 같다. 내용을 보면, 그림을 배우고 숙련하는 과정에는 격물치지의 태도가 요구된다. 이러한 점은 "내 글씨는 비록 자랑할 만한 것이 못되지만 칠십여 년 동안 열 개의 벼루를 닳아 없애고 천 자루의 붓을 몽당붓으로 만들었다."11)라는 고백에서도 알 수 있다. 그는 수없이 반복하며 쉬지 않고 연습하였다. 이를 위해 관련된 책을 읽으며 끊임없이 노력하여 법식을 체득하였던 것이다. 그 결과로 추사체가 완성된다.

예술의 지향점은 도의 실현이고, 이는 실사구시와 격물치지를 통해 이룰 수 있다. 이러한 그의 예술관은 문경으로 구체화 되며 대표적으로 시詩·서書·화畵를 중심으로 논의된다.

> 흔히 사람마다 문경門徑에 대하여 그림자나 찾고 빛이나 훔치면서 철두철미하게 하지 못하는데, 영감은 문경이 잘못되지 않아서 마치 순풍에 기러기 털을 날리듯이 그 성대한 형세를 막을 수가 없습니다. 그리고 시도詩道로 말하면 어양漁洋·죽타竹坨가 문경이 잘못되지 않았는데, 어양의 경우는 순수하게 자연에서 나와 마치 천의무

抵此事直一小技曲藝, 其專心下工, 無異聖門格致之學, 所以君子一擧手一擧足, 無往非道, 若如是, 又何論於玩物之戒. 不如是, 卽不過俗師魔界. 至如胷中五千卷腕下金剛, 皆從此入耳.

11) 金正喜, 『阮堂全集』3, 「與權彝齋」33 : 吾書雖不足言, 七十年磨穿十硏, 禿盡千毫.

봉天衣無縫과 같고, 또 마치 화엄루각華嚴樓閣을 한 손가락으로 튕겨서 열어버린 것과도 같아서 자취를 찾아내기 어렵습니다. 죽타의 경우는 인력人力으로 정진하여 하나하나의 계제를 밟아 올라서 비록 태산의 정상까지라도 한걸음 한걸음으로 차츰 올라갈 수 있는 것과 같습니다. 그러니 모름지기 죽타를 위주로 하고 어양을 참작해서 한다면 색色·향香·성聲·미味가 완전하여 흠결이 없게 될 것입니다.[12]

인용문은 시의 문경에 대하여 말하고 있는데, 첫 구절은 유명한 작품들을 단순히 모방하거나 기본을 충분히 익히지 못한 시인들을 비유한 내용이다. 그가 말한 문경은 전범이 되는 대가들의 작품을 공부하는 방법과 과정을 일컫는다. 이를 테면 시의 경우 어양인 왕사정王士禎(1634~1711)과 죽타인 주이존朱彝尊(1629~1709)을 손꼽을 수 있다. 이들은 청대 시학을 대표하는 시인으로 왕사정은 신운설神韻說을 창시하였고, 주이존은 금석고증金石考證과 고문시사古文詩詞에 뛰어났다. 김정희는 두 인물의 예술적 특성을 비교하며 설명한다. 그는 왕사정과 주이존의 작품에서 모범적인 문경을 볼 수 있는데, 왕사정 보다는 주이존을 중심으로 공부할 것을 강조한다. 그의 시 공부는 청나라를 기준으로 올라가는 것이다. 다시 말해 시를 짓고자 하는 사람들에게 당시의 문경이 잘 구비되어 있는 시작품을 중심으로, 우선 이들의 법식을 공부하도록 제시한다. 김정희는 청대의 왕사정과 주이존의 시법에

---

12) 金正喜, 『阮堂全集』2, 「與申威堂觀浩」2: 每人於門徑, 摸影掠光, 不能透頂徹底, 門徑不誤, 如鴻毛順風, 沛然莫禦耳. 詩道之漁洋竹坨, 門徑不誤, 漁洋純以天行, 如天衣無縫, 如華嚴樓閣, 一指彈開, 難以摸捉. 竹坨人力精到, 攀緣梯接, 雖泰山頂上, 可進一步. 須以竹坨爲主, 參之以漁洋, 色香聲味, 圓全無虧缺.

서부터 시작하여 시간을 역으로 올라가다보면 마지막에는 당나라의 두보杜甫(712~ 770)에 이를 수 있다고 하였다. 최종적으로 두보시를 공부해야 비로소 시도詩道에 다다를 수 있다.[13] 가장 근원이 되는 당실堂室을 그는 당나라의 두보시로 설정하였고, 이를 위해 우선 가장 가까운 청대 시인들의 문경부터 익힐 것을 권유하였다. 역사적으로 가장 가까운 시대의 문경에서부터 근원으로 나아가는 계단식 방법은 김정희 예술의 특징이라 할 수 있다. 시도詩道인 당실에 이르기 위한 문경은 일정한 구조를 가지고 있다. 공간적으로는 말단에서 근원으로 나아가며, 시간적으로는 현재에서 과거로 올라가는 방식이다. 이것은 예술은 타고난 재주로 완성되는 것이 아니라, 올바른 학습과 실증적인 사고 그리고 부단한 실천을 통해서만 예술이 성취될 수 있다는 점을 시사한다.[14]

김정희의 실사구시적 예술론은 박학博學을 통하여 도를 실현하는 것이다. 이러한 방법으로 문경을 공부한 사람과 하지 않은 사람의 차이는 다음의 글을 통해 알 수 있다.

그러나 이 어찌 원교의 허물이랴. 그의 천품은 남달리 뛰어났지만 그 재주가 있을 뿐, 학學이 없었다. 이 또한 그의 허물만은 아니다. 고금의 법서와 좋은 작품을 얻어 보지 못하고 또 대가에게 나아가 취정하지 못하고, 다만 초일한 천품만 의지하여 그 고답적인 오견만 세우며 재량을 할 줄 모르니 이는 숙계叔季 이래의 사람으로서 면하지 못하는 바이다. 그의 '옛것을 배우지 아니하고 정에 인연하

---

13) 金正喜, 『阮堂全集』2, 「與申威堂」2: 由是三家進, 以元遺山, 虞道園, 溯洄於東坡山谷, 爲入杜準則, 可謂功成願滿, 見佛無怍矣.
14) 황지원, 사공홍주, 『김정희의 철학과 예술』, 87쪽 참조.

여 도를 버리는 자들에게 뜻을 전한 것'은 사뭇 자신을 두고 이른 말인 것 같다. 만약 좋은 작품을 얻어 보고 또 유도有道에 나아갔던들 그 천품으로써 이에 국한되고 말았겠는가.15)

위의 글은 김정희의 「서원교필결후書圓嶠筆訣後」 가운데 일부분으로, 내용은 조선후기 대표적 서화가이자 문인인 이광사李匡師(1705~1777)를 비판하고 있다. 이광사는 서예사에 있어서 왕희지체에 기반을 두고 이를 발전시킴으로써 조선의 독특한 서체인 동국진체東國眞體를 완성한 서예가로, 당시 서예단에 큰 영향을 끼친 인물이다. 따라서 김정희의 이 글은 당시 조선서단을 비판하는 것으로 볼 수 있다. 그는 이광사가 문경을 제대로 공부하지 않음을 예로 들어 설명한다. 이광사가 타고난 예술적 재능은 있지만, 전범이 되는 예술이론과 작품에 대한 학습이 부족하여 도에 이르지 못하였다고 말한다. 이와 같다면 서예에 있어서 문경은 어떠한 과정을 거쳐야 하는 것일까? 그는 "구양순歐陽詢이나 저수량褚遂良 등의 사람들을 모두 건너뛰고, 종요鍾繇와 왕희지王羲之에게로 올라가려한다면, 이것은 문경을 거치지 않고 곧장 당실로 들어가려는 것이다. 그것이 가능하겠는가!"16)라며, 서도書道에 이르는 문경을 제시하였다. 앞에서 살펴본 시와 마찬가지로

---

15) 金正喜, 『阮堂全集』6, 「書圓嶠筆訣後」: 然此豈圓嶠之過也. 其天品超異, 有其才而無其學, 無其學又非其過也. 不得見古今法書善本, 又不得就正大方之家, 但以天品之超異, 騁其貢 高之傲見, 不知裁量, 此叔季以來所不能免也. 其三致意於不學古而緣情棄道者, 殆似自道也. 若使得見善本, 又就有道, 以其天品, 豈局於是而已也.

16) 金正喜, 『阮堂全集』8, 「雜識」: 欲盡空歐褚諸人, 而上接鍾王, 是不由門逕, 直躐堂奧, 其可得乎.

근원이 되는 서법은 왕희지王羲之(303~361)이며, 구양순歐陽詢(557~641)과 저수량褚遂良(596~658)을 시작으로 서법을 공부해야 한다고 강조한다. 문경과 당실은 김정희가 역사적으로 많은 서예가들의 필법을 연구하면서, 기준을 세운 것이다. 당실인 왕희지를 중심으로 그의 서법을 전승한 구양순, 저수량이라는 문경은 김정희의 서예관을 대변한다. 앞에서 본 이광사도 왕희지체를 근본으로 하여 동국진체를 완성하였는데, 그럼에도 불구하고 김정희는 이광사의 서법이 잘못됨을 지적하였다. 그는 올바르게 익히고 배웠는지를 평가의 기준으로 제시함으로써 문경의 중요성을 다시 한 번 강조하였다.

김정희는 모든 예술장르에 대하여 문경을 통한 도의 실현을 주장한다. 여기서 도의 실현은 궁극적인 경지에 도달한 작품을 일컫는다. 예술가는 법식을 익히는 것뿐만 아니라 박학을 통해 작품을 완성해야 한다. 예를 들어 그의 "비록 그림에 능한 자는 있을지라도 반드시 모두 난蘭에 능하지는 못하다. 난은 화도畫道에 있어 특별히 일격一格을 갖추고 있으니, 가슴속에 서권기書卷氣를 지녀야만 붓을 댈 수 있는 것이다.[17]"를 보면 그림에 있어서 법식이 바탕을 이루며, 그림의 생명은 "일격"에서 좌우됨을 알 수 있다. 그가 말한 "일격"은 바로 예술가의 정신세계를 의미하고, 이를 구체적으로 "서권기"라 하였다.

(가) 난蘭을 치는 법은 또한 예서隸書 쓰는 법과 가까우니, 반드시 문자향文字香과 서권기書卷氣가 있은 다음에야 될 수 있는 것이다. 또 난을 치는 법은 그림 그리는 법칙대로 하는 것을 가장 꺼리는

---

17) 金正喜, 『阮堂全集』7, 「書示佑兒」: 雖有工於畵者, 未必皆工於蘭. 蘭於畵道, 別具一格, 胸中有書卷氣, 乃可以下筆.

것이니, 만일 그림 그리는 법칙을 쓰려면 일필―筆도 하지 않는 것
이 옳다.18)

　(나) 더구나 예법은 가슴속에 청고고아淸高古雅한 뜻이 들어 있지
않으면 손에서 나올 수 없고, 가슴의 청고고아한 뜻은 또한 가슴속
에 문자향文字香과 서권기書卷氣가 들어 있지 않으면 능히 완하腕下
와 지두指頭에 발현되지 않으며, 더욱이 심상한 해서 같은 것에 비
할 바가 아니다. 모름지기 가슴속에 먼저 문자향과 서권기를 갖추는
것이 예법의 장본張本이며, 예를 쓰는 신결神訣이 된다.19)

　두 인용문에서 등장한 ‘문자향 서권기文字香 書卷氣’는 예술가가 지
녀야 할 태도를 말한다. 인용문(가)를 보면 난을 그릴 때는 형상만을
그리는 것이 아니라, 그 속의 정취까지 담아내야 한다고 하였다. 이
때문에 예술가의 내적 수양이 요구되며, 그 방법이 ‘문자향서권기’이
다. 인용문(나)는 예서 쓰는 법을 설명한 부분이다. 그는 예서를 쓰기
전에 맑고 깊은 우아함의 풍격이 갖추어야 하는데, 이는 ‘문자향서권
기’를 통해 형성된다. ‘문자향’은 중국에서 화론의 개념으로 사용되지
않았지만, ‘서권기’는 시와 서체 그리고 그림을 품평하는 용어로 사용
되었다. 이 두 개념이 김정희의 화론에서 “문자향 서권기”로 결합되
었다. 문자향과 서권기는 학자의 풍격을 의미하며, 기본적으로 갖추
어야 할 학문적 소양을 의미한다. 이러한 소양을 지닌 사람의 작품에
는 자연스럽고 맑은 고아함이 깃들어있다.20)

---

18) 金正喜, 『阮堂全集』2, 「與佑兒」: 蘭法, 亦與隷近, 必有文字香書卷氣然後,
　　可得, 且蘭法, 最忌畵法, 若有畵法, 一筆不作可也.
19) 金正喜, 『阮堂全集』7, 「書示佑兒」: 且隷法非有胷中淸高古雅之意, 無以出
　　手, 胷中淸高古雅之意, 又非有胸中文字香書卷氣, 不能現發於腕下指頭, 又
　　非如尋常楷書比也. 須於胸中先具文字香書卷氣, 爲隷法張本, 爲寫隷神訣.

김정희가 강조하는 문자향과 서권기는 작품에 담긴 예술가의 정신 세계를 뜻한다. 독서와 학문을 통하여 형성된 소양은 예술가의 맑고 깊은 풍격이 된다. 이와 같을 때 비로소 예술가가 표현하고자 하는 대상의 본질이 작품에 구현될 수 있다. 그는 작품에서 환기된 정서가 예술가의 정신세계를 반영한다고 보았다. 이러한 이유로 예술가의 창작 행위는 수양과 동일하다.

> 난을 칠 때에도 마땅히 자기의 마음을 속이지 않는 것에서부터 시작해야 한다. 잎 하나 꽃술 하나라도 마음속으로 반성하여 부끄러움이 없게 된 뒤에 남에게 보여야 한다. 모든 사람의 눈이 주시하고 모든 사람의 손이 다 지적하고 있으니 이 또한 두렵지 아니한가? 난을 치는 것이 작은 재주지만 반드시 생각을 진실하게 하고 마음을 바르게 하는 데에서부터 출발해야만 비로소 손을 댈 수 있는 기본을 알게 될 것이다. 아들 상우商佑에게 써서 보이고 아울러 쓴다.[21]

그는 경전공부에서만 자신의 마음을 속이지 않는 것이 아니라, 난을 그릴 때에도 속임이 없어야 한다고 말하였다. 인용문은 예술가가 작품을 창작하기 전에 자신을 돌아보는 성찰의 과정이 필요함을 강조하고 있다. 난화에 표현된 형상은 난의 본질과 더불어 창작자의 내면세계까지 함의하고 있다. 그렇기 때문에 난을 그리는 것은 자신을 속

20) 배나나, 「김정희 화론의 문자향서권기 개념연구」, 홍익대석사논문, 2012, 59~61쪽 참조.
21) 金正喜, 『阮堂全集』6. 「題君子文情帖」: 寫蘭亦當作不欺心始. 一撇葉一點瓣, 內省不疚, 可以宗人. 十目所視, 十手所指, 其嚴乎. 雖此小藝, 必自誠意正心中來, 始得爲下手宗旨. 書示佑兒幷題.

이지 않는 것에서 시작된다. 즉 예술가는 도의 실현을 위해 자신을 속이지 않아야 하며 더불어 문자향과 서권기적 소양을 키워야 한다. 예술은 단순히 대상을 묘사하는 것을 넘어 예술가의 정신이 작품에 표현되기 때문이다.

지금까지 살펴본 김정희의 예술론은 그의 철학체계에 기반을 두고 전개되었다. 그는 학문과 예술을 동등하게 보면서 시·서·화 등이 작품으로 창작되는 원리와 방법을 설명하였다. 이를 테면 문경론을 중심으로 예술가는 모범이 되는 법식을 배우고 익힘으로써 예도藝道가 깃든 작품을 창작할 수 있다. 여기서 문경론은 실사구시의 방법을 예술에 적용하여, 올바른 배움과 이를 통한 숙련 그리고 실증적 사고를 의미한다.

2) 전통의 절충으로서 예술

조선에서 중세와 근대가 맞물린 시기는 19세기 중엽이후로 볼 수 있다. 당시 성리학적 질서와 가치관을 가진 조선인들에게 서구의 과학과 문명의 수용은 충격으로 다가왔다. 특히 중국 중심의 세계관에서 서구 중심의 세계관으로의 이행은 전통과 근대의 갈등으로 나타난다. 다시 말해 전통적인 것을 어떻게 계승할 것이며, 근대적인 것을 어떻게 수용할 것인지의 새로운 문제가 등장한 것이다. 따라서 당대의 사상은 당면한 시대에 대한 사상적 전략이 되었고, 실학은 개화사상開化思想으로 구체화되었다. 개화[22]사상은 실학사상의 근대지향적

---

22) 개화란 허구와 관념을 배척하고 실사구시의 가치관에 입각하여 개인의 삶과 국정을 개선하는 것으로 이해된다. 즉 인간의 주체적인 자각과 실사구시를 도

측면을 내재적으로 계승하면서, 외적 요인에 촉발되어 근대적 변혁사상으로 변모하였다.[23] 본고에서는 개화사상의 비조인 박규수朴珪壽(1807~1877)[24]를 중심으로 조선후기 전통과 근대의 경계에 나타난 예술론을 살펴보고자 한다.

> 그 학문은 아들, 신하, 아우, 벗으로서 당연히 행해야 할 의리와 분수로부터 천덕天德과 왕도王道, 경전과 역사, 시원과 근본에까지 이르렀으니, 그 축적과 소양이 두텁고도 깊었다. … 크게는 국가를 다스리고 논밭을 경영하는 제도부터 작게는 금석金石과 고고考古, 의기儀器와 잡복雜服 등에 이르기까지 정밀히 연구하고 실사구시를 하여 규모가 방대하고 조리가 치밀했다. 모두 경전을 보좌하여 선왕의 도를 천명할 만한 것들이었다.[25]

모하는 내면적인 교육 그리고 산업·정치·국방의 근대화를 추구하려는 외면적인 실천이 개화의 두 축이라고 할 수 있다. 한국철학연구회, 『한국철학사상사』, 심산, 2005, 401쪽 참조.

23) 강재언, 『한국의 개화사상』, 비봉출판사, 1981, 176쪽 참조.

24) 박규수는 한양 가회방嘉會坊의 집에서 태어났다. 그의 부친은 박지원朴趾源(1737~1805)의 아들 박종채朴宗采(1780~1835)이고, 모친은 전주 유씨全州柳氏이다. 그의 학문은 조부인 박지원과 부친인 박종채의 영향을 받았다. 그는 박지원에게 직접적인 가르침을 받지 못했지만, 박종채에 의해 실학적 가풍을 익히며 성장하였다. 일찍이 실학 공부를 하고, 42세 때 문과에 급제하여 관료로 활동하게 된다. 병인양요에 이어 1868년 셔먼호 사건이 일어났을 당시 그는 평안도 감사로서 사태에 대응, 처리하였으며, 1875년 일본의 군사적 압박이 이른바 병자수교로 이어진 당시에도 국가적 중대사에 당면해서 대책을 강구, 발언하였다. 이와 같은 경험으로 인해 그의 실학관은 목적을 경세에 두면서 개혁·개방을 고유한 속성으로 나타난다. 임형택 외, 실시학사 편, 『환재 박규수 연구』, 70쪽 참조.

25) 朴珪壽, 『瓛齋集』1, 序: 其學自子臣弟友所當行之義分, 達之於天德王道經經緯史元本本, 其蓄積素養之具, 旣厚且深. … 大而體國經野之制, 小而

위의 내용은 『환재집瓛齋集』의 서문 가운데 일부분으로, 김윤식金允植(1835~1922)이 평가한 박규수의 학문관이다. 내용을 보면 박규수의 학문은 경학으로부터 시작하여 금석학과 고증학에 대한 정밀한 연구로 나아갔다. 뿐만 아니라 그는 일상생활에서의 상식 및 지식까지 섭렵하였다고 평가된다. 인용문에서 "크게 국가를 다스리고 논밭을 경영하는 제도"라는 부분은 그가 경상좌도 암행어사와 진주 안핵사에 있을 당시 삼정三政 개혁책을 강구한 사실을 언급한 것이며, "의기"와 "잡복"은 천문의기 제작과 의복에 관한 저술을 가리키는 것이다.26) 1840년대 전반까지 그의 학문은 성리학을 바탕으로 하면서 고증학에 대한 실사구시적 측면을 지니고 있다. 이후 1840년대 후반부터는 서세동점에 대처하기 위한 경세학으로 나아간다. 특히 1860년대 이후는 청대 고염무顧炎武(1613~1682)의 사상에 심취하여 고증학에 대한 깊은 관심을 기울이면서, 천문과 금석학 연구에 몰두하였다.27)

그의 사상적 경향은 예술론에 그대로 적용된다. 특히 고염무의 영향으로 화론에 대한 새로운 논의를 제기하면서, 당시 추사체를 모방하기에 급급한 예술계를 비판하였다. 박규수의 예술론을 살펴보기 전에, 우선 그의 사상에 대해 알아보도록 하겠다.

(1) 실학의 근대지향성

박규수가 박지원朴趾源(1737~1805)의 손자였다는 점은 북학파의 학

金石考古儀器雜服等事, 無不研究精確, 實事求是, 規模宏大, 綜理微密. 皆可以羽翼經傳, 闡明先王之道者也.

26) 김명호, 『환재 박규수 연구』, 창비, 2008, 674쪽 참조.

27) 위의 책, 652~653쪽 참조.

문적 토대를 구성하는 중요한 계기가 된다. 그의 인품과 사상 그리고 문학에 큰 영향을 끼친 인물로는 박지원의 『과정록過庭錄』을 지은 부친 박종채朴宗采(1780~1835)를 비롯하여, 학문과 문학으로 명성이 있었던 외종조 유화柳訸(?~?)와 척숙 이정리李正履(1783~1843)·이정관李正觀(1792~1854)형제를 들 수 있다.[28]

그의 저작 가운데 『상고도회문의례尙古圖會文儀例』는 박지원의 사론士論을 계승하였고, 천문관은 홍대용洪大容(1731~1783)의 지원설地圓說과 자전설自轉說을 수용한 점에서 북학파의 영향을 알 수 있다.[29] 그는 "이른바 학문이란 모두 실사이다. 천하에 어찌 실實이 없으면서 학문이라고 말할 수 있는 것이 있겠는가."[30]라며, 학문에 있어 사실에 근거한 실사實事를 강조하였다.

이렇듯 실사를 중요시하는 그의 학문관은 경세관에 있어서도 같은 면모를 보인다. 아래의 인용문은 1871년 신미양요를 겪은 직후, 친구에게 보낸 편지글이다.

> '예의의 나라'라고 일컬을 때마다 이 말을 나는 본래 비루하게 생각했네. 이 세상에 만고토록 나라를 이루고서 예의가 없는 나라가 어디에 있었는가. 이 말은 중국인이 이적夷狄 가운데 이런 나라가 있음을 가상하게 여겨 '예의의 나라'라고 칭찬했던 것에 불과하니, 이것은 본래 수치스럽게 여겨야 할 것이지 세상에 스스로 자랑할

---

28) 박규수, 김채식 옮김, 『瓛齋集』1, 성균관대출판부, 2017, 17쪽 참조.
29) 김인규, 「朴珪壽의 思想形成에 있어서 北學派의 영향과 그 전개: 실학사상에서 개화사상으로의 발전을 중심으로」, 『東洋哲學硏究』28집, 2002, 108쪽 참조.
30) 朴珪壽, 『瓛齋集』4, 「錄顧亭林先生日知錄論畵跋」: 凡所謂學者, 皆實事也. 天下安有無實而謂之學也者乎.

만한 것은 못 되네. 조금이라도 지벌地閥이 있는 자들은 번번이 '양반, 양반'하고 일컫는데, 이것은 가장 수치스러운 말이며 가장 무식한 말이네. 지금 번번이 '예의의 나라'라고 자칭하는 것은 '예의'가 어떤 물건인지도 모르면서 하는 말이네.31)

그는 조선을 중국의 종속국으로 보는 관점에 대해 격앙된 어조로 비판하였다. 중국이 조선을 예의의 나라 일컫는 것은 조선을 소중화小中華로 인식한 것이다. 이를 좋은 뜻으로 알고 조선인들이 회자하는 것은 스스로가 중국 중심의 세계관에서 탈피하지 못한 것이다. 그는 중국 중심적인 화이론華夷論을 부정한 홍대용의 사상을 계승하였다. 즉 북학파의 화이론 계승은 당시 쇄국을 주장하는 척사론자들의 세계인식을 비판하며, 현실적인 개혁안을 주장하기 위함이다. 그는 조선인들에게 청나라와 동등한 조선의 위상을 자각시키고자 하였다.
　그는 신미양요를 통해 정책 개선의 필요성을 느꼈으며, 이러한 측면은 개국론에 잘 나타난다.

　지금 세계를 돌아보니 정세가 날로 변해 동서의 열강이 나란히 대치하고 있어 옛날 춘추春秋 열국列國 시대와 같으니, 동맹과 정벌 등 앞으로 그 분쟁을 이루 말할 수 없을 것이다. … 내치와 외교에 적절한 조치를 잃지 않는다면 그나마 스스로 보존할 수 있겠지만 그렇지 못하면 어리석고 나약해 먼저 망하는 것은 하늘의 도리이니

---

31) 朴珪壽, 『瓛齋集』8, 「與溫卿」32 : 輒稱禮義之邦, 此說吾本陋之. 天下萬古, 安有爲國而無禮義者哉. 是不過中國人嘉其夷狄中, 乃有此而嘉賞之曰禮義之邦也. 此本可羞可恥之語也, 不足自豪於天下也. 稍有地閥者, 輒稱兩班兩班, 此爲最堪羞恥之說, 最無識之口也. 今輒自稱禮義之邦, 是不識禮義爲何件物事之口氣也.

또 누구를 탓하겠는가.

　내 들으니, 미국은 지구에 있는 나라들 중 가장 공평公平한 나라로 불리고 분쟁을 해결하는 데 뛰어나며, 또 부유함이 육대주六大洲에서 으뜸이고 영토를 넓히려는 욕심이 없다고 한다. 저들이 비록 말을 하지 않더라도 우리가 마땅히 먼저 결교結交에 나서 맹약을 체결한다면, 고립되는 우환을 거의 면할 수 있을 것이다. 그런데 도리어 밀어내고 물리치니 어찌 나라를 위한 방법이겠는가.[32]

　위의 내용은 신미양요 사건에 대한 자문 중 일부분이다. 그는 급박하게 돌아가는 외세의 위협에 대해 국내 정세의 안정을 기반으로 대응해야 한다는 의견을 제시하였다. 내치와 외교를 함께 개혁하여야 불안한 정세를 해결할 수 있으며, 이를 위해 개국이 필요함을 주장한다. 우선 미국과의 수교를 통해 고립된 정세를 극복하고 선진 기술을 수용하여 부국강병을 꾀하고자 하였다. 그는 제너럴셔먼호 등의 서양 열강의 침입사건을 겪으면서 중국이 아닌 서양과의 수교가 시급함을 느꼈다. 특히 미국을 부유하고 평등한 국가로 인식하면서 서양을 오랑캐가 아닌 선진 국가로 조선을 발전시킬 존재로 인식하였다.[33]

　박규수는 북학파를 계승하면서 개화사상[34]을 태동시킨 인물이다.

---

32) 朴珪壽, 『瓛齋集』 7, 「美國兵船滋擾呑」: 歎曰顧今宇內, 情形日變, 東西諸强並峙, 與曩日春秋列國之時相同, 會盟征伐, 將不勝其紛紜矣. … 內治外交, 不失機宜, 則猶可自保, 不然則昧弱先亡, 天之道也, 又誰咎焉. 吾聞美國在地球諸國中最號公平, 善排難解紛, 且富甲六洲, 無啓疆之慾. 彼雖無言, 我當先事結交締固盟約, 庶免孤立之患. 乃反推而却之, 豈謀國之道乎.

33) 김인규, 「朴珪壽의 思想形成에 있어서 北學派의 영향과 그 전개: 실학사상에서 개화사상으로의 발전을 중심으로」, 128쪽 참조.

34) 개화사상의 형성은 개국 → 개화를 위한 사상적·정치적 결사로부터 시작된다. 개화파의 형성은 박규수의 사상에 있어서 실학에서부터 개화로의 전환은 1872

그의 실사구시적 사고는 고증학을 기반으로 형성되었고, 국정에 참여하면서 자연스럽게 학문의 목적을 경세에 두었다. 그는 안으로는 개혁을 도모하고 밖으로는 개방을 주장하면서 중화주의적 세계관을 비판하였다. 북학파는 청나라와의 외교를 통해 부국강병을 모색하였던 반면, 박규수는 서구 열강까지 확장하여 개국을 주장하였다. 비록 그의 개국론이 국정운영에 반영되지 못하였지만, 이를 계기로 조선은 근대의 길로 한걸음 더 나아갈 수 있었다.

(2) 전통의 절충으로서 예술

박규수는 북학파의 후예이자 개화의 단초를 열은 선각자로 알려져 있지만, 당대의 문인으로서도 명성을 떨쳤다. 그의 문학관은 현실을 반영하는 효용론적 입장을 견지한다. 19세기 말 조선의 문단은 고문古文과 당시唐詩를 모방하는 복고주의復古主義나 이에 대한 반발로 참신한 기교를 추구하는 경향이 있었다. 그는 이 두 가지 경향을 모두 경계하면서 질박한 문학을 추구하였다.[35] "그러나 스스로 문인이라 자처하지 않았고, 글을 지을 일이 있으면 반드시 목적이 있어서 지은 것이지, 한가로이 노닥거리는 실속 없는 말이 아니었다. 매양 생각이 나면 붓을 들어 말하고자 하는 내용을 막힘없이 쏟아내었으므로 법도

년부터이며 1874년부터 우의정을 사퇴하고 한거 생활을 하였다. 이 시기에 박규수는 그의 사랑에 출입하는 젊은 양반 자제들에게 박지원의 문집 『연암집燕巖集』을 강의하기도 하고, 중국에 왕래한 사신이나 역관들이 전하는 신사상을 말하기도 하였다. 그 속에서 형성된 사상을 바로 개화사상이라 한다. 강재언, 『한국의 개화사상』, 193쪽 참조.

35) 김명호, 『환재 박규수 연구』, 604쪽 참조.

와 기준을 세세히 지키지 않고도 저절로 문장을 이루었다."36) 인용문에서 보듯, 문인으로서 박규수에 대한 평가는 그의 사상과도 일치한다. 그의 문학관은 아름답고 미려하게 꾸미는 수식을 지양하고, 담박하고 질박한 문채를 구사하였다. 이러한 이유로 그의 글은 "조화롭고 전아하여 광채가 났고 사람들이 쉽게 이해할 수 있었으며, 아름답게 꾸며내는 모습과 괴롭게 고생하는 태도가 없었다."37)라고 회자된다.

다음은 박규수가 대제학을 사직하며 올린 소疏 가운데 글짓기 방법에 관한 내용이다.

그러나 일찍이 들건대 문장의 도에는 두 가지가 있다고 하니, 경세지문經世之文과 수세지문需世之文이 그것입니다. 전적典籍에 널리 통달하여 백가百家를 꿰뚫고, 경사經史에 근거를 두어 고금古今을 고증하며, 경륜이 넓고 저술이 풍부하여 앉아서 말하고 일어나 즉시 행할 수 있는 것, 이것이 이른바 경세의 문장입니다. 낭묘廊廟와 산림山林의 구별이 없이 재주와 학문과 지식이 있어서 이것으로 명가名家가 된 자들이 일찍이 많았습니다.

많은 말 중에 정수를 뽑고 육예의 꽃다움에 노닐어 찬란한 이아爾雅의 붓을 뽑아들고 온화하고 화평한 소리를 드날리면, 흑백의 보불黼黻을 수놓아 문장을 이루고 사죽의 관현을 번갈아 울려 성률에 맞추며, 샘처럼 솟아나는 조사藻思와 황하가 터지는 듯한 웅변雄辯으로 민첩하기로는 말을 세워놓고 단번에 구제九制를 지어내고, 풍부하기로는 붓을 잡고 짧은 사이에 만언을 써서 만사에 응답함에 응용이 끝이 없는 까닭에 수세需世의 문장이라 일컬으니, 관각館閣

---

36) 朴珪壽, 『瓛齋集』1: 然未嘗以文人自命, 如有所作則必有爲而發, 非汗漫無實之言也. 每意到下, 沛然而達其所欲言, 不規規於繩墨尺幅而自然成章.
37) 朴珪壽, 『瓛齋集』1: 故其爲文也, 春容典雅, 發輝有光, 使人易解, 而無雕繪粉澤之容艱難勞苦之態.

에서 필요에 따라 글로 응대하는 데는 이것이 먼저입니다.[38]

　그는 문장을 역할과 쓰임에 따라 두 가지로 구분한다. 첫 단락에 경세지문과 수세지문으로 나누면서 문장의 도를 설명한다. 경세지문은 경전에 대한 깊은 이해와 고증학적인 관점을 견지하여 생활에 실제 적용되는 글이다. 그는 앉아서 말하고 일어나 즉시 실천할 수 있는 문장이라 하면서, 타고난 기질보다는 학문의 습득과 지식을 통해 경세의 경지에 오를 수 있다고 한다. 이러한 까닭에 경세지문으로 유명한 사람들이 많다. 수세지문은 학식이 풍부하며 육예를 충분히 익혀서 아름다움을 갖추었으며, 글에는 온화함과 화평한 울림이 깃들여 있다. 또한 그때그때 민첩하게 문장을 지어 일에 대응할 수 있기 때문에 주로 관료들의 글을 일컫는다. 이상으로 두 가지 방법은 각각 글쓴이의 환경에 따른 문장쓰기이며, 모두 화려한 문식이나 기교의 중요성 보다 실용적이며 효용적인 측면을 강조하였다.

　박규수의 경세적이며 고증적인 학풍은 문학관에 그대로 반영된다. 이러한 측면은 청대 고염무의 영향을 받은 것으로 1855년에 쓴 「록고정림선생일지록논화발錄顧亭林先生日知錄論畵跋」의 글에서도 나타난다.

---

38) 朴珪壽, 『瓛齋集』6, 「辭大提學疏」: 雖然竊嘗聞之, 爲文之道有二焉, 蓋有經世之文, 有需世之文. 博通典籍, 貫穿百家, 根經據史, 考古證今, 經綸浩汗, 富有著述, 坐而言之, 起便可行, 此所謂經世之文也. 無廊廟山林之別, 而有才有學有其識者, 以此名家曾多有之. 至若掇羣言之精英, 漱六藝之芳潤, 抽陸離爾雅之筆, 振渢融和平之音. 黼黻黑白, 絺綉而成章, 管絃絲竹, 迭奏而協律, 藻思泉湧, 雄辯河決, 敏給則立馬而一揮九制, 贍富則染翰而頃刻萬言, 以其酬接萬事, 應用不窮. 故謂之需世之文, 而館閣需用, 以此爲先.

42

그림 또한 예술 중에 한 가지 일이므로 실로 학문學問과 큰 관련
이 있는데, 지금 사람들이 너무 소홀히 여김은 어째서인가? 참으로
사의寫意의 법이 흥성하고 지사指事와 상물象物의 그림이 없어졌기
때문이다. 후대 사람들의 정밀한 공부가 고인에 미치지 못하고, 또
번거로움을 견디려고 하지 않아, 그저 화폭에 강 한줄기와 돌 하나
를 그리면서 절지折枝와 몰골沒骨의 필법을 써서 대충 선염渲染하고
는 스스로 간고簡古하다 자부하여 더 마음을 기울이지 않는다. 이는
고인일사高人逸士들의 한묵翰墨 취미로 본다면 일찍이 기뻐하고 보
배롭게 여기지 않은 적이 없었다. 그러나 만약 모든 사람들이 이와
같고, 심지어 화원畫院에서 대조待詔하는 무리들이 마땅히 힘써야
하고 잘 할 수 있는 것까지 여기에서 그친다면 화학畫學은 거의 망
하게 될 것이다.[39]

이 발문은 박규수가 화가인 정안복鄭顔復(1833~?)의 아들 정내봉鄭來
鳳(?~?)에게 보낸 글이다. 그는 정내봉의 그림에 대한 조언을 위해 청
나라 고염무의 「일지록日知錄」 가운데 논화論畵를 적고, 그 뒤에 자신
의 설명을 덧붙였다. 그의 발문은 고염무의 화론을 조선 화단의 현실
에 입각하여 재창작한 것으로, 박규수의 화론 가운데 손꼽히는 글이
다. 인용문의 시작은 당시 조선에서 사의寫意를 강조하는 수묵화가
유행함에 따라 사실寫實적 측면이 소홀해지는 화단의 세태를 비난하
고 있다. 그는 당대 화가들이 학문을 소홀히 하는 점을 비판하였다.

---

39) 朴珪壽, 『瓛齋集』4, 「錄顧亭林先生日知錄論畫跋」: 夫畫圖亦藝術中一事也,
實有大關於學者, 而今人甚忽之何也. 良由寫意之法興, 而指事象物之畫廢
故耳. 後人之精細功夫, 不及古人, 又不肯耐煩, 只以一水一石之幅, 折枝沒
骨之筆, 草草渲染, 自托於簡古不經意而已. 此在於高人逸士翰墨餘事, 則
未嘗不可喜而可寶也. 若夫人人如此, 以至於畫院待詔之倫所務而所能者,
止於是焉. 則畫學殆亦亡矣.

여기서 화가는 두 종류로 나누어진다. 문인들의 한묵취미와 도화서 화가들의 그림이다. 그는 문인들의 취미를 부정하지는 않았지만, 전문적인 화가들까지 절지와 몰골의 필법으로 대략 그린다는 점을 비판하였다. 창작 행위는 학문적인 토대와 숙련된 기교가 모두 요구된다. 그는 노력과 마음을 다하지 않고 오로지 사의에 치중한 화가들에 의해 화학이 무너지고 있음을 우려하였다. 그렇다면 화가들은 어떻게 해야 이러한 점을 극복할 수 있을까?

> 그림을 배우는 것은 진실로 작은 기예이나, 그것이 학문을 하거나 정치를 하는 데 도움을 줌이 매우 크다. 대체로 상하로 천년의 역사와 종횡으로 천하의 밖에까지, 견문이 미치지 못하고 족적이 닿지 않은 곳과 말이 통하지 않아 상세히 알 수 없는 것은, 오직 그림만이 그것을 전할 수 있고, 기록할 수 있고, 형용할 수 있으니, 그 효용이 어찌 문자의 오묘함보다 못하다 하겠는가? … 이로 미루어 말하자면 산수·인물·누대·성시·충어를 막론하고 오직 진경실사眞境實事라야 마침내 실용實用으로 귀결되니, 그렇게 된 뒤에야 비로소 '화학畵學'이라 말할 수 있다.40)

박규수는 비록 그림을 배우는 것은 작은 기예일 뿐이지만 학문과 경세에 미치는 영향이 크다고 말하였다. 그림의 영향은 효용성을 중심으로 제시된다. 그림은 언어와 달리 시공간의 한계를 넘어 소통이

---

40) 朴珪壽, 『瓛齋集』4, 「錄顧亭林先生日知錄論畵跋」: 學畵固小技也, 然其羽翼於爲學爲治之道甚大. 大凡上下千載之間, 縱橫四海之外, 見聞之所未逮, 足跡之所未及, 言語之所未通而未能詳悉者, 唯畵圖能傳之能記之能形容之, 其用豈下於文字之妙. … 推是論之, 無論山水人物樓臺城市草木蟲魚, 唯是眞境實事, 究竟歸於實用, 然後始可謂之畵學矣.

가능하다. 위의 내용에 따르면, 지리상 갈 수 없는 지역과 언어가 다른 국가들과도 그림을 통해 정보의 전달 및 기록 그리고 표현으로 관계를 형성할 수 있다고 하였다. 여기서 그림은 예술에 중심을 두기보다 기호나 부호로서의 기능이 강조된다. 따라서 화법은 진경실사를 주장하면서 실용으로 귀결된다. 마지막에 그가 그림을 화학畵學이라 했던 이유는 바로 그림을 학문의 관점에서 판단했기 때문이다. 다시 말해 그는 실사구시적 관점에서 그림의 실용성을 강조하면서 진경실사를 바람직한 화풍으로 손꼽았다.

이글의 서두에 고염무의 「일지록日知錄」 중의 논화論畵를 소개한 점은 당시 조선 화단에 유행했던 수묵 산수화를 겨냥한 것이다. 즉 그는 수묵 산수화에 대한 비판의 논리로 고염무의 화론을 활용하였다. 박규수는 고염무의 화론에서 나아가 그림을 일종의 학문으로까지 간주하고, 조선 화가들에게 학문적 소양을 갖출 것을 요구하였다.[41] 구체적으로 진경실사를 주목한 것은 당시 추사풍의 사의적 경향이 만연했기 때문이다. 여기서 분명히 알아야 할 점은 박규수가 김정희의 회화와 서예를 비판한 것이 아니라, 김정희를 단순히 모사하는 화풍을 배척한 점이다.

그가 추사체를 논한 글들을 보면 위의 사실을 알 수 있다.

완옹의 글씨는 젊어서부터 노년에 이르기까지 그 서법이 여러 차례 변하였다. 젊은 시절에는 오로지 동현재董玄宰의 글씨에 전심하였고, 중세中歲에는 담계覃溪와 종유하며 힘을 다해 그의 글씨를 본받았기에 필획이 짙고 굵어[濃厚] 골기骨氣가 적은 흠이 있었다. 얼

---

41) 김명호, 『환재 박규수 연구』, 698~699쪽 참조.

마 뒤에는 소식蘇軾과 미불米芾을 거쳐 이북해李北海의 글씨로 바뀌면서 더욱 웅혼하고 굳세어져 마침내 솔경率更의 진수眞髓를 얻게 되었다. 만년에 바다를 건너갔다가 돌아온 이후에는 더 이상 추종하는 데 얽매임 없이 여러 대가의 장점을 모아 스스로 자신만의 서법을 완성하여 정신과 기운의 발현이 바다나 조수潮水와 같았으니, 단지 문장가들만 그러할 뿐이 아니었다. 그런데 모르는 사람들은 간혹 호방하고 방자하다고 여기고, 그것이 지극히 근엄하다는 것을 전혀 모른다. 이 때문에 내가 일찍이 후생後生과 소년들은 완옹의 글씨를 쉽게 여겨 배워서는 안 된다고 말한 적이 있고, 또한 완옹의 글씨는 진실로 송설松雪로부터 그 힘을 얻었다고 말한 적이 있는데, 내 말을 들은 자들은 모두 그렇지 않다고 여겼다.[42]

인용문은 추사체의 형성과정과 특징을 설명한 박규수의 김정희론으로 예술에 대한 그의 높은 안목이 드러난 글이다.[43] 글의 시작은 김정희가 북청에 유배되었을 때의 제자인 유요선兪堯仙(?~?)이 김정희의 유묵을 잃어버렸다가 18년 만에 되찾은 기이한 사실을 기록하면서, 발견된 유묵이 김정희의 말년 작품임을 소개하고, 이어서 추사체의 형성과정을 논의하였다.

박규수에 의하면 추사체의 형성과정은 3단계를 거쳐 완성된다. 우선 유년기의 추사체는 동기창의 글씨를 법서로 삼았다. 중년에는 청

---

42) 朴珪壽, 『瓛齋集』11, 「題兪堯仙所藏秋史遺墨」: 阮翁書自少至老, 其法屢變. 少時專意董玄宰, 中歲從覃溪遊, 極力效其書, 有濃厚少骨之嫌. 旣而從蘇米變李北海, 益蒼蔚勁健, 遂得率更神髓. 晚年渡海還後, 無復拘牽步趣, 集衆家長, 自成一法, 神來氣來, 如海似潮. 不但文章家爲然, 而不知者或以爲豪放縱恣. 殊不知其爲謹嚴之極, 是故余嘗言後生少年不宜輕易學阮翁書云爾, 且余嘗謂公之書, 實從松雪得力, 聞之者皆以爲不然也.

43) 유홍준, 『안목』, 눌와, 2017, 18쪽 참조.

나라에 연행을 가서 만난 옹방강翁方綱(1733~1818)의 영향으로 필획이 굵었으나 필세의 기운이 적었다. 이후에는 소식蘇軾(1037~1101)·미불 米芾(1051~1107)·이옹李邕(674~746)의 글씨체를 배워 웅혼하고 굳센 기량을 보이다가 마침내 구양순의 진수를 얻게 된다. 그리고 말년에 제주도 유배시절을 마치고 돌아온 김정희는 어떠한 서법에도 구애받지 않는 자신만의 서법인 추사체秋史體를 완성했다고 말하였다. 그는 추사체의 기운이 바다와 같아 근엄하기까지 하다고 평가하였다. 일반적으로 추사체에 대해 사람들은 외적으로 거칠고 부정제한 모습 그리고 기이한 형태를 중심으로 감상한다. 반면에 박규수는 외면에 내재된 근엄함을 간파하였는데, 이것은 어느 정도의 감식안을 가진 사람만이 가능하다.44) 이어서 박규수는 서법을 공부하는 사람들에게 김정희의 서체를 배우기 전에 송설체 즉 조맹부趙孟頫(1254~1322)의 서체를 연구해야 한다고 충고하였다. 아래는 송설체에 관한 내용이다.

(가) 영윤슈胤(윤현)의 글씨는 매우 훌륭합니다만 세간의 필법에 물든 듯합니다. 그렇게 된 이유는 추옹秋翁(김정희)을 모방하기 때문인데, 그렇게 할 필요가 없습니다. 추옹은 확실히 대가大家이긴 하지만, 여러 사람의 장점을 모아 녹여내어 자신의 서법書法을 이룬 사람입니다. 만약 추옹이 학습한 과정을 거치지도 않고 그 찌꺼기만 모방하려 한다면 너무나도 어리석은 생각입니다. 지금 경외京外 서리胥吏와 창부倡夫(시골뜨기)를 보니 추옹을 모방하지 않는 사람이 없는데, 저는 이것을 몹시 안타깝게 생각합니다. 우선 송설松雪의 글씨체를 학습하여 중세中世 이전 선배들의 전형典型에 근접해 가는

─────────────────────────────

44) 이주형, 「朴珪壽의 實事求是的 書畵思想 硏究」, 『서예학연구』 34, 한국서예학회, 2019, 104쪽 참조.

것만 못합니다. 부디 소홀히 여기지 않는 것이 어떻겠습니까.45)

　(나) 송설松雪이 쓴 「난정서蘭亭序」를 빌려 드립니다. 이것은 자앙子昻(조부인 박지원)이 가장 심혈을 기울여서 쓴 글씨입니다. 저의 조부祖父께서 평생 이 체본體本을 임서臨書하기를 좋아하셨으니, 바로 수택手澤이 가장 많은 것입니다. 장정裝幀을 바꿀 때 점검하지 못해서 빠지고 뒤섞인 것이 많기는 합니다만 또한 무슨 문제가 되겠습니까. 예로부터 글씨를 배우는 사람들이 가장 먼저 공부한 것은 바로 영모影摹이니, 한번 힘을 들이기만 하면 곧 신수神髓를 얻게 됩니다. 그렇지 않고 곁에 두고 임서하기만 할 뿐이라면 끝내 그 필세筆勢를 터득할 수 없으니, 반드시 영윤令胤으로 하여금 영모를 시도해 보게 함이 어떻겠습니까.46)

　위의 내용은 박규수가 친구인 윤종의尹宗儀(1805~1886)에게 보낸 편지글이다. 두 편지는 모두 윤종의의 아들인 윤현尹瀗(1841~?)의 글씨를 평가하며, 학습방법에 대해 조언하고 있다. 인용문 (가)는 윤현의 글씨에 대해 잘 쓰지만 추사체를 모방한 점을 지적하였다. 그는 추사가 자신의 서체를 완성한 것은 긴 시간동안 여러 대가의 필법을 익히면서 마침내 자신만의 독창적인 글씨체를 창작하게 된 것이라 하였다. 따라서 근래에 추사체를 무조건 모방하는 잘못된 세태를 비난하며,

---

45) 朴珪壽, 『瓛齋集』9, 「與尹士淵」20 : 令胤書字甚佳, 然嫌涉俗蹊. 所以然者, 以效秋翁也, 此爲不必然. 此公確是自成一大家, 集衆家之長, 鎔鑄一法者也. 今無此公之學而欲效其粗跡, 已是迂計, 而見今京外吏胥儕夫無不效之, 吾甚病之, 不如且習松雪字樣, 爲近於中世以前先輩典型. 幸勿忽之如何.

46) 朴珪壽, 『瓛齋集』9, 「與尹士淵」6 : 松雪蘭亭借呈. 而此爲子昻最著意筆也. 王父平生喜臨此本, 乃手澤最多者也. 改裝時不檢, 多有闕錯處, 然亦何妨耶. 古來學書家.最先功夫, 卽影摹也, 一番用功, 便得神髓. 不然而旁臨而已則終不能得其筆勢, 須使令胤圖之如何.

배우는 자들은 추사가 걸어간 길을 본받아야 한다고 하였다. 추사가 걸었던 길이 바로 법고法古이며, 추사체의 완성이 창신創新이다. 따라서 윤현이 진정으로 추사를 닮고 싶다면 우선 법고의 과정을 충실하게 밟아야 한다. 이를 위해 박규수는 송설인 조맹부의 서체를 익힐 것을 당부하였다. 인용문 (나)는 윤종의에게 조맹부의 「난정서」를 보내며, 윤현이 조맹부의 서체를 익힐 것을 당부하였다. 이 책은 박지원이 평생을 곁에 두고 (조맹부의 필법에 따라) 모사하였다고 한다. 임서臨書는 형체만이 아니라 필획의 강약과 고저·강단·조세粗細 등의 형태를 분석하는 작업이다. 박규수는 윤현에게 가장 먼저 형태를 임서하는 영모의 학습방법을 제시한다. 영모는 글씨위에 얇은 종이를 덧대어 원본을 베껴 쓰는 방법으로, 글씨에 내재한 뜻까지 임서해야 한다. 박규수는 추사의 신수神髓를 얻고자 한다면, 그가 공부했던 소식과 미불·이북해·구양순의 글씨를 영모하고 마지막으로 송설의 글씨를 공부할 것을 제시하였다.[47]

박규수의 추사체와 송설체에 관한 논의를 정리하면, 그에게 예술창작은 실사구시에 입각한 법고의 과정을 거쳐 창신으로 완성된다. 따라서 예술도 학문의 방법과 동일하게 실사구시적 관점에서 논의되었다. 무엇보다 실용과 실사를 예술의 의의로 인식하여, 학문을 기반으로 예술적 기교를 습득할 것을 주장하였다. 학문과 기교를 법고라 말할 수 있고 창신은 이를 통해 창작된 예술작품이다. 그는 법고의 두 가지 요소가 균형을 이루어야 하는데, 당시 화단은 하나에 치우쳐 있음을 아래와 같이 말한다.

---

47) 이주형, 「朴珪壽의 實事求是的 書畵思想 硏究」, 6쪽 참조.

직업화가의 세계에서는 비슷하게 그려내면 잘 그린다고 하고, 문인화가의 세계에서는 신운神韻이 있어야 뛰어난 것으로 친다. 형태를 잘 그리려는 사람은 화법에 구속되는 폐단이 있고 신운을 주장하는 사람은 흐트러지기 쉽다. 이 두 가지를 잘 절충해야만 하는데 그 어려움이 있으며, 이른바 독창성을 개척하고 필법과 묵법을 새로이 창조해야 기꺼이 즐길만한 것이 된다.[48]

인용문은 직업화가와 문인화가를 구분하여 설명하고 있다. 직업화가는 기교만을 중요하게 생각하고, 문인화가는 관념적인 측면을 중요하게 생각하는 폐단이 있음을 지적하였다. 조선의 직업화가는 도화서의 화원에 한정되었다가 19세기 중엽부터 그림을 전문직으로 하는 사람들이 늘어났다. 이에 따라 그림에 대한 이론과 평론의 수요가 늘었다. 박규수의 평가기준은 기교와 더불어 신운이 담긴 작품을 높게 보았다. 위의 내용을 보면 스스로 그림을 즐겨 그렸던 박규수도 기교와 관념적인 것의 절충이 어려움을 느꼈다. 그럼에도 불구하고 두 가지의 절충을 통해서만이 독창성과 개성이 있는 창신을 이룰 수 있음 강조하였다.[49]

법고에서 창신으로의 이행은 기존의 실학관점을 계승하면서 시대현실에 맞는 예술관으로 거듭난 것이다. 다시 말해 불안정한 국내 정세와 열강의 침입에 따른 외교적 혼란이 예술 위한 예술보다는 현실에 필요한 예술을 요청하였다. 이렇게 요청된 예술은 전통의 계승이자 변용으로 나타난다. 김정희와 박규수 모두 청대 고증학을 기반으로 사상

48) 유홍준, 『유홍준의 한국미술사 강의』3, 눌와, 2013, 289쪽 재인용.
49) 최열, 『한국근대미술의 역사』, 열화당, 1998; 2015, 55쪽 참조.

을 형성하며 그에 따른 예술론을 펼쳤다. 하지만 무조건적인 수용이 아니라 조선의 예술 현실에 맞게 적용하였다. 이를 테면 문인화를 비판하면서도 배격하지 않았다. 중인층의 예술향유가 늘어남에 따라 예술을 직업으로 하는 사람들이 늘어났고 이에 대한 폐단을 고민하였다. 근대라는 새로운 변화를 예감하고, 이에 대응하려 하였다. 이러한 요소들이 조선사회의 기반인 성리학적 전통을 계승하면서도 변용의 길로 나아가게 하였다.

2 개화를 통한 성리학적 전통의 극복[50]

조선의 근대는 서구 문명에 의해 전통적 질서가 무너지면서 수용할 수밖에 없는 상황에서 맞이하였다. 개화사상은 1800년대 중반부터 양반과 중인계층의 지식인들 사이에 전파되기 시작하였다. 개화 사상가들은 서구열강의 과학기술과 경제적 발전을 강대국이 된 이유로 보고, 그들에 대항하기 위해 서구 문명을 적극적으로 수용하고자 하였다. 이러한 점은 강자의 힘의 논리를 습득하여, 강자에 대항하는 나라를 수립하려는 구상인 것이다.

개화사상은 성리학적 전통사상과는 다른 패러다임을 보여주는 근대사상이다. 개화사상은 근대를 이끈 서구의 시간과 공간을 조선에서 재현하는 것이다. 시간적으로는 상고적 역사관에서 문명의 진보사관으로, 공간적으로는 중국적 세계관에서 전지구적 세계관으로의 전환

---

50) 본 절은 저자의 「19세기 이후 개화담론에 나타난 예술인식」(『양명학』 55, 2019)의 일부분을 수정한 글이다.

이다. 이러한 시공간의 전환은 개화를 정점으로 형성된다.[51] 특히 갑오개혁이후 강자로서 일본이 등장하면서 그들은 조선의 열악한 상황을 구제하기 위한 방법으로 개화를 통한 식민화 전략을 펼쳤다. 일본의 불합리한 지배 논리는 근대를 지향하는 지식인들에게 순수한 문명 개화로 인식되진 않았다. 식민 논리의 수용여부에 따라 개화 사상가들을 저항과 복종으로 양분하는 것은 조선의 근대를 열강의 추종으로만 보려는 관점이다. 다시 말해 국가가 사라지는 상황에서 근대지향은 주체와 국가를 존립할 수 있는 현실적 대안이었다. 이를 실현하고자 식민 논리에 스스로 분열되는 주체와 그럼에도 불구하고 근대 국가를 지향한 모순된 갈등이 존재하였다. 이를 테면 유길준은 개화가 남의 좋은 점을 취하는 것만이 아니라 자신의 훌륭하고 아름다운 것을 보존하는 것에 있다고 하였다. 그러면서 분별없이 외국의 것이 모두 좋다고 생각하고, 자기 나라의 것은 모두 좋지 않다고 생각하는 자들을 개화의 죄인이라 하였다.[52]

이렇듯 조선의 개화 담론을 서양과 동양·전통과 근대·문명과 야만·친일과 민족의 대립 갈등으로만 볼 것이 아니라 서로 융화하려는 인식들에 주목해야 할 것이다. 이러한 인식이 문화예술의 담론으로 어떻게 구성되는지를 살펴보고자 한다. 우선 일본과 미국에서 유학하며 서구문명을 경험한 유길준의 문학에 나타난 개화인식을 살펴보고자 한다. 그리고 『대한자강회월보大韓自強會月報』를 중심으로 공예와 심미審美론에 대해 논의하고자 한다. 이를 통해 1910년을 근대예술의

51) 정용화, 『문명의 정치사상 : 유길준과 근대한국』, 문학과지성사, 2004, 115쪽 참조.
52) 俞吉濬, 『俞吉濬全集』1, 「西遊見聞」, 381~382쪽 참조.

발단으로 상정하면서, 김정희 이후부터 1910년 이전까지 예술이 끊겼다는 '역사단절론'과 이 시기에 예술담론이 없다는 '역사부정론'[53] 을 극복하는 계기가 될 것이다.

1) 개화로의 이행과 예술인식

유길준兪吉濬(1856~1914)[54]은 최초로 서양에서 공부한 근대 지식인 중에 한 사람이다. 그가 살았던 19세기 후반은 외세에 의해 국가의 생존을 위협받았던 고난의 역사를 관통하고 있다. 1856년 서울 북촌에서 태어난 유길준은 11세 되던 해에 발발한 병인양요로 인해 경기

---

53) 최열, 『한국근대미술 비평사』, 열화당, 2001;2016, 30쪽 참조.
54) 유길준은 1870년 18세부터 박규수의 문하에 들어가 위원魏源의 『해국도지海國圖志』를 읽고 시무경세학時務經世學에 관심을 갖게 된다. 이후 김옥균, 박영효, 서광범 등과 교류하게 된다. 1881년 신사유람단 파견에 동행하게 되면서 최초의 일본유학생이 되었다. 그는 일본과 미국에서 유학을 하며 서구의 문명을 직접 경험하게 된다. 미국에서 유학 중 갑신정변의 소식을 듣고 귀국하였지만, 개화당開化黨이라는 혐의를 받아 한규설의 집에 1885년부터 1892년까지 연금된다. 이 기간 동안 『서유견문西遊見聞』을 집필하여 1895년에 출판하였다. 그는 연금에서 풀린 후 과거에 급제하여 갑오개혁을 추진하며 국기무처회의원國機務處會議員와 내각총서內閣總書 등의 요직을 지낸다. 그러나 1896년 아관파천俄館播遷으로 인하여 정권을 잃게 되자, 일본으로 망명하였다. 망명생활도 순탄하지 않아, 일본 정부에 의해 오가사와라섬小笠原島에 유배당하기도 하였다. 1907년 일본에서의 망명이 풀려나 고국에 돌아와 적극적으로 활동한다. 그는 한성부민회漢成府民會 회장을 역임하였고, 흥사단興士團, 계산학교桂山學校, 한성부민회漢城府民會 등을 설립하여 민중계몽에 힘썼다. 또한 1908년 『노동야학독본勞動夜學讀本』과 1909년 『대한문전大韓文典』등을 간행하였다. 하지만 1910년 한일합방이 되자, 조용히 은거하다 59세 나이로 별세한다. 허성일, 『兪吉濬의 사상과 시문학』, 한국문화사, 2005, 4~5쪽 참조.

도 광주로 피난을 갔다. 유년기에는 전통적인 유학교육을 받았으며, 1870년 이후 박규수의 지도로 신학문을 배우게 된다.[55] 박규수는 그에게 위원魏源(1794~1857)의 『해국도지海國圖志』를 건네주며 "이 시대는 외국 서양의 일을 몰라서는 안 되네."[56]라고 말하였다. 이때 박규수를 통해 유길준은 김윤식金允植(1835~1922), 김옥균金玉均(1851~1893), 박영효朴泳孝(1861~1939), 서광범徐光範(1859~1897) 등의 개화파 인물들과 교류하면서, 경세經世와 시무학時務學에 주력하였다. 이후 일본과 미국에서 유학생으로 공부하며 근대 교육을 받았다. 비록 실패로 돌아갔지만, 그는 갑오개혁에서 주요 관료로 활동하면서 근대적 개혁을 추진하였다. 유길준의 일생은 조선 근대화의 여정과 함께 한다. 즉 그는 전통적 세계관 속에 자라나 근대적 세계관에 눈을 뜨며, 동양과 서양 그리고 문명과 야만이라는 갈등 속에서 양자를 수렴하며 조선의 위기를 극복하려 하였다.

(1) 개화담론

유길준은 근대화가 곧 서구화라는 개화파의 입장을 벗어나, 주체적인 개화를 모색한다. 우선 그의 개화사상을 살펴보고, 이를 통해 작품에 나타난 문명인식을 알아보고자 한다.

유길준의 대표작인 『서유견문』은 국한문혼용체로 쓰여진 서양문명서이다. 내용은 서구의 정치·법·제도·이론 등의 자료를 자신의 식

---

55) 최덕수외, 『근대 한국의 개혁 구상과 유길준』, 고려대출판문화원, 2015, 13,15쪽 참조.

56) 金允植, 『雲養集』10, 「椠堂詩鈔序」: 此時外洋事, 不可不知也, 君以是益自奮.

견을 통해 소개하고 있다. 텍스트의 주제와 서술 방식을 보면 조선의 현실에서 필요한 개화의 방법과 개념을 다루고 있다. 특히 〈14편 개화의 등급〉은 다른 편들과 달리 문헌을 참고로 하지 않고, 자신의 생각을 쓴 부분이다. 이편은 출판되기 직전에 작성된 것으로, 유길준의 개화사상을 대변한다고 할 수 있다.[57]

〈14편 개화의 등급〉은 아래와 같이 시작한다.

> 대개 개화란 인간의 천만가지사물이 지극히 선하고 아름다운 경지에 이르는 것을 말한다. 그러므로 개화는 경계를 한정하기 불가능하다. 사람의 재주와 능력에 따라 고저가 있으나 사람의 습속과 나라의 규모에 따라 그 차이가 생기기도 한다. 이것은 개화의 과정이 같지 않은 이유지만, 가장 중요한 것은 사람이 행하는 것과 행하지 않는 것에 있다. 오륜의 행실을 독실하게 지켜서 사람 된 도리를 안다면 이는 행실의 개화이며, 국민들이 학문을 연구하여 만물의 이치를 밝힌다면 이는 학문의 개화이다. 나라의 정치를 바르고도 크게 하여 국민들에게 태평한 즐거움이 있으면 이는 정치의 개화이며 법률을 공평히 하여 국민들에게 억울한 일이 없으면 법률이 개화된 것이다. 기계 다루는 제도를 편리하게 하여 국민들이 사용하기 편리하면 기계가 개화된 것이며 물품 을 정밀하게 만들어 국민들의 후생에 이바지하고 거칠거나 조잡함이 없으면 물품이 개화된 것이니 이 여러 가지의 개화를 합한 뒤에야 개화를 다 갖추었다고 말할 수 있다. 고금을 통틀어 세계 어느 나라를 돌아보든지 간에 개화가 지극한 경지에까지 이른 나라는 없었다. 그러나 대강 그 등급을 구별해보면 세 가지에 지나지 않으니 개화하는 나라, 반쯤 개화한 나라, 아직 개화하지 않는 나라다.[58]

---

57) 정용화, 『문명의 정치사상: 유길준과 근대한국』, 146쪽 참조.
58) 大槩 開化라ᄒᆞᄂᆞᆫ 者ᄂᆞᆫ 人間의 千事萬物이 至善極美ᄒᆞᆫ 境域에 抵홈을 謂홈

그는 서두에서 개화를 만물이 지선극미至善極美의 상태에 도달하는 것이라 하였다. 이어서 개화의 종류를 여섯 가지로 분석하였다. 우선 오륜을 바탕으로 한 행실의 개화를 첫 번째로 언급했다. 행실의 개화는 시대를 따라 변화하는 다른 개화들과 달리, 수천년을 넘게 변하지 않는 정신을 말한다.[59] 그는 유교적 세계관인 오륜을 독실하게 하는 것을 행실의 개화라 하였다. 그 밖에 개화는 국민의 교육적 측면, 정치의 정당성, 법률의 공평함, 이용후생을 위한 기계와 물품으로 구성된다. 이상으로 열거한 모든 것을 갖추어야 개화라 할 수 있다. 하지만 모든 걸 갖춘 나라가 없었으니, 개화의 진행정도에 따라 개화국과 반개화국 그리고 미개화국으로 등급을 나눈다. 그는 오륜을 중심으로 한 행실의 개화를 제외하고 나머지 정치·법·기술 등의 사회 전반적인 개화는 서양의 문명화된 요소를 중심으로 구성하였다. 이렇듯 개화론은 유교적 전통과 근대적 문명을 조합하여 논의하고 있다. 인용

이니 然호 故로 開化호는 境域은 限定호기 不能호 者라 人民才力 의 分數로 其等級의 高低가 有호나 然호나 人民의 習尙과 邦國의 規模를 隨호야 其差異홈도 亦生 호느니 此는 開化호는 軌程의 不一호 緣由어니와 大頭腦는 人의 爲不爲에 在홀쓰름이라. 五倫은 行實을 純篤히호야 人이 道理를 知호 則此호 則此는 行實의 開化며 人이 學術을 窮究호야 萬物의 理致를 格호 則此는 學術의 開化며 國家의 政治를 正大히호야 百姓이 太平호 者는 政治의 開化며 法律을 公平히호야 百姓이 冤抑호 事가 無호 者는 法律의 開化며 器械의 制度를 便利히호야 人의 用을 利호게호 者는 器械의 開化며 物品의 制造를 精緊히호야 人의 生을 厚히호고 荒麤호 事가無호者는 物品의 開化니 此屢條의 開化를 合호 然後에 開化의 具備호者라 始謂홀디라 天下古今의 何國을 顧考호든지 開化의 極臻호 境에至호者는 無호나 然호나 大綱層級을 區別호건되 三等에 不過호니 曰開化호는者며 曰半開化호者며 曰未開化호者라. 俞吉濬,『俞吉濬全集』1,「西遊見聞」, 395~396쪽.

59)『俞吉濬全集』1,「西遊見聞」, 398쪽 참조.

문을 통해 그의 개혁안은 동양의 정신적 가치를 계승하면서 서양의 장점인 근대 문명을 수용하는 조선적인 개화임을 알 수 있다.

위의 내용에서 언급한 개화의 등급을 인간에 적용하면, 개화된 자는 만물을 연구하며 날마다 새로워지기를 기약하며, 반개화자는 스스로 만족하는 경향이 있어 안주하며 영화와 욕심을 위해 노력한다. 마지막으로 미개화자는 야만스런 사람으로 규정된다. 개화된 자는 반개화자와 미개화자를 가르쳐서 깨닫게 해주어야 하는데, 그 방법은 고금의 형세에 따라 서로의 사정을 고려하며 장점을 취하고 단점을 버리는 것이라 하였다.[60] 여기서 그의 개화관이 등장한다. 그는 서구의 문물과 제도의 장점을 수용하여 조선 발전의 기틀을 마련함으로써 조선의 자주성을 확보하고자 하였던 것이다. 나아가 개화의 성격을 실상개화實狀開化와 허명개화虛名開化로 구분하여, 당대 현실을 비판하였다. 그는 사물의 이치와 근본을 궁구하고 고증하여 나라의 처지와 시세에 합당하게 시행하는 것을 실상개화라 하였다. 반면에 사물에 대한 지식이 부족하면서도 타인의 모습을 부러워하며 전후를 분별하지 못한 채 시행한다. 이에 막대한 경비를 소모하면서도 실용은 그에 미치지 못하는 경우를 허명개화라 말한다.[61] 실상과 허명의 차이는 나라의 실정을 파악하며 수용의 적합여부를 판단했느냐에 있다. 이러한 점은 개화당을 비난한 것으로, 나아가 분별없이 서구를 선망하며 조선을 업신여겼기 때문에 그들을 개화의 죄인이라 불렀다.[62]

---

60) 위의 책, 396~398쪽 참조.
61) 위의 책, 400~401쪽 참조.

실상개화는 조선의 개화방향을 제시한 것으로, 구체적인 내용은 아래와 같다.

　　아아, 개화하는 일은 타인의 장기長技를 취하는 것에만 있는 것이 아니라 자신의 선미善美한 것을 보전하는 데에도 있다. 타인의 장기를 취하려는 생각도 결국은 자신의 선미한 것을 돕기 위한 것이기 때문에 타인의 재주를 취하더라도 실상으로 이용할 때는 자기의 재주가 되는 것이다.[63]

　　인용문은 조선적인 것과 서양적인 것 그리고 전통적인 것과 근대적인 것을 어떠한 관점으로 판단해야 할지를 제시하고 있다. 그는 이질적인 것의 대립과 갈등이 아닌 조화속의 균형을 주장하고 있다. 다시 말해 조선적인 장점을 보전하면서 서양의 장점을 취하여 조선의 단점을 보완하는 방식이다. 이를 통해 전통을 계승하면서, 근대의 혁신을 수행할 수 있다. 따라서 그가 말한 개화는 서구 중심의 근대화된 조선이 아니라, 조선만의 근대를 창조하는 것이다.[64]

---

62) 위의 책, 402쪽 참조.
63) 噯呼라 開化하는 事는 他人의 長技를 取할뿐 아니오 自己의 善美한 者를 保守하기에도 在하니 大槪 他人의 長技를 取하는 意向도 自己의 善美한 者를 補하기 爲홈인 故로 他人의 才操를 取 하야도 實狀있게 用하는 時는 則 自己의 才操라. 위의 책, 401쪽.
64) 정용화는 유길준의 개화의 의의에 대해 다음과 같이 말한다. "그는 서구적 근대를 궁극적인 목표로 하지 않고 전통 위에서 서구문명을 시세와 처치에 맞게 변용하여 받아들여 더 나은 문명을 모색하였다. 국내 정치 차원에서 그는 서구의 자유주의, 민주주의, 민족주의, 국민 등 근대 국민국가의 관념과 제도를 수용하되, 그것들을 한국의 정치 문화적 전통에 맞게 변용하는 노력을 하였다." 정용화, 『문명의 정치사상: 유길준과 근대한국』, 26쪽.

이렇듯 유길준이 주장한 개화는 서구 문명을 조선의 실정에 맞게 수용하는 것이다. 조선의 실정이란 말에는 과거의 전통을 어떻게 할 것인지에 대한 질문이 들어있다.

화륜선이 비록 신기하다고는 하지만 옛사람들이 배 만들던 제도에서 벗어나지를 못했으며 화물차가 비록 기이하다고는 하지만 옛사람이 수레를 만들던 방법을 거치지 않았으면 이루어지지 못했을 것이다. 이 밖에 어떤 사물이든지 모두 그러하다. 옛사람이 만들던 방법에서 벗어나 요즘 사람이 신규로 창안해낼 수는 없다. 우리나라의 고려청자는 천하에 유명한 것이고, 이충무공의 거북선도 철갑선 가운데에는 천하에서 가장 먼저 만든 것이다. 교서관校書舘의 금속활자도 세계에서 가장 먼저 만들어낸 것이다. 만약 우리나라 사람들이 깊이 연구하고 또 연구하여 편리한 방법을 경영하였더라면 이 시대에 이르러 천만가지 사물에 관한 세계만국의 명예가 우리나라로 돌아왔을 것이다. 그러나 후배들이 앞사람들의 옛 제도를 윤색치 못하였다.[65]

위의 내용은 〈14편 개화의 등급〉의 마지막 부분으로, 그의 법고창신法古創新적 견해가 드러난다. 그에 의하면, 조선의 실정에 맞게 수

----

65) 火輪船이 雖曰神妙ᄒᆞ나 古人의 作舟ᄒᆞᆫ 制度ᄅᆞᆯ 違ᄒᆞ기ᄂᆞᆫ 不能ᄒᆞ고 火輪車가 雖曰奇異ᄒᆞ나 古人의 造車ᄒᆞᆫ 規模ᄅᆞᆯ 不由ᄒᆞ면 不成ᄒᆞᆯ디오 此外에도 如何ᄒᆞᆫ 事物이든지 皆然ᄒᆞ야 古人의 成法을 離脫ᄒᆞ고 今人의 新規ᄅᆞᆯ 刱出ᄒᆞ기ᄂᆞᆫ 不能ᄒᆞ니 我邦에도 高麗磁器ᄂᆞᆫ 天下의 有名ᄒᆞᆫ者며 李忠植의 龜船은 鐵甲兵船이라. 天下의 最先刱出ᄒᆞᆫ者며 校書舘의 鐵鑄字도 天下의 最先創行ᄒᆞᆫ者라 我邦人이 萬若窮究ᄒᆞ고 又窮究ᄒᆞ야 便利ᄒᆞᆫ 道理ᄅᆞᆯ 經營ᄒᆞ얏드면 千萬事物이 今日에 至ᄒᆞ야 天下萬國의 名譽가 我邦에 歸ᄒᆞ얏슬디어늘 後輩가 前人의 舊規ᄅᆞᆯ 潤色디아니홈이로다. 俞吉濬, 『俞吉濬全集』1, 「西遊見聞」, 404쪽.

용한다는 것은 조선의 전통이 보존되어 있을 경우에 가능하다고 본다. 다시 말해 조선의 전통이 계승되지 않는다면, 기본 토대를 잃어버린 셈이다. 뿌리 없는 나무가 자랄 수 없듯이 전통이 없다면 주체 없는 근대화가 이루어 질 것이다. 그는 고려자기, 거북선, 금속활자 등은 조선이 세계에서 가장 우수한 것이다. 하지만 가장 최고의 문화를 이룩한 선조들의 업적을 후손들이 발전시키지 못했다. 개화는 전통을 왜곡하거나 파괴하는 것이 아니라, 전통의 계승과 발전의 연장선이다. 다시 말해 조선적 개화는 전통문화의 계승을 통한 새로운 문화 창조이다. 따라서 서구 문명은 전통을 발전시키기 위한 촉매제가 된다.

지금까지 살펴본 유길준의 개화담론은 전통 유교문명의 장점을 보존하면서, 서구문명의 장점을 취하여 주체적인 근대를 창출하는 것에 있다. 유길준은 실제 자신의 서구 문명 탐색을 통해 조선적인 개화의 방향을 고민하였고, 직접 관료로 개혁을 추진하면서 전통과 근대의 새로운 조합을 모색하였다.

(2) 개화인식의 문학적 구현

개화기 지식인으로서 유길준이 서구 문물과 문명을 어떻게 보고, 무엇을 느꼈는지는 그의 사상적 토대가 된다. 본고에서는 그의 문명 사유가 문학작품으로 어떻게 구현하였는지 알아보도록 하겠다.

유길준은 어릴 적부터 뛰어난 재주로 주목을 받았다. 향시鄕試의 장원으로 뽑힌 유길준의 시를 당시 홍문관의 대제학大提學인 박규수가 읽고, 감탄하며 칭찬을 아끼지 않았다고 한다.

조금 전, 달이 구름에 덮였는데
구름 걷히니 다시 달빛이 환하구나.
만상의 변화는 머무는 바 없으니
결국 한 빛을 밝히기 위함이런가.66)

인용문은 15세 때 습작한 시로, 장원으로 뽑힌 시는 전해지지 않는
다. 하지만 이 시 또한 박규수에게 완벽한 격조를 갖추었다는 평가를
받았다. 특히 오언율시를 더욱 잘하였으며, 청신하고 고고한 풍격이
중국 고대의 대표적인 시인들과 버금간다는 평가를 받았다.67) 유길준
은 1874년 9월경부터 박규수에게 가르침을 받게 된다. 본래 과거 시험
을 준비하고 있었으나, 박규수의 영향으로 경제와 실학을 공부하게
된다. 이로부터 신학문과 외국책들에 관심을 갖게 된다.

　　공公은 약관弱冠 시절부터 멀리 유람하려는 뜻을 지니고 있어서,
　동쪽 일본으로부터 서쪽 구미歐美 여러 나라들에 이르기까지 발자
　취가 두루 미치었다. 이르는 곳마다 개연慨然히 영웅호걸의 지나간
　자취를 상상하며 나라의 장래를 슬퍼하여 한숨을 쉬는 것으로 부족
　하면 영탄을 발하였으며 여관의 등불 앞과 눈 내리는 역참에서 눈
　물지며 바삐 쓰느라 자구字句를 다듬을 여가도 없었다. 그러나 애쓰
　지 않아도 저절로 정교하여 그 묘한 시구는 곧장 도잠陶潛이나 사영
　운謝靈運과 자리를 다툴 만하니 남의 것을 흉내내고 다듬어 꾸민 자
　들과는 비할 바가 아니다.68)

---

66) 金允植, 『雲養集』10, 「渠堂詩鈔序」: 俄看雲蔽月, 雲去月還生. 萬變都無定,
　　終能一色明.

67) 金允植, 『雲養集』10, 「渠堂詩鈔序」: 尤長於五律, 其詩幽峭淸曠, 風格高古,
　　獨得詩家正宗, 雖古之鮑謝陶韋不能過也.

68) 金允植, 『雲養續集』2, 「矩堂遺稿序」: 公肇自弱冠, 有遠遊之志, 東自扶桑,

유길준의 유고집 서문에 있는 내용 가운데 일부분으로, 그와 오랜 친분관계가 있었던 김윤식이 작성한 글이다. 그는 유길준의 시가 세계인식과 그 경험을 고스란히 표현하고 있다고 말한다. 즉 유길준의 삶과 역경이 진솔하게 반영되어, 인위적이지 않은 자연스러움이 있다고 하였다. 김윤식에 의하면, 그의 시는 문법이나 작법에 구애되지 않고 자신의 심상을 거침없이 써 내려가면서도 한 결 같이 뜻이 잘 전달되었다고 한다.[69]

후세 사람이 공의 시를 읽으면 시인이 생동하는 작법[活法]을 잘 사용하여 옛것에 얽매이지 않았음을 알게 될 것이고, 공의 문장을 읽으면 문장이 세상에 도움이 되고 빈말을 하여 나라를 어지럽게 하지 않았음을 알게 될 것이다.[70]

시인이자 문인으로서 유길준은 전문적인 활동은 하지 않았지만 글 쓰는 작업을 통해 자신의 내면세계를 표현하였다. 유학생활 동안 느꼈던 문명의 경험과 조선에서의 개혁활동 실패에 따른 역경이 고스란히 시를 통해 남겨져있다.

西至歐美諸國, 踪跡殆遍, 所至慨然想英豪之往蹟. 悲宗國之將來, 嗟咤之不足而發於詠歎, 旅燈郵雪, 和淚疾書. 無琢鍊字句之暇, 而不期而自工. 其妙處直與陶謝爭席, 非摸擬雕繪者之可比也.

69) 金允植, 『雲養續集』2, 「矩堂遺稿序」: 若公則可謂能識字而脫好奇之病矣. 文則平生無苟作, 有作則操筆纏纏, 若不經思, 馳騁恣肆, 不拘尺幅, 壹以辭達爲主.

70) 金允植, 『雲養續集』2, 「矩堂遺稿序」: 後之人讀公之詩, 知詩家之善用活法而不泥於古, 讀公之文, 知文章之有裨於世, 不爲空言而迷邦也.

바람 매섭고 구름 여전한데 조회는 끝나지 않고,
손 만한 하얀 눈이 자욱하게 내리네.
사람들은 기뻐하며 세가지 일을 점치고,
우주가 평온하니 온통 한결같은 공이다.
온 세상 아홉 주가 옥으로 꾸민 세상이고
온 마을과 집들이 수정으로 만든 궁궐이네.
다시 귀천도 빈부도 없으니,
어찌 균등하게 베풂이 조물주와 같은가[71]

위의 시는 일본에서 유학하던 1882년의 작품이다. 눈 내리는 풍경
에 사람들이 기뻐하며, 평온한 세상을 그렸다. 눈이 덮인 광경에서
온 우주가 평온하고, 모든 세상이 아름답다. 이렇게 아름다운 건 사람
과 사람을 구분하는 어떠한 차별도 없기 때문이다. 귀천과 빈부가 없
는 세상은 마치 눈 덮인 하얀 세상처럼 모두 균등하다. 시를 통해 우
리는 청년시절 유길준이 모든 사람이 평등한 세상을 지향했음을 알
수 있다. 이와 같은 세상을 구체적으로 알아보도록 하자.

한번 산의 물가에 물에 빠진 아이를 구하고,
나라의 어려움도 똑같이 구하여 의로써 스승이 되었네
대통령에서 물러나 평민으로 돌아가 노년을 보내니,
다시 인간 세상에 순임금, 우임금의 시대를 보는구나.[72]

1884년에 지은 「화성돈華盛頓」이라는 시이다. 화성돈은 워싱턴을
음차로 표기한 것으로, 미국 유학생활 중에 워싱턴을 방문하며 적은

---

71) 俞吉濬, 『俞吉濬全集』5, 「矩堂遺稿」, 85쪽.
72) 俞吉濬, 『俞吉濬全集』5, 「榘堂詩鈔」, 181쪽.

시이다. 워싱턴과 관련된 여러 글 가운데 위의 시는 조지 워싱턴George Washington(1732~1799) 대통령의 일생을 그린 작품이다. 어릴 적 워싱턴이 어린아이를 구해준 의로움이 장차 나라를 구하는 큰 의로움이 되었다. 나아가 워싱턴이 대통령직에 물러나 초야에 묻혀 사는 모습을 감탄하며, 마치 순임금과 우임금을 보는 것 같다고 하였다. 그는 미국이 태평성세를 누릴 수 있었던 점을 훌륭한 정치가와 민주주의 제도라고 보았다.

그에게 있어 일본과 미국에서의 유학생활은 선진화된 문명과 문화 그리고 정치를 직접 느끼면서 사상적 토대를 마련한 기간이었다. 일본에서는 인간의 평등적 조건이 사회적 상호작용으로 나아감을 경험하였다. 미국에서는 경제적 기반과 더불어 민주주의라는 정치적 이념이 국민의 보다 나은 삶을 이끌어주는 계기임을 깨달았다. 이처럼 그는 책을 통해 견문을 넓힌 것이 아니라 몸소 근대를 경험함으로써 조선 근대화의 필요성을 더욱 실감할 수 밖에 없었다.

아래는 조선에 귀국했을 때 쓴 작품이다.

> 한해도 저물어가는 남산의 밤
> 외로운 등불아래 생각이 갈수록 새롭네
> 삼년을 멀리 떠돌던 나그네
> 먼 길에서 이제 겨우 돌아왔노라.
> 나라가 약하니 임금의 근심이 더하고
> 집이 가난하니 부모생각 간절하네
> 매화만이 그윽이 홀로 있으니
> 눈 속에 봄이 왔다고 일러주네.[73]

위의 시는 갑신정변의 소식을 듣고, 조선으로 돌아오자마자 체포되어 남산아래 포도청에 구금되었던 시기의 작품이다.[74] 김옥균과 친분이 있다는 이유만으로 그는 갑신정변과 연루되어 7년 간 유폐되는 괴로운 시기를 겪었다. 내분과 외세의 침략으로 풍전등화인 조선의 형세를 눈앞에 보면서 이를 해결할 수 없는 자신의 신세를 한탄하고 있다. 나라일과 집안일이 걱정되지만, 아무것도 할 수 없는 답답한 심정을 토로하고 있다. 7년간의 유폐기간 동안 그는 『서유견문』을 집필하며, 조선의 개화 지도를 그렸다.

> 공은 뜻있는 군자인지라 저술하는 일을 도와주었으며, 정해년 가을에는 한적한 정자로 거처를 옮기도록 해주었다. 그래서 오래된 원고를 펼쳐보니 대부분 산실되었다. 몇 년 동안 공들인 것이 눈 위의 기러기 발자국이 사라진 듯 없어졌다. 남은 원고를 모아서 엮고 이미 잃어버린 부분을 보충하여 20편의 책을 완성하였다.[75]

서문에서 그는 일본 유학 시절인 1882년부터 서양을 소개하기 위해 집필을 시작하였으나, 임오군란을 계기로 집필이 중단되었고, 이후 미국 유학생활 때 배운 것을 기록하였다고 한다. 그는 원고를 궤짝에 넣어 보관하였으나, 조선에 돌아올 때 많은 양을 잃어버렸다.[76] 위에

---

73) 俞吉濬, 『俞吉濬全集』5, 「矩堂詩鈔」, 181쪽.
74) 유동준, 『俞吉濬傳』, 일조각, 1987, 117쪽 참조.
75) 公은 有志훈 君子라 余의 輯述호는 事를 顧호야 丁亥秋에 開僻혼 林亭에 移處홈 을 許호거늘 舊藁를 披閱호니 其太牛이 散失호야 數年의 工이 雪泥의 鴻爪를 作훈지라 餘存훈 者를 輯纂호며 已失훈 者를 增補호야 二十編의 書를 成호딕 俞吉濬, 『俞吉濬全集』1, 「西遊見聞」, 7쪽.
76) 俞吉濬, 『俞吉濬全集』1, 「西遊見聞」, 5~6쪽.

서 "공"은 당시 포도대장이던 한규설韓圭卨(1856~1930)이며, "정해년"
은 1887년이다. 한규설의 집에 있다가 한적한 정자로 옮기면서 본격
적으로 수집한 자료를 분석하며 집필을 시작한 것이다. 이러한 과정
을 거쳐 완성된 책이 『서유견문』이다. 그는 무엇보다 이 책이 많은
사람에게 읽혀지기를 기대하며, 국한문혼용체를 사용하였다.

이것은 이유가 있으니, 첫 번째는 말의 뜻을 평이하게 하여 문자
를 조금 아는 사람일지라도 쉽게 알기 위함이다. 두 번째는 내가 책
을 읽은 것이 적고, 작문의 기술이 미숙하여 기록하기 쉽게 하기 위
해서다. 세 번째는 우리나라 칠서언해의 기사법을 대략 본받아서 상
세하고 분명하게 기록하기 위해서이다. 또 세계나라를 둘러보면 각
나라마다 언어가 달라서 글자도 같지 않으니, 무릇 말은 사람의 생
각이 소리로 나타난 것이오 문자는 사람의 생각이 형상으로 나타난
것이다. 따라서 언어와 문자는 나누면 둘이지만 합하면 하나가 된
다. 우리나라의 글자는 선왕께서 창조하신 글자요. 한자는 중국과
함께 사용하는 글자이니 나는 오히려 우리 글자만 순수하게 사용하
지 못한 것이 불만스럽다.[77]

국한문혼용체의 사용은 조선인들이 내용을 쉽게 이해하고, 친근한

---

[77] 曰是는 其故가 有ᄒᆞ니 一은 語意의 平順홈을 取ᄒᆞ야 文字를 畧解ᄒᆞᄂᆞᆫ 者라
도 易知ᄒᆞ기를 爲홈이오 二ᄂᆞᆫ 余가 書를 讀홈이 少ᄒᆞ야 作文ᄒᆞᄂᆞᆫ 法에 未
熟ᄒᆞᆫ 故로 記寫의 便易홈을 爲홈이오 三은 我邦 七書諺解의 法을 大略倣則
ᄒᆞ야 詳明홈을 爲홈이라 且宇內의 萬邦을 環顧ᄒᆞ건ᄃᆡ 各其邦의 言語가 殊
異ᄒᆞᆫ 故로 文字가 亦從ᄒᆞ야 不同ᄒᆞ니 蓋言語ᄂᆞᆫ 人의 思慮가 聲音으로 發홈
이오 文字ᄂᆞᆫ 人의 思慮가 形象으로 顯홈이라 是以로 言語와 文字ᄂᆞᆫ 分ᄒᆞᆫ
則二며 合ᄒᆞᆫ 則一니 我文은 卽我先王朝의 刱造ᄒᆞ신 人文이오 漢字ᄂᆞᆫ 中國
과 通用ᄒᆞᄂᆞᆫ 者라 餘ᄂᆞᆫ 猶且我文을 純用ᄒᆞ기 不能홈을 是歎ᄒᆞ노니 兪吉濬,
『兪吉濬全集』1, 「西遊見聞」, 7~8쪽.

말을 통하여 근대 문명을 알리는 데에 도움이 되고자 한 것이다. 당시 지식인들의 한문 사용에 반하여 그는 국한문혼용체를 사용하여 근대 국가 형성의 토대를 마련하고자 하였다. 그는 문명화된 세계를 인식하기 위해서는 친근한 말로 사실 그대로의 상황을 효과적으로 전달해줘야 한다고 말하였다. 따라서 위의 내용은 언어가 공동체의식과 더불어 정체성을 형성하는 중요한 자원임을 피력한 말로 해석할 수 있다.

『서유견문』은 단순한 기행문이 아니라 19세기 말 문명에 대한 이해와 문명화의 기획을 논의한 텍스트이다. 유길준은 개화기 조선인에게 근대 계몽이란 무엇인지를 문학적 담론으로 논의하였다.[78] 다시 말해 서양을 체험한 조선 지식인의 개화 의지를 천명한 텍스트라 할 수 있다.

이와 같은 유길준의 근대적 사유는 유폐생활을 청산한 후 갑오경장을 통한 개혁 활동으로 전개되었다. 하지만 2년 후, 아관파천으로 인해 그는 일본에서 유배생활을 하게 된다. 그렇게 유길준은 중년의 시기를 보내던 중 1905년 을사조약이 체결되었고, 이에 침통한 심정을 다음과 같이 표현하였다.

> 진나라 청담淸談은 백세를 경계하였고,
> 송나라 유자의 진학眞學은 삼재三才를 꿰뚫었네.
> 오랑캐들이 몰려오고 끝내 대비책이 없으니
> 서로 장안에서 팔짱만 끼고 돌아가는구나.[79]

---

78) 최성실, 「개화기 문학담론에 나타난 '근대국가'라는 숭고한 대상: 유길준의 서유견문 읽기 시론」, 『민족문학사연구』 24호, 민족문학사학회, 2004, 14쪽 참조.

그는 일제의 강압에 의해 체결된 을사조약의 책임을 당시 학자들에게 돌렸다. 위 시는 나라를 대변하고, 시대를 이끌어야 할 학자들이 일제의 침입에 속수무책 뒷짐만 지고 있는 모습을 묘사한 것이다. 그는 평생을 바친 조선의 근대화가 식민의 이데올로기로 전회되는 비극을 목도하였다. 따라서 이 시는 자신에 대한 후회와 회한을 반영한 것으로도 볼 수 있다.

유길준의 예술인식은 그의 삶과 사유를 반영하고 있다. 그의 개화관은 서구적 근대를 목적으로 하지 않는다. 개화란 조선의 과거에서부터 현재까지 문화와 역사 등의 전통적이고 고유한 영역을 계승하면서 서구문명을 수용하는 것이다. 그에게 개국은 서양에 대한 개방이 아니라 조선에게 필요하고 적합한 것을 서양에서 취하는 것이다. 외세에 위협받는 상황에서 국가의 존립을 위해 근대가 절실히 필요하였고, 그 과정에서 그는 전통과 근대, 동양과 서양 그리고 문명과 야만의 대립과 갈등을 넘어서 조선적 근대를 이루고자 하였다. 이러한 과정에서 그가 남긴 시와 기행문 등은 문명인식의 예술적 형상이라 볼 수 있다. 본고는 자신의 삶을 진솔하게 표현한 유길준의 작품을 통해 중세와 근대의 경계에 선 지식인의 고뇌를 살펴보았다. 그의 내면의식을 통해 예술이 삶의 반영이자 시대의 반영임을 다시 한 번 확인할 수 있다.

2) 문명으로 본 예술

예술 가운데 문명과 관련된 장르를 살펴본다면, 공예를 손꼽을 수 있다. 공예는 문명화의 과정에 따라 관점이 변화되었다. 공예라는 개

---

79) 俞吉濬, 『俞吉濬全集』5, 「矩堂詩鈔」, 209쪽.

념의 수용 초기에는 문명적 관점에서 공업의 의미로 운용되었으나 1908년을 기점으로 미술공예로 용어가 바뀐다. 근대 이전까지는 '공예'라는 단어가 '금공'·'목공' 등 소재에 따라 분야를 지칭하는 기술 중심의 용어였다. 이 분야 전체를 한자어로는 '백공百工' 또는 '백공기예百工技藝'라 하였고, 1890년의 『황성신문皇城新聞』을 마지막으로 이 용어는 사라졌다.[80]

이렇듯 공예의 초기 의미는 서기西器의 관점에서 산업과 미분화된 경세적 역할을 중심으로 논의된다.

> 우리나라는 500년 문치文治의 결과, 무비武備가 소홀하게 되었습니다. 근일에는 각국의 군대가 와서 주둔하고 있는데, 군용軍容이 정돈되고 병기가 예리하여 실로 본받을 만하니, 마땅히 그 규모를 모방하여 군졸을 교련해야 합니다. 그리고 그들의 공교한 공예工藝, 상판商辦의 이익, 의약술醫藥術에 대해 그 정묘함을 배우면 백성들이 그들의 재능을 다하고 그들의 지혜를 배우지 않은 일이 없고 성취되지 않은 기예가 없을 것이니, 어찌 반드시 세상에 드문 다재 다예多才多藝한 사람만을 구할 것이 있겠습니까.[81]

위의 내용은 1882년 국가에 올린 상소문으로 개화기 신문물과 신기술의 수용을 주장한 글이다. 외세의 침략에 대한 대비책으로 크게 두 가지를 말하고 있다. 우선 군사적으로는 서둘러 군용의 정비와

---

80) 최공호, 『산업과 예술의 기로에서: 한국 근대 공예사론』, 미술문화, 2008, 38~39쪽.
81) 『承政院日記』, 고종 19년(1882년 光緒): 而我東五百年文治之餘, 武備疎略. 近日各國來駐, 軍容之整, 兵器之利, 實有可效, 宜摹其規敎鍊軍卒也, 至於 工藝之巧, 商辦之滋, 醫藥之術, 擧其精取其妙, 則民得以盡其才擴其智, 無 事不學, 無藝不就, 何必廣求多才多藝稀世之人乎?

병기를 갖추도록 노력해야 하며, 백성들에게는 신문물을 적극 수용하여 신기술을 배울 것을 말한다. 이를테면 공교한 공예도 단순히 수입할 것이 아니라 백성이 기술을 배우고 습득하여 자체적인 생산이 이루어져야 한다고 말한다. 이러한 점은 1885년 『승정원일기承政院日記』 중에 "농상農商, 공예工藝, 의약醫藥, 산수算數에 이르러서도 모두 학교를 두어서 사람들을 각각 그 재주에 따라 가르치면 인재의 배양이 거의 삼대의 수준을 만회할 수 있을 것입니다."[82]라며 학교의 건립과 교과목으로 공예를 언급한 대목에서도 알 수 있다. 이처럼 당시 공예는 순수예술이 아닌 산업 혹은 공업까지 포괄하는 개념으로 쓰였다. 자강운동을 중심으로 식산흥업殖産興業과 교육이라는 문명화의 과정 속에, 공예는 상품을 제작하는 공工의 범주에서 논의된다. 특히 『대한자강회월보大韓自强會月報』를 보면 제조로서의 공예가 공업으로 논의되면서 식산의 관점에서 조명되고, 동시에 교육의 분야로서 예술이 등장하면서 심미審美론이 제기된다. 이렇듯 1900년대 예술은 문명화라는 목표에의 헌신과 미의식이 태동이라는 양면성이 공존한 시기였다.

(1) 자강론

1897년 광무정권이 수립되고 1904년 러·일 전쟁에 이르는 10여년 기간 동안 대한제국은 봉건제 모순의 극대, 열강의 침략, 부르주아적 발전의 지체 등의 혼란한 정국을 극복하지 못한 채 멸망의 길에 들어

---

82) 『承政院日記』, 고종 22년(1885년 光緒): 至於農商工藝醫藥算數, 亦皆有學校, 人各隨其材而敎之, 則作成之化, 庶可挽回三代矣.

섰다. 이 시기 일제의 침략을 저지하기 위한 국권회복운동으로 선 독립·후 실력양성이라는 의병전쟁이 있었고, 선 실력양성·후 독립을 지향한 자강운동이 있었다. 재야의 지식인들이 중심이 되어 전개한 자강운동 가운데 대표적인 단체로 대한자강회大韓自强會가 있다.[83] 근대의 논의 가운데 앞에서 살펴본 '개화'는 일본에서 들어온 개념인 반면 '자강自强'은 중국에서 사용한 개념이다. 중국에서 근대문명의 수용을 '자강'이라 한 것은 제국주의의 침략을 경계한 뜻에서 나온 것이다.[84] 따라서 을사조약을 기점으로 조선의 국권회복을 위한 문명화 전략은 '개화'보다는 '자강'으로 이행될 수밖에 없었다.

장지연張志淵(1864~1921)은 '자강'에 대해 『주역周易』의 건괘乾卦의 건을 설명하는 '자강불식自强不息'을 뜻하며, 그 의미를 강포强暴나 강용强勇의 강함이 아니라고 하였다. 그는 어려움을 물리치고 위험을 무릅쓰는 진취적인 정신을 자강으로 본 것이다. 이러한 진취성이 조금씩 쌓여서 개인에서 단체로 나아가야 조선은 독립 할 수 있다고 보았다.[85] 장지연은 을사조약으로 인해 현실적으로 부재한 국가를 대신할 정신적 단체를 창출하려 했다. 이러한 의지의 표명으로 대한자

---

83) 조종환, 「大韓自强會의 開化自强論」, 『論文集人文·社會科學』 23호, 상지
전문대, 1993, 18쪽 참조.
84) "한말에 서양근대문물의 수용을 통한 근대화를 지칭하는 '개화'라는 말이 일본
으로부터 들어왔다. 같은 시기에 중국에서는 '자강'이라는 말이 쓰였는데, 이는
'양무洋務'라고도 하였는데, 서양의 과학문명을 습득하여 부국강병을 이룸으로
써 제국주의 열강의 침략을 막는 다는 뜻이었다. 가치 중립적인 '개화'의 개념과
달리 '자강'에는 국가수호라는 저항적 목표의식이 포함되어 있는 것이다." 이주
형, 「장지연의 애국계몽활동과 사상」, 『향토문학연구』11, 2008, 19쪽.
85) 박관규, 손성준외, 『대한자강회월보 편역집』3, 소명출판, 2015, 69,71,75쪽 참조.

강회를 조직하였고, '월보'라는 대중잡지를 만들었다. 대한자강회는 1906년 3월 31일 장지연, 윤효정, 심의성, 임진수, 김상범 등 5명이 발기하여, 20여명이 4월 14일 임시회를 열고 임원진을 구성한 뒤 통감부의 허가를 받아 합법적인 단체로 발족된다. 이 단체의 지회는 모두 25개가 설립되었으며, 회원은 약1500명이었다. 이들은 헤이그 밀사 사건으로 인해 고종이 일제에 강제 양위되던 당시, 고종 퇴위를 반대하고 친일단체인 일진회의 성토 운동을 벌이다가 1907년 8월 21일 강제 해산되었다. 이 단체의 정체성은 『대한자강회월보』라는 기관지의 기록을 통해 알 수 있다. 총 13호가 발간된 잡지에는 '자강'을 이루기 위한 방법으로 식산과 교육이 강조되었다. 실제 권 호마다 식산부殖産部와 교육부敎育部라는 항목을 통해 관련 논의를 수록하였다. 당시 문명의 힘에 굴복하여 국권을 침탈당하는 현실에서 조선인들이 힘을 배양할 수 있는 유일한 방법은 식산과 교육이었다.[86] 이 절에서는 『대한자강회월보』가운데 식산의 측면으로 본 공예와 교육의 관점에서 등장한 심미론을 중심으로 자강이라는 가치기반에 의해 성립된 예술을 알아보도록 하겠다.

(2) 자강과 계몽의 예술

1900년을 전후한 시기의 미술은 공예나 공업의 이름으로 회자되었다. 부국자강을 이루기 위한 방법으로 상업의 활성화와 기계공업에 관심이 집중되었다. 공예는 수공업에서 기계공업으로 변화되었고, 산

---

86) 부산대점필재연구소 고전번역학센터, 『대한자강회월보 편역집』1, 소명출판, 2012, 258~261쪽 참조.

업과 물산으로 영역이 확장되었다. 이처럼 실용적 목적으로 대량생산을 추구하는 공예는 예술작업으로서의 작품과는 분명 다르게 전개되었다.

실용적 목적으로 생산되는 예술품은 근대이전부터 존재하였다. 이를테면 조선시대 문인화가 예술의 향유와 활동을 주도했다면, 직업화가인 화원은 향유계층을 위한 작품 생산을 담당하였다. 따라서 화원의 장인들은 상민, 천민의 신분들이 대부분이었고, 예술가이기 보다 단순히 제작하는 공장工匠이었을 뿐이다.[87] 따라서 그들이 손수 제작했던 수공업이 1900년대 들어 기계화되면서, 경제적 효율성을 지닌 제조업으로 등극하게 된다. 이에 맞춰 지식인들의 공예인식은 식산흥업의 방향으로 논의되었고, 대중의 계도啓導를 위해 매체를 적극 활용하였다.

아래는 『대한자강회월보』 6호 가운데 「식산부개설殖産部開設」 중 일부이다.

> 공예는 백성산업의 요소다. 요순시대에 수장垂斨이 고皐와 기夔와 함께 조정 반열에 같이 선 것은 국가를 도와 공을 세웠기 때문이다. 우리나라에도 신라, 고려시대에 건축, 조각, 회화 가운데 황룡사 불탑, 불상과 만불산萬佛山 자금루각과 솔거率居의 노송그림과 그 밖에 베틀로 짠 베, 도자기, 비단, 소금과 쇠가 모두 신의 조화이다. 산림의 재목과 금옥의 물질이 애초부터 풍요롭지 않은 것은 아닌데, 어찌 그것들을 세력 있는 가문과 관청의 강제 노역에 빼앗겨 그 고통을 견뎌내지 못하게 되었는가. 이에 공업을 원수처럼 보아 아버지는 아들에게 하지 말라 이르고 아내도 지아비에게 하지 말라 깨우

---

87) 권보드래, 『한국 근대소설의 기원』, 소명출판, 2012, 69~70쪽 참조.

치니 기예가 영영 끊어지게 되었다. 각국과 통상한 이래 수출하는
것은 겨우 미곡 소가죽 등 몇 종류뿐인데, 이 마저도 제조에는 뜻이
없어 가공하지 않고 양도하니, 밥을 주고 물을 구걸함과 무엇이 다
르겠는가. 지금 외국인이 차·선박·총포의 사용과 직물·도자기·철
강 등의 물품으로 동양을 압도하는 형세의 힘을 생각해 볼 일이
다.[88]

공예를 산업이라 정의하면서, 그 중요성을 고대 중국의 예로 들었
다. 요순시대 수장들의 명성이 마치 고요나 기와 같았던 점은 그들이
국가발전에 크게 공헌을 했기 때문이다. 이 부분에서 공예가 개인의
기술적 노동에서 나아가 국가의 국력과 부강의 역할을 담당하고 있음
을 알 수 있다. 이어서 역대 우리나라의 예술품에서부터 도자기와 비
단까지 조선의 제조업을 총망라하여 공예라고 하였다. 하지만 조선의
공예는 장인들을 하층계급으로 인식하는 현실로 인해 제조업이 발달
하지 못하였다. 따라서 위의 내용은 향후 서구열강과의 교류에 있어
서 제조업의 쇠퇴는 수출보다 수입에 의존하게 되어 날로 더 심각해
질 것으로 우려한다.

인용문은 김성희金成喜가 쓴 논설로 사농공상士農工商 가운데 공工
의 중요성을 말한 부분이다. 서두에서 현재 공업의 문제점을 밝히면
서, 이에 대한 해결방안을 아래와 같이 제시한다.

서구에서는 전리문빙專利文憑과 보공금패保工金牌를 발행하니 모
두 공예를 장려하기 위함이다. 그래서 국가에 이익과 쓰임이 아주
크니, 미국인 풀턴씨가 증기선을 창조한 것과 영국인 스티븐슨 씨가

88) 임상석·정두영, 『대한자강회월보편역집』2, 소명출판, 2014, 26쪽.

기차를 처음 제작한 지가 지금으로부터 8,90년 전의 일이다. 그 나라
의 부강이 오늘날 어떠한가. 득상사得賞賜는 독일의 기술자인데 모
래에 묵혀 있던 옛날의 예리한 무기를 발견하고 모형을 제조하여
나폴레옹의 기세를 꺾었으니 이들 사업을 생각하여 헤아려볼 일이
다. … 한 집안의 식산이 곧 한 나라의 식산이다. 진실로 식산하고자
한다면 백성은 자유롭지 않을 수 없고, 참으로 자유롭고자하면 백성
은 평등하지 않을 수 없으니, 오호라! 우리 대한 사람들이여. 89)

그는 공예 즉 공업의 발전을 장인에 대한 처우개선에 있다고 본다.
이를 위해 서구의 제도를 소개하였다. 전리문빙은 국가에서 장인에게
주는 특허권이며, 보공금패는 국가가 공인한 자격증 혹은 면허권의
일종이다. 기술에 대한 특허와 능력에 대한 공인은 모두 제도를 통해
개선할 수 있다. 그는 공업에 대한 인식이 쉽게 변하기 어려움을 깨닫
고, 국가적인 제도 수립을 권장한다. 공업이 국가의 이익과 직접 관련
됨을 미국의 증기선과 영국의 기차 등을 예로 들어 설명하였다. 공업
의 부흥은 한 집안을 넉넉하게 하고, 나아가 부국의 길로 나아갈 수
있다. 부국은 바로 국력이 되어 국권의 회복으로 이어질 수 있다. 이를
위해 그는 우선 공업에 종사하는 사람에 대한 인식이 개선되어 그들
이 자유롭게 일할 수 있을 때, 비로소 식산을 할 수 있다고 말하였다.

인민은 각자가 부여받은 자유권이 있다. 문명국 학자가 말하기를
"포기하는 자는 그 몸을 지탱할 수 없고, 빼앗기는 자는 그 나라를
보존할 수 없다."하였다. 어찌 두렵지 않을 수 있겠는가. 하물며 저
공工자의 뜻이 노력에 따라 공을 이루는 것이니 반드시 노력하여 공

---

89) 위의 책, 29쪽.

이 있는 자를 구하여 조정에 있으면 신하와 백관으로 삼고, 과거 시험을 주관하는 종장宗匠으로 삼고, 의술이 정밀한 자를 비범한 자로 삼고, 기예가 높은 자가 공사工師가 되어 제왕의 계책이나 교화를 보좌하게 한다. 그리하여 문명을 아름답게 꾸밈이 모두 백공에서 나와 이로 공적을 삼으면 어찌 작게 볼 수 있겠는가. 나라가 있으면 반드시 그 공인의 흥업이 있다는 것이 이것이다. … 그러므로 전문적 기예를 부문별로 나누어 지극하게 숙달하게 하니, 기교가 생겨 각기 아름다운 이름을 얻게 되었다. 가령 영국의 맨체스터는 방적을 전업하며, 프랑스의 리옹은 길을 전문적으로 만들며, 독일의 발칸은 강철갑을 전문적으로 만들며, 오스트리아의 회태탈懷胎脫은 화약을 전문적으로 만든다. 이런 부류들은 모두 수만 권의 책을 읽고, 조선祖孫부자의 정력을 쌓으며, 많은 세월을 보내고 많은 자본을 소비하며, 많은 실험을 하고, 많은 어려움을 겪은 뒤에 한 방법을 창안하고 한 물건을 베풀어 그 뛰어난 기예를 이룬다. 그래서 인민에게 막대한 이익을 열어주고, 국가에 무궁한 공을 드리운 것이다. 대개 인민의 자유를 따르고 보호하지 않으면 반드시 이러한 조예造詣에 이룰 수 없음은 분명하다.[90]

김성희가 말하는 공工은 생산 활동으로 수공예와 기계를 모두 포함한다. 인용문에는 상세하게 장인들을 국가에 등용하여, 생산의 주역으로 부상하는 방법을 적었다. 또한 공인의 흥업을 위해 분담이 필요하며, 전문적인 기예를 중심으로 각각 세분화되어야 한다고 하였다. 이것은 전문적인 기예가 집안 대대로 이어지는 것을 고려한 의견이다. 다시 말해 뛰어난 기예는 많은 시행착오를 통해 습득되어지고, 창안되어지는 것이다. 따라서 한 세대 뿐만 아니라 여러 세대에 걸쳐 집중적으로 습득해야만 한다. 그가 말한 공업은 기계화에 따른 대량

---

90) 위의 책, 74~75쪽.

생산의 산업화뿐만 아니라 전통 수공예의 계승도 함의하였다. 국가의 자강과 부국을 위해 유용한 수단으로서의 공예는 공업뿐만 아니라 대대로 전승되는 전통 공예이기도 하다. 그는 마지막에 "나는 공예의 학을 지금 비록 독려하지만, 자유의 권리를 인정하지 않으면 반드시 진보할 날이 없을 것이다. 서양 사람이 이른바 정치가 아래를 억제하는 것을 숭상하면 땅에서 보물이 나오지 않는다고 한 것이 이것이다. 오직 당국자는 유의할 것이다."[91]라 하였다.

그의 공예인식은 식산과 자강의 일환으로 표명되었지만, 단순히 경제를 위한 효용론적 관점을 견지하지 않았다. 그는 서구 근대기술을 수용하여 공예를 발전시키기에 앞서, 그 기술의 운용 주체인 장인들에 대한 인식의 변화를 촉구하였다. 인권이 보장되는 사회적 환경에서만이 자유롭게 제작할 수 있고, 기술이 계승됨으로써 최고의 기예가 완성될 수 있다. 그는 장기적인 관점에서 다양한 분야의 수출을 위한 토대를 마련하고자 하였다. 다시 말해 김성희는 당장의 식산을 위한 제조업의 흥업이 아닌 자생적인 기술을 통한 장기간의 흥업을 구상한 것이다.

『대한자강회월보』에 나타난 지식인들의 공예인식은 시대적 당면 과제를 중심으로 공工의 범주에서 식산과 교육으로 구분된다. 식산의 측면에서 공예가 공업과 통용되었다면, 교육에서는 수공手工이라는 단어로 심미와 연관된다.

1907년 6월호에 실린 유근柳瑾(1861~1921)이 역술譯述한 「교육학원리」의 교과목 소개는 다음과 같다. "오늘날 교과라 인정할 수 있는 것

---

91) 위의 책, 75쪽.

은 윤리·어학·작문·지리·역사·수학·물리학·화학·동물학·식물학·
서예·미술·체조·수공·음악 등의 교과이다."[92] 인용문에서 서예·미
술·수공·음악은 예술의 범주에 들어간다. 여기서 미술[93]이란 회화
와 비슷한 의미로 설명된다. 미술을 통해 인간은 손과 눈의 지각을
이용하여 근육을 자유롭게 움직여서 심미의 흥미를 얻을 수 있다. 따
라서 비록 부속과목이지만 교육적 가치는 얕지 않다고 하였다.[94] 또
한 수공에 대해 "수공의 가치는 심미적 흥미를 발휘함과 수학적 사고

---

92) 위의 책, 203쪽.
93) 미술 개념의 도입에 대해 홍선표는 다음과 같이 말하였다. "미술은 메이지기의
   근대 일본에서 1873년 개최된 오스트리아의 빈 만국박람회 출품을 준비하는
   과정에서 만들어진 것이다. … 일어 번역문에 등장한 미술이란 조어에 주석을
   달아 회화와 조각, 음악과 시를 포괄한 개념으로 부연 설명함으로써 초기에는
   주로 예술이란 의미로 통용되다가 점차 시각=조형예술에 한정하여 사용하게
   되었다. 미술이 처음 기록된 것은 … 1881년으로, 이현영이 신사유람단의 위원
   으로 일본에 다녀와서 쓴 견문록인『일사집략日槎集略』에 먼저 보인다. 그런
   데 이 어휘들은 개념적 설명이나 인식적 의사 없이, 미술행정조직인 '미술국美
   術局'과 미술단체인 '관고미술회'와 같은 미술의 시설 제조를 단편적으로 기재
   하는 수준에서 등장하였다. … 미술은 1906년 전후한 개화후기인 통감부시기
   무렵부터 나온『대한자강회월보』와『서우』·『대한흥학보』·『기호흥학회월보』
   ·『대한학회월보』·『태극학보』와 같은 계몽 학술지 등에 눈에 띄게 등장하기
   시작했으며, 예술 또는 조형예술을 지칭하는 분류적 용어로 많이 쓰였다. 예술
   의 의미로 기재될 경우, 과학과 종교·정치·철학 등 주로 타 분과와 나열해
   병칭할 때였고, 이 시기의 미술가와 미술학도 예술가와 예술학을 가리키는 것
   이 통용되고 있는 조형예술의 뜻으로는 음악·문학 등과 나란히 병칭하여 기
   재되었다. 문학을 포함할 때도 있지만, 대부분 미술과 음악을 지칭하였다. 현
   재 거나, 옛 부터 내려온 미술품을 비롯해 과거의 사적과 유적을 소개할 때
   사용되었다." 홍선표,『한국근대미술사: 갑오개혁에서 해방시기까지』, 시공사,
   2009; 2019, 51~52쪽.
94) 임상석·정두영,『대한자강회월보편역집』2, 205쪽 참조.

를 연습함에 있다."95)와 "비록 실용적인 일에 속하나 제작을 정교하게 하여 미술에 도움이 되므로 이것도 족히 심미감정을 기르기에 충분하다."96)라며 수공은 심미라는 예술적 감정과 연관된다. 그리고 음악은 심신의 조화를 바탕으로 만물의 소리를 듣고 따라 연습하는 것으로, 정신과 덕행을 배양할 수 있다고 하였다.97) 이렇듯 보통교육에 채택된 일련의 예술과목들은 인간의 지각을 통해 대상을 인식하며 나아가 심미를 경험하는 것을 목표로 하고 있다.

「교육학원리」에는 인간의 지식을 지智·정情·의意로 나누면서 정을 인간이 대상에 닿는 느낌이라 하였다.98) 이 책에서 감정은 정육情育편에서 집중적으로 다루는데, 심미를 말한 부분은 주목할 만하다. 우선 인간의 감정은 세 가지로 분석된다. 감각의 감정과 상념의 감정 마지막으로 무사無私의 동정同情이 있는데, 무사의 동정에서 심미가 포함되어 있다. 무사의 동정은 자신을 위한 이기적인 마음이 없고 타인과 더불어 협조하는 감정을 의미한다. 해당분야는 종교와 지력 그리고 심미로 나누어진다.99) 여기에서 심미는 개인이 느끼는 미감이 아닌 남과 더불어 느끼는 공감의 특성을 가지고 있다. 심미의 감정을 기르는 교과목으로 음악·작문·수공·습자·미술 및 자연계연구가 있다. 여기서 눈의 심미 감정은 미술과 자연계 연구에서 길러지고, 귀의 심미 감정은 음악, 창가에 의해 길러진다. 심미의 감정을 기르는 것을

---

95) 위의 책, 206쪽.
96) 위의 책, 224쪽.
97) 위의 책, 206쪽 참조.
98) 위의 책, 193쪽 참조.
99) 위의 책, 214~216쪽 참조.

미육美育이라고 하는데 그 특징은 아래와 같다.

세상의 교육을 논하는 자, 진·선·미 세 가지를 아울러 일컫지만
요컨대 미를 더욱 중시하는 것이다. 대개 사람에게 심미의 감정이
없으면 우아하고 고상한 풍모가 없을 것이니, 가련하고 비루한 동물
이 아니고 무엇이겠는가? 이 감정을 기르는 교과는 음악·작문·수
공·습자·미술 및 자연계의 연구만한 것이 없다. 음악은 특히 귀의
심미 감정을 기를 뿐 아니라, 또한 각종의 심미 감정이 이로부터 발
현한다. 작문을 통해서 자신의 언론을 자유롭게 표현하니, 사람마다
모두 말을 꾸미려 하는 까닭에 이 또한 심미 감정을 기르기에 충분
하다. 수공은 비록 실용적인 일에 속하나 제작을 정교하게 하여 미
술에 도움이 되므로 이것도 족히 심미 감정을 기르기에 충분하다.
습자는 작은 재주에 속하지만 크기와 모양의 자리를 배치하는 사이
에 미술이 절로 나타나서, 옛사람의 필적을 볼 때마다 천 년 뒤에도
오히려 그 풍채를 생각하며 한참을 맴돌게 되나니 이 또한 심미 감
정을 기르기에 충분하다. … 시가·문장을 이루는 그 비분과 침통·
격앙과 강개 그리고 호방하고 툭 트인 운치는 저마다 다르나, 그 소
재는 태반이 천지에서 아름다움을 취한 것이다.[100]

심미의 속성은 우아와 고상한 풍모이다. 여기서 인간은 동물과 다
르게 심미의 속성을 가지고 있는데, 이를 기르기 위한 교육이 별로도
요구된다. 여기서 심미의 감정을 기르는 과목으로 예술 분야 및 자연
계 연구를 손꼽았다. 인용문에서 음악, 수공, 습자 등을 자세히 설명하
였다. 설명에서 우리는 예술이 공업이나 산업의 기술적 측면을 넘어
학문으로서 독자적인 기반을 형성하고 있음을 알 수 있다. 다시 말해

---

100) 위의 책, 224~225쪽.

예술과 관련된 여러 장르들은 인간의 감정적 본질로서 심미를 추구하는 것에 목적을 둔다. 인용문 마지막에 심미의 감정은 여러 가지 형상으로 발현되지만, 그 원인을 자연이라 하였다. 또한 자연계 연구가 심미 감정을 기를 수 있다는 말은 천지자연의 변화 및 순환에서 인간의 심미 감정이 생성된다는 것이다. 이는 서두에서 밝힌 심미 감정은 대상과의 접촉을 통해 촉발된다는 말과 일맥상통한다. 자연에서 영감이 떠올라 작품을 창작하듯이, 주변의 모든 대상이 심미 감정의 근원이 된다. 이러한 심미 감정을 자기를 위한 감정이 아닌 타인과 공감하는 감정으로 훈련해야 한다. 따라서 미육은 이기심이 아닌 이타심에서 생성된 심미 감정을 의미한다.

지금까지 『대한자강회월보』에 나타난 예술을 살펴보았다. 1905년 을사조약을 기점으로 주권상실에 대한 국가적 위기는 지식인들의 개화운동에서 자강운동으로의 이행을 추동하였다. 그들은 국가적 차원의 개혁이 어려우므로 단체나 사회를 통한 개혁을 도모하였고, 이를 위해 대중매체를 적극 활용하게 된다. 당시 지식인들의 예술 인식은 자강의 목적에 따라 식산과 교육 두 분야에서 조명되었다. 산업화와 기계화의 수용은 미술에서도 공예를 통해 회자되고, 교육에서 예술은 심미적 효용에 주목하였다. 화원이나 공장의 작업을 통해 생산되던 작품과 생산품이 수출과 소비를 위한 대량생산으로 바뀌면서 작품과 제조의 경계가 모호해졌다. 김성희의 논설을 중심으로 본다면, 그는 장인들의 작업 환경과 신분 보장을 통해 많은 직업인을 산출하고자 노력하였다. 이를 위해 그는 무엇보다 국가 주도의 정책변화가 이루어질 때 비로소 식산흥업이 가능하다고 보았다. 이렇듯 공예는 공업과 통용되면서 산업화의 길[101]을 걷게 되었고, 예술이라 부를 수 있는 측면은 교육에서 발견되었다. 심미 논의는 외국서적을 읽고 편역한 유근에 의해서 알려지게 되었다. 이 텍스트에서 예술은 여러 교과목을 설명하는 가운데 소개되었고, 이상적인 심미는 미육의 과정을 통해 논의된다. 구체적으로 무사의 동정이라는 심미 감정을 발현시키기 위한 예술 소개와 교육내용을 기록하였다. 비록 외국의 교육방법을 소개하고 있지만, 본 자료는 근대 예술에 대한 선구적 인식을 담고 있다. 예술이 정치와 경제 도구로써의 인식이 팽배했던 시기에 예술의 생성 및 심리적 효과를 피력한 글은 앞으로 다가올 학문의 분화를 대비한 것이다. 즉 예술이 예술로써 논의되는 근대적 학문의 길에 한층 다가선 것이라 할 수 있다.

---

101) 미술이 실용품 생산을 위한 공장의 형태로 존재했다는 점은 다음의 글을 통해 알 수 있다. "1900년대 미술이라는 용어와 관련하여 가장 빈번하게 등장했던 한성미술품제작소의 존재는 이 사실을 한층 흥미로운 것으로 만든다. 신문 기사에서 주로 '미술품 공장'으로 칭해졌던 한성미술품제작소는 1908년도에 설립되었는데, 그 목표는 '조선 고유의 미술 의장意匠을 보유'하자는 것이다. 이 기구는 1911년 이왕직미술품제작소로 1922년 주식회자 조선미술품제작소로 명칭이 바뀌면서 1937년경까지 존속되었다. 금공 · 목공 · 염직의 3부를 제작실 산하여 두고 있었던 한성미술품제작소는 궁중 수요에 부응하는 외에 수출에 기여할 것을 중요한 역할로 맡고 있었으며, 국제 박람회 출품작 제작을 담당하기도 했다." 권보드래, 『한국 근대소설의 기원』, 70쪽.

제2장
주체의 탄생과 근대적 미론의 모색

　20세기에 접어들자 일제는 본격적으로 조선의 식민지화에 들어갔다. 모든 분야에 걸쳐 식민지화의 전략이 펼쳐졌고, 일제는 조선의 정체성을 왜곡 폄하하는 데에 주력하였다. 본 장에서는 민족적 정체성 확립을 지향했던 지식인들의 노력을 살펴보고자 한다. 신채호의 경우 근대 제국의 식민주의를 전복하면서, 끊임없이 근대의 진정성을 의심하였다. 그는 근대라는 문명개화 속의 억압적 계기를 주시하면서, 근대의 전복과 저항의 예술을 기획하였다. 신채호는 노예적 삶을 강요하는 일본에 대한 문화적 투쟁을 펼쳤다. 그 투쟁을 그는 '아'와 '비아' 역사 속에서 발견하였다.[1] 1절에서는 노예적 예속을 거부하고 오로지 '아'를 지향하는 그의 사상과 예술관을 살펴보고자 한다. 이어서 1910년대 후반부터 1920년대에 제기된 예술담론에 나타난 근대적 미론의 수용과정을 논의하고자 한다. 근대적 미론은 일본에 유학중인 조선의 지식인들에 의해 등장하였다. 근대적 주체로서 그들이 상상한

----

　1) 양진오, 『영웅의 발견과 한국근대 소설의 기원』, 태학사, 2015, 32,34쪽 참조.

미는 무엇이며, 어떻게 예술이 근대적인 미론으로 탄생되는지를 규명하고자 한다. 근대적 미론이란 고대·중세 등의 일정한 시대의 미론이 아니라, 근대적 사유와 근대적 양식을 갖춘 새로운 조선 미론을 함의한다. 2절에서는 이광수와 염상섭을 중심으로 주체에 의한 근대적 미론의 모색을 알아보겠다.

1 근대적 '아'와 미의식[2]

신채호申采浩(1880~1936)[3]는 어릴 적부터 한학을 공부하였음에도 불

---

2) 본 절은 저자의 「조선의 정신, 그 정체성에 대한 근대적 탐색 :신채호의 '아'와 박은식의 '국혼' 그리고 정인보의 '얼'을 중심으로」(『양명학』54, 2019) 가운데 신채호 부분을 일부 수정한 글이다.

3) 신채호는 어릴 적부터 조부인 신성우申星雨에게 한학교육을 받았으며, 13세에 사서삼경을 읽어 신동이라 불렸다. 19세에 성균관에 입학하여 26세 되던 1905년에 성균관 박사가 된다. 같은 해에 장지연의 투옥으로 〈황성신문皇城新聞〉에 논설위원이 되었다. 이듬해에 〈대한매일신보大韓每日申報〉주필이 되었고, 『이태리건국삼걸전伊太利建國三傑傳』을 광학서포에서 발행한다. 1907년 신채호는 비밀 결사단체 신민회에서 독립운동을 하면서, 국채보상운동에 적극적으로 활동한다. 1908년 여성잡지인 『가정잡지家庭雜誌』의 발행인이 되었고, 〈대한매일신보〉에 「수군 제일 위인 이순신전」을 연재하였다. 5월에는 『을지문덕전乙支文德傳』을 국한문판으로 출간한다. 1910년 한일합방 후, 신채호는 안창호安昌浩, 이갑李甲등과 블라디보스토크로 망명하여 광복회光復會를 조직하여 독립운동을 전개한다. 1914년부터 조선사의 저술을 시작하면서 신채호는 광개토왕 왕릉 등의 고구려 고적을 답사 및 북경도서관에서 연구 자료를 수집한다. 1919년 신채호는 임시정부 전원위원회 위원장으로, 비밀결사 대동청년단 단장으로 추대되며, 같은 해 〈신대한新大韓〉의 주필로 독립운동과 관련된 글을 많이 쓴다. 1920년에는 보합단普合團의 내임장을 추대되어 독립군 자금

구하고 계몽주의자·문학가·역사학자·독립 운동가·언론인·정치가
등의 여러 호칭으로 불려진다. 이렇듯 신채호를 수식하는 다양한 말에
서 우리는 그의 광범위한 사상적 편력을 알 수 있다. 그 동안 신채호
연구는 민족과 탈민족·탈근대를 중심으로 논의되었다. 민족주의를 중
심으로 하는 관점은 1900년대 신채호의 중심사상을 민족주의로 규정
하였다. 탈민족·탈근대의 관점은 1920년대 이후 그가 민족주의에서
벗어나면서부터 주창된 사상적 경향을 대변한다.4) 이러한 민족과 탈
민족의 문제는 신채호 연구에 있어 여러 논쟁을 불러일으켰다.5)

을 모집하였다. 1921년부터 역사연구서를 집필하기 시작하여 1924년에는 『조
선상고사朝鮮上古史』가 완성되고, 1924년부터 집필한 『조선사연구초朝鮮史硏
究草』가 1929년 조선도서주식회사에서 간행되었다. 1923년 의열단義烈團의
요청으로 「조선혁명선언서」를 만들었고, 국민대표자회의에 참석하여 임시정
부의 창조파로 활약한다. 1928년에는 「용과 용의 대격전」, 「꿈하늘」 등의 소설
이 발표되었다. 같은 해 대만의 무정부주의 비밀결사 사건에 연루된 신채호는
일본 경찰에 체포되어 10년 형을 받아 뤼순감옥에서 복역한다. 1931년 그는
〈조선일보朝鮮日報〉에 6월부터 10월까지 「조선사」를 연재했고, 10월부터 12
월까지 「조선사연구초」를 연재한다. 1936년 57세 되던 해, 그는 뤼순 감옥에서
뇌졸중, 동상 등의 고문 후유증으로 순국한다. 신채호, 최경희 엮음, 『신채호작
품집』, 지만지, 2008, 22~24쪽 참조.
4) 노관범, 「대한제국기 신채호의 '아我'개념의 재검토」, 『개념과 소통』 14호,
2014, 9쪽 참조.
5) 김현주는 그동안 신채호 문학연구의 경향을 다음과 같이 정리하였다. "초창기
신채호 문학에 대한 연구가 본격적으로 이루어지기 시작하나 이것은 민족주의
담론이 고조되던 1970년 『전집』이 출간되기 전후이다. … 무엇보다 민족주의
와 관련된 연구가 중심이었다고 할 수 있다. 이러한 논의들은 계몽기 문학의
정신적 위상을 밝히고 신채호의 사상적, 문학적 연구지평을 여는 데 상당한
기여를 하였다. 그러나 문학연구가 사상연구에 종속됨으로써 신채호는 오랫동
안 '민족주의의 신화'에 갇히거나 또는 '극단적인 국수주의자'로 규정되기도
하였다. 이러한 가운데 후기 아나키즘 활동들은 돌출된 사상 편력으로 해석되

본 절에서는 그가 주창한 '아'개념을 통해 이 문제를 살펴보고자한다. 신채호의 민족과 탈민족의 토대는 조선의 주체적인 '아'의 성립에 있다. 신채호 사상의 귀결점은 '비아'인 식민성에 저항하고 투쟁하여 온전한 '아'를 구현하는 것이다. 다시 말해 그의 삶과 사상은 '아'와 '비아'의 투쟁이다. 따라서 우선 신채호의 주체적인 '아'의 탄생을 고찰하고, 이를 근거로 '아'의 투쟁에 대한 예술적 양상을 논의하겠다.

1) 주체적인 '아'의 탄생

주체나 개인이라는 개념은 모두 근대의 산물이다. 분리될 수 없는 존재이자 유일하고 독립적인 주체를 신채호는 '아'라 부른다. 여기서 '아'는 인간의 물리적·정신적 측면으로 나누어지기도 하고, 민족을 지칭하기도 한다. 그리고 '아'와 상반되는 '비아'가 존재하고, 투쟁의 관계가 설정되면서 신채호만의 '아'론이 성립된다.

거나 '민족주의의 심화과정'으로 해석되어 근대국민국가의 이데올로기를 해체하는 그의 실천적 문학 작업들이나 문학적 변모양상에 대해서는 구체적인 논의가 부족했다고 볼 수 있다. … 다음으로 근대문학형성의 복합적인 장 안에서 신채호 문학을 새롭게 구명하려는 시도도 지속적으로 이루어졌다. 최원식은 신채호를 '식민지 문제가 민족 사이의 문제로만 국한되지 않는다는 깨달음에서 근대 일반의 억압성에 주목하면서 근대에 대한 치열한 대결의식을 견지한 작가'로 평가하였다. 또한 신채호가 기발한 역사 해석으로 기존 역사를 전복하고 있다는 점에서 그의 저술 전체를 문학적 환상으로 보는 관점도 고려할 만하다고 보고 있다. … 신채호 문학을 또 하나의 근대문학의 기원으로 보고자 하는 이러한 적극적인 시도들은 우리 근대문학의 다양한 길항을 추적하고, 신채호를 문학사의 중심으로 자리매김하는 중요한 작업들이라 할 수 있다." 김현주, 『단재 신채호 소설연구』, 소명출판, 2015, 13~16쪽.

(1) '아'의 형성

신채호의 '아'에 관한 사유는 1908년부터 작성한 『대한매일신보大韓每日申報』의 논설들에서 발견된다. 이 가운데 1908년 9월에 간행된 「대아大我와 소아小我」의 논설은 '아'의 범주를 밝히고 있다.

> 왼편에도 하나 있고 오른편에도 하나 있어서 가로 놓이고 세로 선 것을 나의 「이목」이라 하고, 위에도 둘이 있고 아래도 둘이 있어서 앞으로 드리운 것을 나의 「수족」이라 하며, 벼룩이나 이만 물어도 가려움을 견디지 못하는 것을 나의 「피부」라 하며, 회충만 통하여도 아픔을 참지 못하는 것을 나의 「장부」라 하며, 팔만사천의 검은 뿌리를 나의 「모발」이라 하며, 일분 동안에 몇 십번씩 호흡하는 것을 나의 「성식」이라 하며, 총총한 들 가운데 무덤에 가마귀와 까치가 파먹을 것을 「해골」이라 하며, 개미와 파리가 빨아 먹을 것을 나의 「혈육」이라 하여, 이 이목과 수족과 피부와 장부와 모발과 성식과 해골과 혈육을 합하여 나의 「신체」라 하고, 이 신체를 가르쳐 「나」이라 하나니, 오호라, 내가 과연 이같이 희미하여 이같이 작은가. 이 같을 진대 한편에 있는 내가 열 곳에 널리 나타남을 얻지 못할 것이요, 일시에 잠깐 있는 내가 만고에 길게 있음을 얻지 못할지니, … 오호라. 내가 과연 이러한가. 가로대 그렇지 않다. 저것은 정신의 내가 아니요 물질의 나이며, 저것은 영혼의 내가 아니라 껍질의 나이며, 저것은 참 내가 아니요, 거짓 나이며, 큰 내가 아니요 작은 나이니, 만일 물질과 껍질로 된 거짓 나와 작은 나를 나이라 하면 이는 반드시 죽은 나이라. 한 해에 죽지 아니하면 십년에 죽을 것이며, 십 년에 죽지 아니하면 이십세 삼사십세 육칠십세에는 필경 죽을 것이요, 상수를 하여도 백세에 지나지 못하나니, 오호라. 이 지구의 있을 이천이백만년 동안에 나의 생명을 백세로 한 정하여 백세 이전에 나를 구하여도 없고 백세 이후에 나를 구하여도 없거늘,[6]

앞부분은 신체를 기반으로 '아'를 설명하고 있다. 그는 눈과 귀, 손과 발, 피부와 장부 등의 모든 신체를 물질적 존재로 보았다. 이러한 물질적인 신체의 '아'를 '소아'라 한다. 반면에 정신적이고 영혼적인 '아'를 '대아'라고 부른다. '소아'가 신체적인 한계로 죽음에 이르는 거짓 나라면, '대아'는 유한성을 극복하여 죽음에 이르지 않는 참된 나이다. 이처럼 소와 대, 물질적인 체와 정신적인 혼이라는 '아'의 분석은 모두 '소아'를 극복하여 '대아'로 나아감을 의미한다. 그는 "이제 이 물질과 껍질로 된 거짓 나와 작은 나를 뛰어 넘어 정신과 영혼으로 된 참 나와 큰 나를 쾌히 깨달을진대, 일체 만물 중에 죽지 아니하는 자는 오직 나이라."[7]며 독자로 하여금 영원불멸한 '대아'로 거듭날 것을 독려한다. 그가 신체적 '소아'의 유한성을 극복의 대상으로 여긴 것은 민족적 정신의 필요성을 강조하기 위함으로, 아래의 내용을 보면 알 수 있다.

> 대아는 무엇인가. 즉 아의 정신이며, 사상이며, 아의 목적이며, 아의 주의主義이다. 이것은 무한하고 자유자재한 아이니 가고자 함에 반드시 가서 원근이 없는 자이며 행하고자 함에 반드시 달성하여 성패가 없는 자이라.[8]

인용문에서 '대아'는 보편성과 실천성의 특징을 지니고 있다. 그는 '대아'의 정체성을 확보하여 '아'의 '아'됨을 구현한 참된 주체를 탄생

6) 단재신채호전집편찬위원회, 『丹齋申采浩全集』6, 독립기념관 한국독립운동사연구소, 2007, 648~649쪽.
7) 위의 책, 649쪽.
8) 위의 책, 650쪽.

시키고자 하였다. 이를 위해 인간은 '소아'의 육체적 물질적 욕망을 절제하여야 한다. 그래야만이 자각과 실천이 가능한 '대아'가 가능하다.[9]

신채호는 「대아大我와 소아小我」에서 전체성을 지닌 '대아'와 부분성을 실현하는 '소아'를 대비시켰다. '소아'는 개인이 사회에 의해 물질화되고 신체화되어 사회 속에서 존재하는 가짜와 부분이 되는 것이다. 반대로 '대아'는 사회로부터 해방된 정신화되고 영혼화된 개인이 되어 궁극에는 이념적인 생명체가 되는 것이다. 그렇기 때문에 자유자재하며 만사에 편재한 생명력을 지닐 수 있다. 따라서 신채호의 '아'는 물질화된 개인이 아니라 반성과 자각으로 정신화된 개인이다. 그는 이 자유자재한 '아'를 중심으로 일제의 식민화 투쟁에 돌입한다.[10]

(2) '아'와 '비아'의 투쟁

신채호가 '아'개념을 개진한 이후 '아'는 역사인식의 핵심으로 등장하였다. 그는 1924년 집필한 『조선상고사』의 총론에 "역사는 아와 비아의 투쟁의 기록이다."라고 선언하였다. 왜 역사분야에 '아'론을 적용한 것일까? 총론의 서두를 보면 그 이유를 알 수 있다.

> 역사란 무엇인가? 인류 사회의 '아我'와 '비아非我'의 투쟁鬪爭이 시간으로 발전하고 공간으로 확대되는 심적心的활동 상대의 기록이니, 세계사라 하면 세계 인류가 그렇게 되어온 상태의 기록이요. 조선사라 하면 조선 민족이 이렇게 되어온 상태의 기록이다.

---

9) 박정심, 『조선의 아, 비아와 마주서다』, 문사철, 2019, 80쪽 참조.
10) 노관범, 「대한제국기 신채호의 '아我'개념의 재검토」, 22쪽 참조.

무엇을 '아我'라 하며, 무엇을 '비아非我'라 하는가? 깊이 팔 것 없이 얕게 말하자면, 무릇 주관적 위치에 선 자를 '아'라 하고, 그 외에는 '비아'라 한다. 이를테면 조선인은 조선인을 '아'라 하고, 영英·로露·법法·미美 등을 '비아'라고 하지마는 영英·로露·법法·미美 등은 저마다 제 나라를 '아'라 하고 조선을 '비아'라고 한다. 무산계급은 무산계급을 '아'라 하고 지주나 자본가를 '비아'라고 하지마는 지주나 자본가는 저마다 제 붙이를 '아'라 하고 무산계급을 '비아'라 한다. 뿐만 아니라 학문이나 기술에나 직업에나 의견에나, 그 밖의 무엇에든지 반드시 본위本位인 '아'가 있으면 따라서 '아'와 대치되는 '비아'가 있고, 이 가운데 '아'와 '비아'가 있으면 '비아' 가운데도 '아'와 '비아'가 있다. 그리하여 '아'에 대한 '비아'의 접촉이 잦을수록 '비아'에 대한 '아'의 분투가 맹렬하여 인류 사회의 활동이 쉴 사이가 없으며, 역사의 전도가 완결될 날이 없다. 그러므로 역사는 '아'와 '비아'의 투쟁의 기록인 것이다.[11]

'아'의 범주는 제붙이 하는 대상에 따라 설정된다. 조선을 '아'라 하면 영·로·법·미 등은 '비아'가 된다. 또한 무산계급을 '아'라 한다면, 유산계급이 '비아'가 되는 것이다. 계급·민족·국가·학문·기술·사상 등의 어떠한 의미범주에서도 '아'와 '비아'가 존재한다. 시간적으로 물질적으로 '아'가 어떤 것을 제붙이 하였는가에 따라 자신만의 토대를 구성한다. 이러한 점 때문에 '아'는 역사성을 지니게 된다. 또한 '아'에 대한 '비아'가 존재하고, 이 두 가지가 맹렬히 접촉할수록 '아'와 '비아'의 투쟁이 시간적으로 지속된다. 이러한 투쟁의 지속이 바로 역사를 구성하는 실체이다. 다시 말해 신채호가 말하는 역사는 '아'와 '비아'의 투쟁 속에 형성되는 사건이다. 이제 '아'는 개인으로부

---

11) 단재신채호전집편찬위원회, 『丹齋申采浩全集』1, 3쪽.

터 시작하여 민족·국가·사상·예술 등으로 의미 범주가 확장된다. 그가 '아'와 '비아'의 투쟁을 설정한 것은 끊임없이 강요되는 '비아'의 부정적인 측면을 '아'가 극복하면서 새로운 길을 열어갔던 과정을 주장하기 위함이다. 즉 당시 신채호는 '비아'에 해당되는 식민주의를 전복, 비판하면서 새로운 길을 열어가고자 한 것이다. 여기서 '아'를 조선인이라 한다면 일본인인 '비아'로부터의 노예적 예속을 거부하고 오로지 '아'를 지향해야만 할 것이다. 왜냐하면 주체란 '비아'에 예속된 '아'가 아니라, 예속된 상황에 저항하며 진정한 '아'로서의 '아'를 구현하는 것이기 때문이다.[12]

> 우리 조선朝鮮사람은 매양 이해利害이외以外에서 진리를 찾으려 하기에, 석가釋迦가 들어오면 조선의 석가가 되지 않고 석가의 조선이 되며, 공자孔子가 들어오면 조선의 공자가 되지 않고 공자의 조선이 되며, 무슨 주의主義가 들어와도 조선의 주의가 되지 않고 주의의 조선이 되려 한다. 그리하여 도덕道德과 주의를 위爲하는 조선은 있고, 조선을 위하는 도덕과 주의는 없다. 아! 이것이 조선의 특색特色이냐, 특색이라면 특색이나 노예奴隷의 특색이다. 나는 조선의 도덕과 조선의 주의를 위하여 곡哭하려 한다.[13]

위의 내용은 1925년 『동아일보』에 실린 「낭객의 신년만필」 가운데 일부분이다. 그는 도덕이나 주의가 조선에 어떻게 수용되는지를 설명하고 있다. 그에 따르면 불교·유교·기독교·공산주의 등의 종교나 사상은 모두 인간의 이해관계에 의해 생성된 것이다. 다른 국가 혹은

---

12) 양진오, 『영웅의 발견과 한국근대 소설의 기원』, 36쪽 참조.
13) 단재신채호선생기념사업회, 『丹齋申采浩全集』下, 형설출판사, 1977, 31쪽.

민족들은 자신들의 이해를 중심으로 종교나 사상을 형성하는 반면, 조선은 이해의 관점을 벗어나 도덕과 주의를 받아들였다고 비판하였다. 이를 테면 조선에 석가가 들어오면 석가의 조선이 되고, 조선에 공자가 들어오면 공자의 조선이 된다는 것이다. 그는 어떤 사상을 수용하면 조선의 사상이 되어야 하는데 사상의 조선이 되는 것은 노예적 사고에 기인한 것이라 보았다. 이러한 점은 조선인의 식민지적 근성을 비판한 것이다. 노예가 노예인 이유는 주인이 강요한 주의를 절대적인 것으로 간주하며 받아들이기 때문이다. 식민주의의 본질이 식민지민들에게 노예적 삶을 주입하는 것이라면[14] 이에 투쟁하는 것이 '아'의 구현이다. '비아'의 도덕이나 주의가 들어오면 이에 투쟁하여 '아'고유의 도덕이나 주의로 자기화해야 한다. 이러한 맥락에서 신채호의 '아'의 구성은 '비아'와의 대립과 갈등에서 부단히 형성하는 과정에 있다.

지금까지 살펴본 신채호의 '아'개념은 그의 작품에 내재된 주체를 발견하고 그 의미를 추출하려는 기초 작업에 해당한다. 이를 기반으로 작품에서 '아'의 양상이 민족성으로 해석되기보다, 근대 극복을 위한 신채호의 통찰이 깃든 개념으로 독해할 수 있을 것이다.

2) '아'의 투쟁과 예술

신채호는 현재에 대한 고민과 통찰을 문학적 감성으로 표현하였다. 이를 테면 초창기 작품으로 역사전기소설은 근대 극복의 문제의식을 반영했던 반면 후기 작품들에는 현실을 재구성하려는 의지를 담았다.

---

14) 양진오, 『영웅의 발견과 한국근대 소설의 기원』, 45쪽 참조.

그는 조선인들의 각성을 위해 소설이라는 형식을 빌렸다. 그렇다면 소설에 나타난 '아'와 '비아'의 투쟁과 '소아'에서 '대아'에 이르는 과정을 살펴보도록 하자.

(1) '아'론과 예술

신채호의 문학은 역사와 사상을 넘나드는 열린 텍스트를 지향한다. 특히 '아'론을 제창했던 1908년을 기점으로 그의 소설에 나타난 인물과 시공간은 역사적 인물이나 사건을 빌려 문학으로 재창조된다. 따라서 그의 역사관련 작품은 '아'의 정립을 위한 문학적 전략적으로 볼 수 있다. 그 전략이란 한국의 실재한 역사를 '아'와 '비아'의 투쟁의 역사로 온전하게 재구성하여 '아'의 역사관을 성립하는 것이다. 1908년에 집필된 역사 전기소설을 보면 『대동사천재 제일대위인 을지문덕』, 「수군 제일위인 이순신」, 「동국거걸 최도통」등이 있다. 이 가운데 『대동사천재 제일대위인 을지문덕』은 한국 고대사 속의 인물인 을지문덕을 중심으로 '아'와 '비아'의 투쟁을 극적으로 그려내었다. 여기서 을지문덕과 고구려는 '아'이며, 그 본질은 독립이다. 소설에서 을지문덕은 독립정신을 일깨운 성인으로 찬미된다. 스토리에서 ('아'와 구분되는) 내부적 '비아'는 수나라의 고구려 침입 당시 고구려에서의 전쟁을 막기 위해 일시적인 굴복을 주창한 주화主和세력이다. 여기서 내부적 '비아'의 본질은 비열卑劣로, 그는 주화세력에게 노예의 정신이 있다고 비판한다. 그리고 '아'와 '비아'는 한족韓族과 한족漢族이며, 투쟁은 을지문덕이 살았던 시대의 고구려와 수의 전쟁으로 나타난다. 이처럼 '아'의 본질은 독립이며, 이를 위해 '아'는 내부적 '비아' 그리고 '비아'와의 투쟁을 펼친다. 같은 시기의 작품인 「동국거걸 최도통」은 『대동사천재 제일대위인 을지문덕』의 관점을 계승하여, '아'와 '비아'의 투쟁을 문학적으로 구현하였다. '아'와 '비아'의 투쟁은 최영시대의 부여족인 고려와 몽골족, 지나족의 홍건족, 일본족의 북조 사이의 투쟁으로 묘사된다. '아'는 최영과 부여족으로 작품에서 최영은 독립을 주창한 영웅으로 제시된다.[15)]

지금까지 살펴본 『대동사천재 제일대위인 을지문덕』과 「동국거걸 최도통」은 역사적 사실을 근거로 쓴 전기문으로 모두 '아'와 '비아'의 투쟁을 그렸다. '아'와 '비아'의 투쟁은 외부적 투쟁 뿐만 아니라 내부적 투쟁을 겪는다. 특히 내부적 '비아'의 본질을 비열이라고 한 점은 당시 식민지화에 순응하려는 지식인들과 사회에 대한 신채호의 시선으로 볼 수 있다.

이처럼 '아'의 내부적 '비아'에 대한 비판적 시각은 당시 문학 풍조에 대한 신채호의 논설에서도 발견된다.

그러나 예술도 고상하여야 예술이 될지어늘, 귀족 자제의 육체의 노예가 되려는 자살 귀신 강명화康明花도 열녀로 되는 문예가 무슨 예술이냐? 수백만의 배고픈 귀신을 옆에다 두고 1원 내지 5원의 소설책이나 팔아 한 번의 배부름을 구하려는 문예가들이 무슨 예술이냐? 금강산의 경치가 아무리 좋을지라도 배고픈 어린아이의 눈에는 한 숟가락의 밥만도 못하며, 솔거의 소나무 그림이 아무리 명작이라 할지라도 물에 빠진 자의 눈에는 한 조각의 목판만 못하며, 살지도 죽지도 못하게 된 조선 민중의 귀에는 모든 아름다운 가극과 소설의 이야기가 백두산 속 미신광迷信狂인 조선생趙先生의 강신필降神筆만 못하리니, 1원이면 한 집안 식구의 며칠 생활 할 민중의 눈

15) 노관범, 「대한제국기 신채호의 '아我'개념의 재검토」, 23~26쪽 참조.

에 들어갈 수도 없는, 2원 3원의 고가高價되는 소설을 지어놓고 민중 문예라 부름도 얄미운 짓이거니와, 민중 생활과 접촉이 없는 상류 사회에 부유하고 귀한 집안의 남녀 연애 사정을 위주로 하는 음란을 장려하는 문예는 더욱 문단의 수치이다. 예술주의의 문예라 하면, 현재 조석을 그리는 예술이 되어야 할 것이며, 인도주의 문예라 하면 조선을 구하는 인도人道가 되어야 할 것이니, 지금 민중에 관계가 없이 다만 간접의 해를 끼치는 사회의 모든 운동을 소멸하는 문예는 우리가 취할 바가 아니다.16)

위의 내용은 당시 유행하던 문학에 대한 비판의 내용을 담고 있다. 첫줄에서의 "자살귀신 강명화"란 1925년에 출간된 이해조李海朝(1869~1927)의 중편소설『강명화실기康明花實記』를 가리킨다. 이해조는 기생이라는 신분으로 인해 연인과 결혼을 못하자 자살한 실존인물 강명화의 사건을 소설로 만들었다. 강명화 자살사건은 당시 신문 및 잡지의 기사·노래·영화·소설 등으로 회자되면서 열녀의 부활로 큰 인기를 끌었다. 신채호는 당시 대중의 취향에 따라 작품을 쓰는 작가들을 비판하고 있다. 그의 '아'론에 적용하면 그들은 내부적 '비아'인 셈이다. 예술을 수단으로 사회적 명예와 부를 추구하는 내부적 '비아'에게 그는 진정한 예술 즉 '아'의 본질을 말한다. 그에 따르면 작품에는 시대적 현실을 반영하는 작가의 문제의식이 들어 있어야 한다. 만약 인도주의를 추구하는 작가라면 조선의 현실에서 인도주의를 구현할 수 있는 문제의식이 있어야 한다. 이렇듯 그의 예술관은 현실에 대한 고민과 통찰을 중심으로 한다.

---

16) 단재신채호선생기념사업회,『丹齋申采浩全集』下, 33~34쪽.

(2) 작품으로 본 '아'의 투쟁

신채호의 『꿈하늘』은 후기 작품 가운데, 시공간을 초월한 '아'의 투쟁이 잘 묘사되었다. 1910년 망명 이후 여러 나라를 떠돌며 지냈던 신채호는 역사집필에 몰두하였고, 이 시기에 창작된 작품들에서 새로운 문학적 시도들이 나타난다. 이를 테면 미완된 결말, 시간과 공간을 뛰어넘는 초월성, 액자식 구성 등은 모두 근대 문학작품의 구성과 체계를 이탈한 것이다. 특히 1916년 집필된 『꿈하늘』은 비현실의 세계인 꿈을 통해 '아'를 찾아가는 여정이 담겼다. 그 여정은 사실상 독립이 어려운 현실을 극복하려는 작가의 희망으로 볼 수 있다. 그는 『꿈하늘』의 서문에 "자유 못하는 몸이니 붓이나 자유하자고 마음대로 놀아 이 글 속에"17)라며 소설의 창작배경을 밝혔다. 이 작품은 꿈이라는 환상을 기반으로 조선의 현실을 재구성하려는 그의 바람이 담겨있다.

> 꼭 독자에게 할 말씀 세 가지가 있습니다. 첫째는 한놈은 꿈 많은 놈으로 근일에는 더욱 꿈이 많아 긴 밤에 긴 잠이 들면 꿈도 그와 같이 깊어 잠과 꿈이 종시終始하며 또 그 뿐만 아니라 곧 멀건 대낮에 앉아 두 눈을 멀뚱멀뚱 뜨고도 꿈같은 지경이 많아 님나라에 들어가 단군께 절도 하며 번개로 칼을 치여 평생 미워하는 놈을 목도 끊어보며 비행기도 아니 타고 한 몸 훨훨 날아 만 리 창공에 돌아다니며 노랑이, 거먹이, 신동이, 붉은 동이를 한 집에 모아놓고 노래도 하여보니 한놈은 벌써부터 꿈나라의 백성이니 독자 여러분이시여, 이 글을 꿈꾸고 지은 줄 아시지 말으시고 곧 꿈에 지은 줄 아시옵소서.18)

17) 신채호, 송재소·강명관편, 『꿈하늘』, 동광출판사, 1990, 10쪽.

위의 내용은 서문의 첫 시작이다. 소설의 주인공인 한놈에 대해 설명하고 있다. 한놈은 잠이 많아서 현실과 꿈의 세계를 오가며 현실이 꿈인지 꿈이 현실인지 구별하기 어렵다고 하였다. 이는 초월적 시공간이 배경임을 말하는 것이다. 그리고 노랑이·거먹이·신동이·붉은동이는 신화적 동물의 등장을 말하며, 단군이 있는 님나라는 최종 목적지이다. 마지막으로 독자들에게 꿈에서 지은 글로 읽어달라는 당부의 말은 소설의 전개가 현실을 기반으로 하지 않았다는 점을 시사한다.

> 때는 단군 기원 4240년(서기1907년)몇 해 어느 달 어느 날이던가, 땅은 서울이던가 시골이던가 해외 어디던가 도무지 기억할 수 없는데, 이 몸은 어디로부터 왔는지 듣지도 보지도 못하던 크나큰 무궁화 나무 몇 만 길 되는 가지 위, 넓이가 큰 방만한 꽃송이에 앉았더라.
> 별안간 하늘 한복판이 딱 갈라지며 그 속에서 불그레한 광선이 뻗쳐나오더니 하늘에 테를 지어 두르고 그 위에 뭉글뭉글한 고운 구름으로 갓을 쓰고 그 광선보다 더 고운 빛으로 두루마기를 지어 입은 한 천관天官이 앉아 오른손으로 번개 칼을 휘두르며 우레 같은 소리로 말하여 가로되,
> "인간에게는 싸움뿐이니라. 싸움에 이기면 살고 지면 죽나니 신의 명령이 이러하다."
> 그 소리가 딱 그치자 광선도 천관도 다 간 곳이 없고 햇살이 탁 퍼지며 온 바닥이 번듯하더니 이제는 사람의 소리가 시작된다.[19]

소설은 1907년 어느 날, 어디인지도 모르는 곳에서 시작된다. 주인

공인 한몸은 어디로부터 왔는지 듣지도 보지도 못한 무궁화나무 큰 꽃송이에 앉아있는 자신을 발견한다. 현실세계의 시간과 공간에 제약을 받지 않는 곳에서 어디인지도 모르는 장소는 신화적인 분위기를 만든다. 이어서 등장한 천관은 하늘이 갈라지면서 구름으로 갓을 쓰고 고운 빛의 두루마기를 입고 번개 칼을 휘두르며 나타난다. 우레 같은 목소리로 "인간에게는 싸움뿐이니라."라며 투쟁을 말하며 사라진다. 천관의 말에서 우리는 신채호의 '아'와 '비아'의 투쟁을 떠올릴 수 있다. 천관이 투쟁을 말하며 사라지라 한놈은 꽃송이의 인도에 따라 여행하던 중 전쟁의 현장에서 을지문덕을 만난다.

> "선배님이시여, 아까 동쪽 서쪽에 갈라서서 싸우던 두 진陳이 다 어느 나라의 진입니까?"
> 묻는데, 선배님이 대답하되
> "동쪽은 우리 고구려의 진이요, 서쪽은 수隨나라의 진이니라."
> 한놈이 놀라며 의심스런 빛으로 앞에 나아가 가로되
> "한놈은 듣자오니 사람이 죽으면 착한 이의 넋은 천당으로 가며, 모진 이의 넋은 지옥으로 간다더니 이제 그 말이 다 거짓말입니까? 그러면 영계靈界도 육계肉界와 같아 항상 칼로 찌르며 총으로 쏘아 서로 죽이는 참상이 있습니까?"
> 선배님이 허허 탄식하며 하시는 말이
> "그러니라, 영계는 육계의 그림자이니 육계에 싸움이 그치지 않는 날에는 영계의 싸움도 그치지 않느니라."[20]

동편과 서편으로 나누어진 전쟁터에서 동편이 이기고, 한놈은 동편의 장수인 을지문덕과 마주한다. 한놈이 본 전투는 수나라와 고구려

---

20) 위의 책, 15쪽.

의 전쟁에서 고구려의 승리로 장식한 살수대첩이다. 한놈은 고구려와 수나라의 전투가 육계에서만이 아니라 영계에서도 지속되는 것에 의문을 갖는다. 또한 육계에서 승리한 전투가 영계에서도 승리한다는 사실에 놀라며, 인간세상과 하늘세계가 다르지 않음을 깨닫게 된다. 신채호가 투쟁의 역사를 을지문덕을 통해 소개한 부분이다. 주인공인 한놈의 여정에는 시·공간을 뛰어넘는 역사적 영웅과의 만남이 이어진다. 한놈이 지옥에 빠져 강감찬을 만나는데, 장군이 소개한 지옥은 다음과 같다.

> (가) 국민의 부탁을 받아 임금이나 대신이 되어, 나라의 흥망을 어깨에 맨 사람으로 금전이나 사리사욕만 알다가, 적국에 이용된 바가 되어 나라를 들어 남에게 내어주어, 조선의 역사를 더럽히고 동포의 생명을 끊나니, 백제의 임자며, 고구려의 남생이며, 발해의 마지막 임금인 인차이여, 대한말일의 민영휘, 이완용 같은 무리가 이것이다. 이 무리들은 살릴 수 없고 죽이기도 아까우므로 혀를 빼며 눈을 까고, 쇠비로 그 살을 썰어 뼈만 남거든 '에 넣고 빈대와 뱀 같은 벌레로 피를 빨게 하나니 이는 '줄줄지옥'이니라.
> (나) 백성의 피를 빨아 제 몸과 처자를 살찌우던 놈이니, 이 놈들은 독 속에 넣고 빈대와 뱀 같은 벌레로 피를 빨게 하나니 이는 '줄줄지옥'이니라.
> (다) 혓바닥이나 붓끝으로 적국의 정책을 노래하고 어리석은 백성을 몰아 그물 속에 들도록 한 연설장이나 신문기자들은 혀를 빼고 개의 혀를 주어, 날마다 컹컹 짖게 하나니 이는 '강아지지옥'이니라.[21]

---

21) 위의 책, 34쪽.

지옥에서 만난 강감찬은 한놈에게 지옥의 종류를 설명하는데, 위에 내용은 나라와 관련된 사람들이 들어가는 지옥이다. (가)는 자신의 이익을 위해 나라를 위태롭게 만든 역대 변절자들을 나열하면서 그들이 있는 겹겹지옥을 설명하였다. (나)는 부패한 관리들이 들어가는 지옥이며, (다)는 조선인들에게 노예적 사고를 심어주는 언론인들이 들어가는 지옥이다.

> (가) 말도 남의 말만 알고 풍속도 남의 풍속만 쫓고 종교나 학문이나 역사 같은 것도 남의 것을 제 것으로 알아 러시아에 가면 러시아인이 되고 미국에 가면 미국인 되는 놈들은 뱀을 빼어 게같이 만드나니 이는 '엉금지옥'이니라.
> (나) 동양의 아무 나라가 잘되어야 우리의 독립을 찾으리라 하며, 서양의 아무 나라가 우리 일을 보아 주어야 무엇을 하여 볼 수 있다 하여, 외교를 의뢰하여 국민의 사상을 약하게 하는 놈들은 그 몸을 주물러 댕댕이를 만들어 큰 나무에 감아 두나니 이는 '댕댕이지옥'이니라.
> (다) 의병도 아니요. 암살도 아니요. 오직 할 일은 교육이나 실업 같은 것으로 차차 백성을 깨우자 하여 점점 더운 피를 차게 하고 산 넋을 죽게 하나니 이놈들의 갈 곳은 '어둥지옥'이니라.[22]

인용문의 내용은 망국노들이 들어가는 지옥이다. (가)는 식민화되어가는 조선의 모습을 그렸다. 지식인들이 조선의 풍속, 종교, 학문 등의 방면에서 서구 열강과 일본을 일방적으로 추종한 점을 지적한다. 이렇게 내면적으로 식민화되는 조선 지식인들을 겨냥한 지옥이 엉금지옥이다. (나)는 상해 임시정부에 주도권을 장악한 이승만의 부

---

22) 위의 책, 35쪽.

류들을 비판한 것이다. (다)는 일제의 식민화에 당장 저항하기보다 준비를 통해 독립을 이루자는 안창호 '준비론'의 허구성을 지적하였다. 강감찬이 설명한 지옥은 조선이 식민화되어가는 상황을 그렸다. 그는 정치, 사회, 언론까지 팽배해진 노예화된 조선의 실태를 비난하고 있다. 지금까지 열거한 사례를 '아'론에 비추어 본다면 이들은 내부적 '비아'에 해당된다. 소설 속에는 '아'와 '비아'의 투쟁뿐만 아니라 '아'와 '소아'의 투쟁까지 그려졌다.

> "네가 모르느냐? 님과 도깨비의 싸움이 일어나, 을지선배님이 가시는 길이다"
> 한놈이 깜짝 기뻐하며 "나도 가게 하시옵소서."
> 하니 꽃송이가 "암 그럼 가야지. 우리나라 사람이 다 가는 싸움이다."
> 한놈이 "그대로 가면 어떻게 갑니까?"물으니
> 꽃송이가 "날개를 주마."
> 하므로 한놈이 겨드랑이 밑을 만져보니 문득 날개 둘이 달렸더라.
> 꽃송이가 또 "친구와 함께 가거라."
> 하거늘 울어도 홀로 울고, 웃어도 홀로 웃어 사십 평생에 친구 하나 없이 자라난 한놈이 이말을 들으매 스스로 눈에 눈물이 핑 돈다.
> "친구가 어디 있습니까?"하니
> "네 하늘에 향하여 한놈을 부르라." 하거늘,
> 한놈이 힘을 다하여 머리를 들고 한놈을 부르니
> 하늘에서 "간다."대답하고,
> 한놈 같은 한놈이 내려오더라.
> 또 "네가 땅에 행하여 한놈을 부르라."하거늘
> 한놈이 또 힘을 다하여 머리를 숙이고 한놈을 부르니
> 땅 속에서 "간다."대답하고
> 한놈같은 한놈이 솟아나더라.
> 꽃송이가 시키는 대로 동편에 불러 한놈을 얻고, 서편에 불러 한

놈을 얻고, 남편, 북편에서도 다 각기 한놈을 얻은지라,
세어본 즉 원래 있던 한놈과 불러나온 여섯 놈이니 합이 일곱 놈
이더라.
낯도 같고 꼴도 같고 목적도 같지만, 이름이 같으니 서로 분간할
수 없을까하여 차례로 이름을 지어 한놈, 둣놈, 셋놈, 넷놈, 닷째
놈, 엿째놈, 잇놈이라 하였다.[23]

  40여년을 홀로 지낸 한놈에게 꽃송이가 여정을 함께 할 친구를 만
들어준다. 그런데 이 친구는 한놈에서 복제된 여섯 명의 한놈들이었
다. 하늘과 땅에서, 동서남북에서 각각 한 친구씩 모두 여섯 놈들이
등장하고, 한놈은 그들의 이름을 숫자로 지어주었다. 그렇게 총 일곱
명이 싸움터로 향하지만 한놈은 결국 여섯 명 모두를 잃게 된다. 그들
은 고통을 견디지 못해 죽고, 황금에 마음이 변하여 떨어져나가고,
새암으로 시기하여 서로를 죽고 죽이고, 피난을 가고, 노예살이 하러
떠난다. 이렇게 한놈과 여섯 친구의 관계는 대아와 소아로 볼 수 있다.
한놈의 분신들은 한 놈 속에 있던 세속적인 소아들이다. 다시 말해
고통을 참지 못하거나, 패배와 절망에 도피하거나 순응하는 소아들이
다.[24] 이러한 소아들이 차례차례 떨어져 나가지만 한놈은 좌절하지
않고 나아간다. 모두 잃은 한놈에게 님소리가 "오냐, 슬퍼마라. 옳은
사람은 매양 무척 고생을 받고서야 동무를 얻느니라."[25]라고 말한다.
이렇게 대아가 된 한놈은 다시 투쟁의 길을 간다.
  온갖 역경 끝에 한놈은 '도령군 놀음곳'에 도착한다.

---

23) 위의 책, 20~21쪽.
24) 김주현, 『계몽과 혁명: 신채호의 삶과 문학』, 소명출판, 2015, 382쪽 참조.
25) 신채호, 송재소·강명관편, 『꿈하늘』, 29쪽.

"한놈이 도령군 곧 화랑이 우리 역사의 뼈요, 나라의 꽃인 줄을 안 지 오래오며, 또 이를 발휘할 마음도 간절하오나, 다만 신지神誌의 비사秘詞나, 거칠부 선사仙史나, 김대문의 화랑세기花郎世記 같은 책이 없어지므로, 그 원류를 알 수 없어 짝 없는 유한을 삼았더니, 이제 님이 '도령군'을 구경하라 하시니, 마음에 감사함이 비할 곳 없사오니, 원컨대 바삐 길을 인도하사 평생에 보고 지고 하던 '도령군'을 보게 하옵소서."

하며 어린 아기 어미 찾듯 자꾸 님을 부르더니, 하늘에서 붉은 등 한 대가 내려오며, 앞을 인도하여 오색의 내를 지나 옥으로 된 뫼를 넘어 한 곳에 다다르니, 돌문이 있는데, 금 글씨로 새겼으되, '도령군 놀음곳'이라 하였더라.26)

도령군 놀음곳은 "오직 나라 사랑이며, 동포 사랑이며, 큰 적에 대한 의분의 눈물"27)을 흘리는 사람만이 들어갈 수 있는 곳이다. 곧 신채호가 말한 대아적 특성이다. 또한 한놈의 최종 목적지인 님나라는 단군이 설시한 도령군으로 곧 고조선을 말한다. 소설에서 한놈의 여정은 역사적 주체로서의 자아를 확립해 가는 과정이었다. 그리고 도령군은 새로운 국가의 구성이자, 신채호가 생각하는 이상적 국가이기도 하다. 따라서 한놈은 신채호 자신인 동시에 민족주체이기도 하다.28)

지금까지 살펴본 『꿈하늘』에 나타난 '아'의 투쟁은 '아'와 '비아'의 투쟁과 '아'와 내부적 '비아'의 투쟁 그리고 '소아'에서 '대아'로 이르는 과정이었다. 다시 말해 한놈의 투쟁 과정은 주체가 정립되는 과정

---

26) 위의 책, 46쪽.
27) 위의 책, 46쪽.
28) 김주현, 『계몽과 혁명: 신채호의 삶과 문학』, 388쪽 참조.

이며, 주인공인 한놈은 신채호 자신이자 조선인을 의미한다. 신채호는 조선인들의 각성을 위해 소설이라는 형식을 빌렸다. 따라서 소설에서 환상의 세계는 식민지 현실에 대한 도피가 아니라 지나간 역사를 현재화시켜 민족을 각성 시키려는 신채호의 철저한 현실인식으로 볼 수 있다.

② 주체에 의한 근대적 미론의 모색

1910년대 후반부터 1920년대에 제기된 예술담론에는 근대적 미론의 수용과정이 목격된다. 근대적 미론은 일본에 유학중인 조선의 지식인들에 의해 등장하였다. 근대적 주체로서 그들이 상상한 미는 무엇이며, 어떻게 예술이 근대적인 미론으로 탄생되는지를 규명하고자한다. 근대적 미론이란 고대·중세 등의 특정한 시대적 미론이 아니라, 근대적 사유와 근대적 양식을 갖춘 새로운 조선 미론을 함의한다.

근대의 발신자인 서양의 문명은 일본이 먼저 수용하였고, 일본을 매개로 조선에 전해졌다. 상호 문화교류에 의한 근대화가 아닌 식민지배라는 특수한 환경에서 조선은 근대를 맞이한다. 이로 인해 근대는 전통의 단절 혹은 봉건과의 대립 등 인식의 균열로 점철된다. 일본 유학생 출신의 문인들에 의해 수용된 미론은 당대 일본의 사상적 경향을 토대로 성립되었다. 일본어로 번역된 서양 서적이 다시 한국어로 중역되어 미론이 제기된 것이 아니라, 일본어로 직접 수용한 미론을 토대로 조선의 미론을 주창하였다. 다시 말해 일본의 문화계에 직접 참여하여, 당시 일본 학자들과의 교류를 통해 한국어로 된 조선

미론을 발표한 것이다. 이 과정에서 근대적 미론의 수용이 단순히 일본의 모방인지 혹은 수용을 통한 내재적 발전인지는 당시부터 현재까지 제기되는 한국미의 쟁점이다.

1910년부터 1920년대 대표적인 일본 유학생들로는 김억金億(1895~?), 이광수, 김동인金東仁(1900~1951), 염상섭 등이 있다. 본고에서는 이광수와 염상섭의 예술관련 비평을 중심으로 근대적 미론의 등장과 진행 과정을 살펴보겠다.

1) 인생을 위한 예술

근대에 이르러 예술은 문명의 상징으로 호명되면서 자연스럽게 근대화된 미론으로 변모하게 된다. 근대적 미론의 수용은 전근대 예술의 비판과 식민지 조선의 자기 인식 가운데 진행되었다. 이광수李光洙(1892~1950)[29])의 경우 문학을 미적 영역에 배치시키면서 가치론적 관

---

29) 이광수는 다섯 살에 한글을 비롯한 천자문을 깨칠 정도로 명석하였고, 서당에서 한학을 수학하였다. 11세 되던 해, 콜레라로 부모를 여의고 외가의 재당숙집에서 자라게 된다. 1903년에 동학에 입도하여 천도교의 박찬명朴贊明의 집에 기숙하며 서기 일을 보다가, 1905년 8월 일진회一進會의 유학생으로 선발되어 일본으로 건너갔지만 학비부족으로 11월 귀국하였다. 1907년 다시 일본으로 건너가 메이지학원明治學院 중학부 3학년에 편입하여 학업을 계속하였고, 이때 홍명희, 문일평 등과 공부하면서 소년회를 조직한다. 1910년 『소년』에 신체시 「우리 영웅」을 발표하였고, 〈대한흥학보大韓興學報〉에 「문학의 가치」와 「무정」을 발표하였다. 1913년 스토Stowe 부인의 「검둥이의 설움」을 초역해 신문관에서 간행하고, 시 「말.듣거라」를 〈새별〉에 발표했다. 1915년 김성수金性洙의 후원으로 도일하여 와세다대학早稻田大學 고등예과에 편입한 뒤, 1916년에 와세대 대학 철학과에 입학하였다. 1917년부터 〈매일신보每日新報〉에 장편소설 「무정」을 연재하였고, 이어서 「소년의 비애」(1917), 「방황」(1918) 등의

점에서 삶의 예술화를 주창한다. 그의 미론에는 근대적이면서 동시에
전근대적인 인식의 균열이 발견된다. 그리고 미적 주체로 묘사된 조
선인은 열등하며 각성되지 못한 계몽과 개조가 필요한 민족으로 그려
진다. 예술로 계몽과 개조를 이루어야 할 조선인과 조선은 어떤 형상
일지 알아보도록 하자.

(1) 주체의 정감으로 본 예술

근대적 문학 개념의 형성은 이광수가 1916년에 발표한 「문학이란
하何오?」를 기점으로 본다. 이 글은 최초로 문학이란 용어를 서양의

단편 소설을 〈청춘靑春〉에 발표하였다. 그는 1917년 과로 끝에 폐환에 걸려
귀국을 하게 된다. 1917년 두 번째 장편 「개척자」를 〈매일신보〉에 연재하기
시작해 청년층으로부터 호평을 받았으나 1918년 폐병이 재발하였다. 1918년
파리평화회의 개최 소식에 일본으로 건너가 조선청년독립단에 가담하고, 2·
8독립선언서를 기초한 뒤 상해로 탈출했다. 상해에서 안창호를 보좌하면서
〈독립신문〉의 사장 겸편집국장에 취임하고 애국적 계몽의 논설을 많이 썼다.
1921년 상해에서 귀국한 뒤 일본 경찰에게 체포되었으나 불기소처분된다. 그
는 이때부터 변절자라는 비난을 받았으며, 1910년대에 지녔던 진보성을 상실
하고 봉건적이며 친일적인 활동을 보이기 시작한다. 1922년 〈개벽〉에 「민족개
조론」을 발표하여 민족진영에 물의를 일으켜 소외당했다. 이 무렵 단편 「할멈」
과 「가실嘉實」을 집필하였고, 김성수와 송진우의 권고로 동아일보사에 객원이
되었다. 그러나 1924년 〈동아일보〉에 연재하던 「민족적 경륜」의 내용이 물의
를 일으켜 퇴사하게 된다. 1926년부터 언론계에 활약하면서 『마의태자』, 『단종
애사』, 「혁명가의 아내」, 『이순신』, 『흙』등을 연재하였고, 1933년에 조선일보
부사장으로 취임하게 된다. 1937년 수양동우회 사건으로 안창호와 함께 투옥
되었다가, 병보석으로 석방된다. 1939년 조선문인협회 회장이 되고, 1945년 8
·15해방 후에는 친일파로 지목되어 은신하다가 1949년 반민법으로 구속되지만
병보석으로 풀려났다. 그 뒤 그는 한국전쟁 중 납북되어 사망하였다. 이광수,
김종회 엮음, 『이광수작품집』, 지만지, 2008, 19~22쪽 참조.

'Literature' 번역어로 규정함으로써, 문학을 서양 문화의 이식개념으로 논의하였다. 그는 새로운 문학의 기초를 인간의 정감에 귀속시키면서 자연스럽게 문학을 예술 영역에 배치시켰다. 이를 통해 문학은 근대적 미의식 담론에 본격적으로 진입한다.

「문학이란 하何오?」는 그가 와세다 대학早稻田大學에서 철학을 전공하고 있을 때 작성된 것으로, 글에 나타난 문학관과 정감론은 서양 미학에 대한 일본 연구자들의 영향을 받았다. 이를 통해 우리는 조선의 예술이 서양 미학의 관점에서 논의되기 시작했음을 알 수 있다. 다시 말해 예술에서 미론으로의 격변을 암시하고 있다.

우선 그가 말한 문학이란 무엇인지 살펴보도록 하자.

> 금일 이른바 문학이라 함은 서양인이 사용하는 문학이라는 어의를 취함이니, 서양의 Literature 혹은 Littérature라는 말을 문학이라는 말로 번역하였다 함이 적당하다. 그러므로 문학이라는 말은 재래의 문학으로서의 문학이 아니요. 서양어에 문학이라는 말을 표하는 것으로서의 문학이라 할지라.[30]

여기서 문학은 이전의 문학과는 상이한 개념으로 등장한다. 문학文學이라는 단어가 한자어임에도 불구하고 Literature를 의미한다고 하였다. 그는 일본이 서양문화를 소개하는 과정에서 만들어진 영어 리터래처의 역어를 그대로 사용[31]하면서, 조선의 문학에 서양문학의 이론을 도입한다. 이제 문학은 인간의 사상과 감정을 표현한 것만을 지

---

30) 이광수, 『李光洙全集』1, 又新社, 1979, 547쪽.
31) 황종연, 「문학이라는 譯語: 「문학이란 何오」 혹은 한국 근대문학론의 성립에 관한 고찰」, 『문학사와 비평』6, 1999, 10쪽 참조.

칭하면서 과학이나 학문은 문학에서 제외된다.[32] 그는 문학을 근대적 예술 장르의 하나로 분석함으로써 오랫동안 문文의 의미로 학문과 연계되었던 문학을 독립시켰다. 문학의 토대는 인간의 감정과 연관된다.

> 문학은 정情의 만족을 목적으로 삼는다고 하였다. 정의 만족은 즉 흥미이니, 오인吾人에게 가장 심대한 흥미를 불러일으키는 것은 즉 오인에 관한 일이라. … 그러므로 문학예술은 재료를 인생에서 취하라. 인생의 생활 상태와 사상과 감정이 즉 재료이니 이를 묘사하면 인간에게 쾌감을 일으키게 하는 문학예술이 되는 것이라.[33]

문학은 인간의 감정을 기초로 하여 성립되며, 문학의 목적은 감정의 만족이라 하였다. 정의 만족은 감상자의 쾌감을 의미한다. 그는 쾌감을 불러일으키는 소재를 인생이라 하였다. 인생에서 경험한 감각적이고 감성적인 느낌에서 정의 만족이 유래된다. 이러한 그의 정감론은 18세기 후반 독일에서 유행한 칸트의 지정의론을 근거로 한다.

> 오인吾人의 정신은 지知·정情·의意의 세 방면으로 이루어지니, 지의 작용이 있으매 오인은 진리를 추구하고, 의의 방면이 있으매 오인은 선 또는 의를 추구하는지라. 그렇다면 정의 방면에 있으매 오인은 무엇을 추구하리요. 즉 미美라, 미라 함은 즉 오인의 쾌감을 일으키는 것이니 진眞과 선善이 인간의 정신적 욕망에 필요함과 같이 미도 인간의 정신적 욕망에 필요하다.[34]

---

32) 이광수, 『李光洙全集』1, 548쪽.

33) 위의 책, 548쪽.

34) 위의 책, 550쪽.

그가 문학의 기초를 정, 즉 감정이라고 했던 것은 인간의 정신을 지정의로 구분한 논의에서 유래한 것이다. 문학을 감정의 작용과 연결시킴으로써 문학은 미의 영역에 위치하게 된다. 위에서 서술된 미적인 것은 18세기 이후 성립된 감성의 학으로서 미학을 의미한다. 이를 통해 문학은 근대적 학문의 체계를 갖춘 새로운 양식의 문학이 된다. 인용문에서 언급된 지知·정情·의意는 일본에서 19세기 후반부터 유행했던 계몽사상의 영향에 의한 것이다. 당시 이광수뿐만 아니라 일본 유학생들은 인간과 인간 활동을 합리적인 체계로 인식하는 데에 지정의론을 활용하였다.[35] 이광수가 지정의론을 동원하면서 시도하려 했던 것은 문학의 독립과 자율적인 지위의 획득에 있다.

　　정情이 이미 지知와 의意의 노예가 아니요. 독립된 정신 작용의 하나로 정에 기초를 둔 문학도 역시 정치·도덕·과학의 노예가 아니라. 이것들과 나란히 할 만한 도리어 한층 오인에게 밀접한 관계가 있는 독립된 하나의 현상이다. 종래, 조선에서는 문학이라 하면 반드시 유교식 도덕을 고취하는 것, 권선징악을 풍유하는 것으로만 생각하여 이러한 형태 외의 것은 버렸으니, 이러한 점이 조선에 문학이 발달하지 못한 큰 원인이라. … 조선에서는 장차 신문학을 건설하려 할진대, 우선 종래의 편협한 문학관을 버리고 무궁무변한 인생의 사상 감정이 광야에 서서 자유롭게 재료를 선택하고, 자유롭게 이를 묘사하도록 노력해야 할지니라.[36]

　문학의 자율성은 소재나 구성의 자율만이 아니라 문학에 내재된

---

35) 황종연, 「문학이라는 譯語: 「문학이란 何오」혹은 한국 근대문학론의 성립에 관한 고찰」, 23~24쪽 참조.
36) 이광수, 『李光洙全集』1, 549쪽.

교화적 관점에서 벗어나는 자유를 일컫는다. 그 동안 문학은 지와 의를 충족시키는 유교적 도덕률에 종속되어 왔다. 하지만 이제 정은 지·의와 대등한 독립된 정신작용으로, 지·정·의가 균형 있게 조화를 이루어야만 이상적인 인간이 될 수 있다.

그는 근대 이전의 문학을 비판하고, 신문학을 건설하려한다. 나아가 조선 문학에는 과거가 없다고까지 말하였다.[37] 그가 주장한 조선 문학이란 조선인이 조선어로 창작한 문학이다. 이를테면, 용비어천가를 진정한 의미에서 문학의 효시라 하였다.[38] 그는 한문학을 배제한 국문학을 문학의 범주로 한정하였는데, 이는 국문의 전용을 조선인의 정체성에 대한 자각이자 표현으로 보았던 것이다. 그 결과로 문학의 역사성은 현재로부터 시작된다. 즉 조선의 문학사는 전前문학과 문학으로 나누어진다. 전문학을 부정하면서 그 대안으로 서양에서 전범을 구한 문학을 통해 그는 신문화 건설을 주창한다. 이러한 점을 근거로 우리는 그의 전통단절론과 맹목적 서구추수의 경향을 알 수 있다.

> 대문학인의 정신 중 감정은 시대와 처지에 따라 다소의 변천이 있으나 대개 일관되고 불변한 것이며, 또 사람마다 취한 말이더라도 대개 공통된 것이니 고대에 '재미있다' 하는 것이 근대에도 '재미있는' 것이 있고, 타인에게 '재미있는' 것이 나에게도 '재미있는' 것이 있으니 이는 불변코 공통된 것이니라. … 대문학의 입각지立脚地는 실로 이러한 점에 있으니 어느 시대에 읽어도 어느 곳에서 읽어도 어떤 사람이 읽어도 '재미있는' 문학이 즉 대문학이라.[39]

---

37) 위의 책, 555쪽 참조.
38) 위의 책, 554쪽 참조.
39) 위의 책, 554쪽.

위의 내용은 고전에 대한 이광수의 견해를 밝힌 부분이다. 그에 의하면, 문학은 인간의 감정을 토대로 하며, 감정 가운데에서도 쾌의 생성을 목적으로 한다. 감상을 통해 환기된 즐거움은 시대와 공간을 초월한 너와 내가 모두 느끼는 공감이다. 그는 호메로스 Ομηρος(기원전 8세기경)의 『일리아스Ilias』를 예로 들어, 이 작품은 3천 년 전의 작품이지만 그 속에 담긴 미감은 늘 새롭게 느껴진다고 하였다.[40]

이광수는 인간이 주체적인 존재가 될 수 있는 점을 정의 작용으로 보았다. 정을 통한 자아의 발견이 문학으로 형상화되면서 근대적인 문학관을 정립시켰다. 그리고 자아의 발견 즉 개인의 자각은 민족의 자각으로 나아가면서 문학은 민족을 지향하게 된다.

(2) 삶의 심미화

1910년대 조선의 현실에서 볼 때, 이광수는 계몽의 관점에서 신문화를 선도하고자 하였다. 그는 일본을 통해 수용한 서구 문학에 대한 지식의 단편으로 자아에 대한 각성과 문학의 독자적인 가치를 강조하였다. 1920년대 이르러 그는 문학의 독자성을 강조했던 입장과는 달리 민족을 위한 문학을 내세운다. 이광수는 민족의 현실이 정치적인 측면에서 투쟁의 상태에서 벗어나지 못하고 있으며, 경제적으로는 의식주의 기본 조건도 갖추지 못한 상태임을 전제하면서 민족을 구출하기 위한 인생의 예술화, 예술의 도덕화가 필요함을 역설하였다.[41] '신세계와 조선민족의 사명'이라는 부제를 가지고 있는 1922년 『개벽』19

---

40) 위의 책, 554쪽.
41) 권영민, 『한국현대문학사』1, 민음사, 2002, 196~197쪽 참조.

호에 실린 「예술과 인생」에는 위와 같은 점이 논의되어 있다.

> 나는 생각하기를 인생을 행복되게 하는 길은 첫째는 예수의 가르
> 침대로, "인생을 도덕화하라." 함과 크로포트킨과 타고르의 뜻을 합
> 한 의미로, "인생을 예술화하라."함에 있다 합니다. 각 개인이 행복
> 하려니 인생의 예술화가 필요하고 각 개인이 사회적 생활을 하려니
> 인생의 도덕화가 필요한 것이외다. 무릇 개인의 생활에는 분리할 수
> 없는 양면이 있으니 같은 개인적 생활과 사회적 생활이외다. 다시
> 말하면 개인의 생활을 개인이라는 견지에서 보면 개인 생활이요, 사
> 회라는 견지에서 보면 사회생활이요. 단일한 한 생활인데 보는 점이
> 다를 뿐이외다. 그럼으로 도덕화한 생활과 예술화한 생활이란 것도
> 결코 이종二種의 생활이 아니요. 단일한 생활의 양면이라 하겠습니
> 다. 인생의 생활을 예술화하되 도덕적으로 한다 하면 인생의 생활은
> 예술이 되고 말고, 또 인생의 생활을 도덕화하되 예술적으로 한다
> 하면 인생의 생활은 도덕이 되고 마는 이외다. 이러한 생활은 '애와
> 기쁨의 생활'이라 하겠고, 더욱 긴절히 말하면, '애의 기쁨의 생활'
> 이라 하겠습니다. 도덕은 애요. 예술은 기쁨이외다. 도덕과 예술은
> 하나이니 도덕적 아닌 예술은 참예술이 아니요. 예술적, 아닌 도덕
> 은 참도덕이 아니외다.42)

이광수의 예술관은 인생의 행복을 목적으로 하는 인생을 위한 예술
이다. 내용을 보면 인간의 생활 가운데 사적인 생활에서의 행복은 인
생의 예술화이며, 사회생활에서의 행복은 인생의 도덕화라 하였다.
또한 사적인 생활과 사회생활은 분리할 수 없는 하나이기 때문에 인
생의 도덕화와 예술화 또한 분리할 수 없다. 이렇듯 예술과 도덕은

---

42) 이광수, 『李光洙全集』10, 360쪽.

상보적 관계로 설정되면서, 미적가치와 윤리적 가치가 하나로 결합된다. 그는 예술이 도덕화되고 도덕이 예술화되었을 때, 애와 기쁨이 생성되는 행복을 느낄 수 있다고 말한다.

이처럼 인생을 예술화하고 인생을 도덕화하려면 개인의 개조가 필요하다. 여기서 개조는 도덕적 개조와 예술적 개조로 나누어 설명되는데, 도덕적 개조는 도덕적 수양을 통해 허위·증오·분노·시기 등의 열등적 감정을 억제하는 것이다. 그리고 예술적 개조는 자연과 인생에 대한 심미적 태도를 갖게 한다. 즉 자연과 인생을 하나의 예술로 보고, 자연미에 대한 감각을 키우면 직업도 예술화를 이룰 수 있다고 한다.[43] 직업의 예술화라는 관점은 사회를 자연에 포함시켜 논의한 것이다. 그는 개인이 사회 내에서 직업을 통해 구성원의 역할을 수행하는 것을 예술화라 주장한다.

이렇게 직업이 예술이 될 수 있었던 점은 아래의 내용을 근거로 한다.

> 네 작업을 예술로 알아라. 저 조각가가 끌을 들고 아침부터 저녁까지 일할 때에 석괴石塊 중에서 귀가 나오고 눈이 나오고, 건장한 골격이 나오고 우미優美한 근육이 나옴을 볼 때에 이상 실현과 창조의 기쁨에 취하는 모양으로 너도 나날이 노역에 일생의 노역에 이상실현과 창조의 기쁨을 맛보아라, 이것을 너를 행복되게 하는 길이니라. … 무릇 무슨 일이나 그것을 하는 것을 일종의 예술적 창작으로 알면 그 속에 무한한 자유와 기쁨을 얻을 것이외다. … 도기장이가 자기의 머리 속에 생각나는 모양의 그릇을 만들 양으로 흙을 파고 이기고 뭉치고 광선과 열을 이용하여 그것을 구워 마침내 생각

---

43) 위의 책, 360~363쪽 참조.

하던 바와 같은 그릇을 일러내는 경과와 같이 창조적 기쁨과 자유의 기쁨을 얻는 데는 예술적이라 할 수 있습니다.[44]

위의 내용에서 묘사된 작품의 고된 창작 과정을 이광수는 직업에서의 노역과정과 동일하게 본다. 그리고 창작을 통해 얻어지는 기쁨은 노동을 통한 기쁨으로 치환한다. 그가 말한 직업의 예술화는 노동의 고통을 기쁨으로 느끼는 인식의 전환이며, 예술적 개조는 사회 발전에 이바지할 수 있게 마음을 개조하는 것이다. 그렇기 때문에 "그러므로 우리는 우리의 심적 태도의 여하로 우리의 직업으로 하여금 예술적 자유와 기쁨의 표현이 되게 할 수가 있는 것이외다."[45] 라고 하였다. 앞의 내용처럼 개인이 심적 개조에 성공한다면, 그 개인은 노예적 노동을 자유적 노동으로 인식하고 노동으로 인한 육체적 고통을 기쁨으로 감각 할 수 있다. 미적 가치와 정서는 인간의 직업에 적용되어 미학화된 인생으로 전환된다. 이렇게 예술이 직업으로까지 확장될 수 있었던 점은 예술이 양가적 의미를 지니고 있기 때문이다.

예술이란 말에 양양兩樣의 의미가 있는 것을 주의하여야 합니다. 하나는 우주와 인생을 예술품으로 보아라. 우리의 생활을 예술화하라 하는 등의 예술이니 이는 인생의 한 원리로의 예술, 즉 생활의 주의로의 예술이요. 하나는 시가, 음악, 미술 등을 가르침이니 이는 인생의 사업의 일부분인 예술이외다. 전자의 의미로 보면 인생의 무슨 종류의 활동이든지 그 활동자의 심적 태도 여하에 인하여 다 예술이라 할 수 있으니 정치도, 과학도, 부기장簿記帳에 숫자를 기입하

<hr />

44) 위의 책, 364쪽.
45) 위의 책, 365쪽.

는 것이나 시장에서 물품을 매매하는 것이나 다 예술이 되지마는 후자의 의미로 보면 일정한 형식과 일정한 약속 하에 특별히 지어 놓은 예술품만 지칭하게 됩니다. 이것이 예술이란 말의 본래의 의미 외다.[46)]

예술은 인생의 모든 활동을 지칭하면서 실제 예술이라 명명된 장르를 말하기도 한다. 시가·음악·미술 등의 예술품에서 환기된 미적 가치 및 정서가 협의의 예술이 되고, 일상과 사회의 생활 및 사회제반의 여러 요소들은 광의의 예술이다. 그는 실제 생활전반에서부터 직업에 이르기까지 삶의 모든 부분을 예술적 태도로 각인한 것을 주장하였다. 이러한 의미에서 예술은 예술 그 자체를 지향하기보다 인간의 개조를 지향하고 있다. 그가 생각한 개조의 대상은 바로 조선인이었다.

진실로 조선 생활은 광야외다. 빙세계氷世界외다. 그럼으로 냉랭하고 삭막하고 음침합니다. 사死의 왕국이외다. 조선인의 영嶺은 말랐습니다. 조선인에게 예술을 주어라. 예술은 그네에게 쾌락을 주고, 활기를 주고, 향상을 주고, 그 모든 것보다도 창조와 표현의 새 힘을 주리라. 조선이라는 사막을 변하여 예술의 화원을 지어라. … 우리 민중의 감정은 아직 복잡, 섬세한 것을 감동할 만하지 못합니다. 그네의 즐겨 하는 바는 단순하고 소박한 것이외다. 비겨 말하면 굵은 선으로 굴곡이 분명하게 그린 것이외다. 색채로 말하면 모든 간색間色보다도 농후한 순색純色이요. 시가나 극이나 기타의 문예도 심리의 섬세한 묘사보다도 동작이 굵은 선적線的인 것을 좋아할 시대외다. 이러한 예술이 반드시 저급의 예술이 아니외다. 이러한 단순하고 소박한 예술 중에서 참으로 건전한 민중예술이 생장할 것이외다.

---

46) 위의 책, 366~367쪽.

부질없이 외국 예술을 모방하여 저도 잘 알지 못하는 고원하고 섬세
한 것을 소박한 민중에게 강잉強仍하는 것은 극히 해로운 일이다.[47]

　내용을 보면, 그는 침울한 조선사회와 삶의 의지가 없는 조선인의
모습에 예술이 필요하다고 하였다. 이러한 경제·사회·정치의 쇠퇴가
일본의 침략에 의한 결과임에도 불구하고 이광수는 그 원인을 침략보
다는 민족성의 쇠퇴로 보았다. 그래서 개인의 개조를 통해 민족의 개
조로 나아가고자 한다. 민족은 여기서 "우리 민중"이라 표현되는데,
구체적인 모습은 "무식하고 빈궁한 조선 민중"[48]이다. 그는 무식하고
빈궁하여 하루하루 노동으로 생계를 이어가는 민중에게 예술적 개조
가 필요하다고 말한다. 이를 위해 민중에게 필요한 예술의 장르와 성
격을 구체적으로 설명한다. 우선 많은 사람들이 적은 소양으로 널
리 감상할 수 있는 단순하고 소박한 예술을 꼽았고, 장르는 시가·극
·음악 같은 것이다. 그는 비록 통속적이고 대중적인 예술을 대상으로
하지만 저급한 예술은 아니며 자유와 기쁨을 북돋을 수 있는 건전한
예술이라 주장한다.
　지금까지 살펴본 「예술과 인생」은 예술에 대한 미적 경험이 쌓이면
심적 태도가 변하여 삶의 예술화를 추동할 수 있다는 내용을 담고 있
다. 그는 개인의 심미적 효과가 사회로 나아가 민족으로 확장된 신문
화 건설을 제창하였다. 텍스트의 곳곳에 등장하는 서양 사상가들인 톨
스토이Lev Nikolaevich Tolstoy(1829~1910), 롤랑Romain Rolland(1866~1944), 타
고르Rabindranath Tagore(1861~1941), 크로포트킨Peter Kropotkin(1842~1921),

---

47) 위의 책, 367~368쪽.
48) 위의 책, 367쪽.

피히테Johann Gottlieb Fichte(1762~1814), 셸링Friedrich Wilhelm Joseph Schelling (1775~1854) 등의 인용에서 우리는 계몽주의의 영향을 엿 볼 수 있다.

이광수가 1922년에 「예술과 인생」발표했을 때, 일본 문단은 1910년 대부터 생활의 예술화와 민중예술에 관한 논란들이 활발하게 진행되었고 90편이상의 논문이 발표되었다. 그의 집필 과정에는 일본에서 일어난 대규모의 문학 논쟁이 밀접하게 관련되어 있다. 이를 테면 「예술과 인생」에는 톨스토이의 『예술이란 무엇인가』에서의 '일반적 예술'과 모리스William Morris(1834~1896)의 『예술에 대한 희망과 공포 및 변화의 징표』에서의 '민중예술' 등이 맥락적인 연계성이 나타난다. 그리고 에드워드 카펜터Edward Carpenter(1844~1929)의 『천사의 날개』·『산업적 자유를 향하여』와 엘렌 케어Ellen Karolina Sofia Key(1849~1926)의 「갱신적 수양론」이 있으며, 이를 받아들여 민중예술론을 제기한 혼마 히사오本間久雄(1886~1981)의 『생활의 예술화』의 소론을 들 수 있다.[49] 이러한 여러 작품의 편력 과정을 통한 이광수의 지적 수용이 조선 민중의 예술론으로 보완되었을 가능성이 높다.[50]

이광수가 예술을 통해 주창한 개인의 기쁨과 행복의 생활은 당시 억압된 조선의 상황을 외면하고 있다. 텍스트에서 그려진 조선인은 열등하며 각성되지 못한 민족으로 개조의 필요성을 강조하였다. 이것은 식민 상황의 원인을 규명하기보다, 개조를 통한 식민 지배의 순응

---

49) 이재선, 『이광수문학의 지적편력: 문학론의 원천과 형성』, 2010, 서강대출판부, 224,251,259쪽 참조.
50) 이재선의 『이광수문학의 지적편력: 문학론의 원천과 형성』 가운데 〈6장 생활의 예술화와 민중예술론 및 예술교육론〉에는 이광수의 「예술과 인생」을 실제로 여러 문학작품과 대조함으로써 그 영향관계를 규명하였다.

으로 볼 수 있다. 또한 민족 개조는 개인의 희생과 헌신을 토대로 한다는 점에서 그가 그토록 비판했던 전근대로 회귀하고 있다. 이를 통해 우리는 이광수의 근대적이면서 동시에 전근대적인 인식의 균열을 발견할 수 있다.

2) 개성에 의한 예술

1920년대 들어 문화방면에서 쏟아진 '자아의 실현', '자아의 각성' 등 일련의 자아 탐구는 근대적 개인을 의미한다. 이광수의 경우 정 개념을 중심으로 주장하였다면, 염상섭廉想涉(1897~1963)[51]은 개성을

---

51) 염상섭은 어릴 적부터 할아버지에게 한문을 배우다가, 할아버지가 돌아가신 후 1907년 관립사범학교에 입학하였으나 반일적인 성향으로 관립학교의 등교를 거부하여, 중퇴하였다. 이후 1912년 보성소·중학교를 재학하던 중 일본에 건너가 교토 부립 제2중학을 졸업하고 1918년에 게이오대학慶應大學 사학과를 지망하고 예과에 입학했다. 그의 유학생활은 일생을 통하여 가장 외롭고 고생스러운 시절 이였으나 새로운 지식과 폭넓은 독서로 인해 자기를 발견할 수 있었고, 앞으로의 삶에 지적인 토대가 되었다. 염상섭은 3·1운동이 일어나자 오사카大阪에서 시위를 하다가 체포되어 5,6개월의 감옥생활을 보낸다. 그후 대학을 중퇴하고 1920년에 귀국하여 〈동아일보〉 창간멤버가 되어 정경부기자로 활약한다. 오산학교 교사를 지내기도 하고, 국내 최초의 동인지 『폐허廢墟』의 창간과 소설도 15~16편이나 쓰면서 문인과 더불어 언론인으로 활동하였다. 이 시기에 출세작 「표본실의 청개구리」(1921)와 중편소설 「만세전」(1922)을 집필되었다. 다시 그는 일본에 건너갔으나 2년 만에 돌아와 1929년에 결혼을 한다. 창작에 전념하면서 1931년 대표작 『삼대三代』, 『무화과無花果』, 『백구白鳩』가 집필되었다. 그는 1936년 만주로 떠나기까지 신문연재, 장편소설 등의 왕성한 작품 활동을 펼쳤다. 광복과 더불어 귀국한 그는 다시 〈경향신문〉의 편집국장을 지냈고, 민족문학 수립을 주창하였다. 그의 투철한 항일정신은 반공사상으로 바뀌면서 6·25때 해군으로 참전하였다. 휴전이 되고, 다시 일상으

중심으로 글을 발표한다. 염상섭은 자아의 각성을 통해 일체의 억압과 구속에서 자아를 해방시킴으로써 개인 특유의 개성을 발휘할 수 있다고 본다. 이러한 이유로 자아의 각성은 개성의 발견이며, 개성의 표현은 예술이 된다. 그에 따르면, 작품에 나타난 개성은 미적 가치를 지니며 동시에 현실을 반영하고 있어야 한다. 다시 말해 자아의 절대적 해방은 예술로 구현되지만, 이 예술은 현실을 토대로 구성된다.

근대 문학사에 있어 염상섭은 이전에는 지극히 막연했던 문학의 현실 반영적 성격을 보다 구체적으로 해명했을 뿐만 아니라 개성의 강조는 문학에 대한 미학적 인식을 제고시켰다.[52] 1922년도에 발표된 「개성과 예술」은 개성과 예술의 관계가 집중적으로 논의되었다. 그로부터 5년 뒤에 나온 「문예와 생활」(1927)에는 예술의 현실반영 문제를 해명하였다. 이 두 작품을 중심으로 염상섭의 개성의 발견과 현실인식을 살펴보겠다.

(1) 개성의 발견과 예술

개성은 개인이 특수한 환경에서 발휘된 특이성을 말한다. 염상섭은 자아의 각성이 있을 때 개성을 발견 할 수 있다고 말한다. 그의 문학

로 돌아온 그는 병중에도 많은 작품을 집필하다 67세의 나이로 운명한다. 그는 500여 편의 글을 남겼다. 소설이 180여 편, 평론100편, 수필 50여 편 기타 글 등이 있다. 그의 평론은 시대정신이 투철하며 날카로운 관찰력과 비판력을 지녔기에 논리가 정연했다. 그는 산문문학에 정통했으며 현실인식을 통한 정신사적·문화사적 변화의 중요한 측면을 관찰함으로써 한국소설의 새로운 정통을 창조하였다. 김열규, 신동욱, 『廉想涉硏究』, 새문사, 1981, 10~12,17쪽 참조.
52) 김재용·이상경·오성호외, 『한국근대민족문학사』, 한길사, 1993;1999, 430쪽 참조.

관은 개성론으로 대표되며, 이에 대한 논의는 「개성과 예술」에 반영되어 있다.

> 대저 근대문명의 정신적 모든 수확물 가운데 가장 본질적이요. 중대한 의의를 가진 것은 아마 자아의 각성 혹은 그 회복이라 하겠다. 이에 대하여는 누구나 이의가 없을 것이다. 실로 근대인의 특색이 여기에 있고, 가치가 여기에 있으며, 금일의 모든 문화적 성과가 여기에서 출발하였다 하여도 결코 과언이 아닐 것이다. … 그리하여 자각한 피등彼等은 제일第一에 위선 모든 권위를 부정하고, 우상을 타파하며, 초자연적 일체를 물리치고 나서, 현실세계를 현실 그대로 보려고 노력하였다.[53]

근대적 현상의 특징으로 그는 "자아의 각성과 그 회복"을 말한다. 각성은 모든 권위와 우상 그리고 초자연적인 것들로부터 자아가 지배되어왔음을 깨닫고, 이로부터 자신을 분리시키는 것이다. 자아를 억압했던 일체의 모든 것들을 물리쳤을 때, 비로소 인간 본연의 모습으로 돌아갈 수 있다. 각성을 통해서만 현실세계를 그대로 볼 수 있는 자아로 회복된다. 이렇게 각성된 자아가 현실과 대면할 때 아래와 같은 현상이 발생한다.

> 이러한 심리상태를 보통 이름하길, 현실폭로의 비애 또는 환멸의 비애라고 부르거니와 이와 같이 신앙을 잃어버리고 미추美醜의 가치가 전도하여 현실폭로의 비애를 감感하여 이상理想은 환멸하여 인심은 귀추歸趨를 잃어버리고 사상은 중축이 부러져서 방황혼돈하며 암담고독에 울면서도 자아각성의 눈만은 더욱더욱 크게 뜨게 되

---

53) 염상섭, 『廉想涉全集』12, 민음사, 1987, 33~34쪽.

었다. 혹은 이러한 현상이 도리어 자아각성을 촉진하는 그 직접원인
이 된 것이라고도 할 수 있다. 하여간 이러한 현상이 사상 방면으로
는 이상주의, 낭만주의 시대를 경과하여 자연과학의 발달과 함께 자
연주의 내지 개인주의사상의 경향을 유치한 것은 사실이다.[54]

각성된 자아가 현실에서 느끼는 정조는 비애이다. 혼란스럽고 암담
한 현실을 목도함으로써 느껴지는 비애가 커질수록 자아의 각성도
더욱 커진다. 이러한 현상을 사상적으로 자연주의 내지 개인주의 경
향이라 하였다. 자아의 각성은 개인주의와 연관이 깊다. 그러나 개인
주의는 긍정적인 감정을 동반하기 때문에 비애의 정서와는 적합하지
않다. 위의 내용에서 신앙을 잃고, 가치가 전도되고, 인심을 잃어버리
고 사상의 토대가 무너졌다는 것은 3·1운동의 실패 이후 조선의 현실
을 의미하는 것이다. 따라서 "현실폭로의 비애", "환멸의 비애"는 이
작품이 집필된 당시 조선인의 정서를 대변하는 것일 수 있다.[55]

그는 각성의 작용으로 인해 자아가 전근대적 세계관에서 벗어나
근대적 인간으로 거듭날 수 있다고 보았다. 염상섭이 생각한 근대적
인간이란 개성을 지닌 사람이다.

그러하면 자아의 각성이니, 자아의 존엄이니 하는 것은 무엇을
의미함인가. 이를 약언略言하면 곧 인간성의 각성 또는 해방이며 인
간성의 위대를 발견하였다는 의미이다. … 다시 말해 근대인의 자아
의 발견이라는 것은 일반적 의미로는 인간성의 자각인 동시에 개개

---

54) 위의 책, 34~35쪽.
55) 이명원, 「계몽과 창조의 혼성담론: 염상섭의 「개성과 예술」(1922)론」, 『泮橋語
   文研究』제15집, 2003, 104쪽 참조.

인에 취하여 고찰하면 개성의 발견이요. 고조요. 굳센 주장이며 새로운 가치부여라 하겠다.[56]

위의 내용에서 보듯 근대적 자아는 스스로가 존엄하고 위대함을 인식하기 때문에 자신의 개성을 발견할 수 있다. 그의 논리는 모든 억압에서 해방된 자유 속에서만 자아의 개성이 발견되고, 자아실현이 이루어진다. 이는 앞에서 살펴본 이광수의 자아실현과 차이점이 드러난다. 이광수는 전근대적인 사유와 규범을 부정하고 '정'을 중심으로 자아실현을 모색하였지만, 현실의 억압기제를 부정하지는 않았다. 반면에 염상섭은 '개성'을 중심으로 과거부터 현재까지 일체의 모든 억압과 구속을 배제하면서 자아의 해방과 자율성을 주장한다. 또한 그의 자아실현은 현실을 토대로 한다는 점에서 이광수와 대별된다.

그는 개성에 대해 "개개인의 품부稟賦한 독이적獨異的 생명이 곧 그 각자의 개성이다."[57]라고 하였다. 여기서 독이적은 타자와 구분되는 오로지 자아만이 지니고 있는 특성이다. 즉 자아의 고유성과 독창성을 의미한다. 염상섭의 '개성' 개념은 막스 슈티르너Max Stirner(1806~1856)의 개인주의 사상을 기반으로 형성되었다. 막스 슈티르너의 사상은 그가 일본 유학시절에 조우한 것이다. 슈티르너의 대표작인 『유일자와 그의 소유Der Einzige und sein Eigentum』는 쓰지쥰辻潤(1884~1944)에 의해 1921년 완역되어 『자아경自我經: 유일자와 그 소유唯一者と其所有』라는 제목으로 출간되었다. 당시 조선에는 이 책이 번역되지 않았기 때문에 염상섭은 일본책을 읽었을 것이다. 그의 작품 가운데

---

56) 염상섭, 『廉想涉全集』12, 36쪽.
57) 위의 책, 36쪽.

1922년에 발표된 「개성과 예술」과 「지상선을 위하여」에는 슈티르너의 영향이 직접적으로 나타난다. 「지상선을 위하여」에서는 막스 슈티르너의 소개와 「유일자와 그의 소유」에 대한 논의를 전개하였다. 그리고 「개성과 예술」에 나타난 자아의 각성과 해방을 근대정신으로 파악하고 자연주의와 개인주의를 거론한 부분 또한 슈티르너의 개인주의에서 영향을 받은 것으로 보여진다.[58] 이렇듯 그의 개성론은 1910년대부터 1920년대까지 일본에서 유행한 자연주의와 개인주의의 영향을 기반으로 성립되었다. 일본의 영향으로 생성된 개성론을 염상섭은 조선 특유의 개성론으로 발전시키지는 못하였다. 하지만 이 글의 수신자인 당시 조선인들에게 개성의 발견과 비애에 찬 현실을 인식하도록 하였다는 점에서 의의가 있다.

그가 말한 개성에 대해 좀 더 살펴보자.

그러면 개성의 표현을 의미하는바 생명이란 무엇을 의미함인가. 나는 이것을 무한히 발전할 수 있는 정신생활이라 말하려 한다. … 위대한 개성의 소유자는 위대한 생명이 끊임없이 연소하는 자이며, 그 생명이 연소하는 초점에서만 위대한 영혼이, 불똥같이 번쩍이며 반발 약동하는 것이다. 그리고 그 위대한 영혼이 약동하는 거기에 비로소 숭고한 정신생활이 향상 발전되고, 고매한 인격이 완성되는 것이다. 그리하여 모든 이상이 이로부터 성취되고, 모든 가치가 이로 인하여 창조되는 것이다. 다시 말해 위대한 개성의 표현만이 모든 이상과 가치의 본체本體 즉 진·선·미로 표징表徵되는 바 위대하고 영원한 사업이 인류에게 향하여 성취케 하는 것이라 함이다.

그러므로 영혼의 불멸이라는 것은, 개성의 표현인 그의 위업의 성과가 사후기만幾萬년에 긍亘하여 … 그 문헌과 작품의 생명이 존

58) 최인숙, 「염상섭 문학의 개인주의」, 인하대박사학위논문, 2013, 35,43~44쪽 참조.

속될 때까지, 그의 영혼은 영원히 불멸할 것이다. 인생은 짧고, 예술
은 유구하다 함은 이를 이름이 아닌가 한다.[59]

그는 개성을 "독이적 생명"이라 하였는데, 여기서 생명은 정신생활
을 말한다. 개성에 '생명'이란 용어를 넣은 것은 영혼을 설명하기 위함
이다. 영혼의 불멸성은 개성에 적용되어 예술로 나아간다. 그에 의하
면, 작품은 예술가의 독이적 생명이 깃들어 있어 영원불멸 할 수 있다.
위대한 개성의 소유자는 위대한 영혼이 약동하고 숭고한 정신생활이
가능해져, 진선미의 가치를 실현할 수 있다. 이러한 창작자의 작품은
작품이 존재하는 한 그의 영혼도 함께 숨 쉬게 된다. 따라서 "인생은
짧고, 예술은 길다."라는 말이 성립될 수 있다.
　이어서 그는 예술과 개성의 논의를 본격적으로 전개시킨다.

　　그러하면 예술의 영지領地인 미美와 개성간의 관계는 어떠한가를
　더욱이 상고詳考하여 볼 필요가 있다.
　　대저 미美라는 것은 무엇인가. 이에 대한 제가諸家의 철학적 고찰
　은 고사하고, 미는 쾌감을 주는 대상의 상징이라고 보통 생각한다.
　그러나 그러한 정적靜的 · 외면적 의미 밖에 없는 것일까. 물론 미는
　우리에게 쾌감을 주지 않는 것은 아니다. 그러나 미는 결국 예술의
　영분領分이요. 예술의 내용이며 생명인 이상, 그리고 예술의 가치가
　우리에게 오직 가혈價歇한 쾌감을 주는 것에 불과한 것이 아닌 이
　상, 미로써 쾌감의 대상이라고만은 할 수 없을 것이다. … 예술미는
　작자의 개성 다시 말하면, 작자의 독이적 생명을 통하여 투시한 창
　조적 직관의 세계요. 그것을 투영한 것이 예술적 표현이라 하겠다.

59) 염상섭, 『廉想涉全集』12, 37~38쪽.

그러하므로 개성의 약동에 미적 가치가 있다 할 수 있고, 동시에 예술은 생명의 유로요, 생명의 활약이라고 할 수 있는 것이다.[60]

인용문은 예술을 미의 영역에 배치시키면서 미와 개성의 관계를 논의하고 있다. 우선 미의 특성을 쾌감이라고 하는 견해를 반박한다. 앞에서 살펴본 이광수는 쾌를 심미 정서로 기술하였지만, 염상섭은 쾌를 미의 감각적 요소에 불과하다고 본다. 물론 작품에서 쾌의 감정이 수반되지만 쾌를 미적이라 할 수 없다며, 그는 진정한 예술미를 감각적 쾌와 분리시킨다. 미에는 쾌 이상의 다른 것을 지녀야 하는데, 그것이 바로 개성이다. 그는 작가의 독이적 생명이 예술의 본질이 된다고 하였다. 이에 따라 작가 고유의 개성이 표현된 작품이라야 미가 현현될 수 있다.

그가 자아의 해방과 회복을 주장한 점은 어떠한 것에도 얽매이지 않는 개인 고유의 삶을 영위하기 위함이다. 그 삶이 예술적으로 발휘될 때 독창성이 발휘된 작품이 탄생할 수 있다. 따라서 그가 말한 예술미는 독창성의 유무에 달려있다.

이러한 개인의 개성은 나아가 민족의 개성으로 확장된다.

또한 근래에 일본의 야나기 무네요시柳宗悅씨가, 특히 고려자기를 비롯하여 각종 조선의 미술품을 찬상讚賞하고, 조선민족미술관 건설에 분주한 모양이나, 만일 야나기 무네요시의 이른바 고려자기나 기타 작품의 곡선미가 쾌감을 주기 때문에 예술적 가치가 있는 것이라고 논단할 지경이면 그것은 일고의 차지도 없음은 물론이거니와, 근자에 성행하는 고려자기 모조업자도 훌륭한 예술가이겠고,

---

60) 위의 책, 38~40쪽.

그 제작품도 또한 예술적 작품이라 하겠다. … 과연 야나기 무네요시는 조선미술품을 통하여, 조선민족성을 발견할 수 있다 한다. 이를 환언하면 조선민족의 민족적 개성을 한 줄기 선으로부터 발견하였다 함이다. 4천여 년의 역사적 배경, 풍토 경우境遇로부터 전통하여 오며 발전하여 나가는 조선민족에게 특유한 민족성이, 우리의 피에 사무쳐 무궁히 흐르는 거기에 우리의 조선혼이 있고, 민족적 생명의 리듬이 있는 것이다. 다시 말하면, 여기에 민족적 개성이 형성되는 것이다. … 이를 요컨대 그 곡선의 내부에는 작자 자신의 개성이 표현된 동시에 민족적 개성이 표현되고, 민족적으로 독이한 생명이 잠류潛流하고 활약함으로써 예술적 가치가 생긴 것이라 함이다.[61]

그는 곡선미를 중심으로 쾌와 개성의 차이를 논의한다. 이를 위해 일본의 미술사가 야나기 무네요시柳宗悅(1889~1961)의 글을 인용한다. 야나기가 말한 도자기에 내재된 곡선의 미를 예로 든다. 고려자기의 곡선미는 감상자로 하여금 쾌감을 주기 때문에 미적 논의가 가능한 것이 아니다. 예술미가 쾌감을 위주로 한다면, 모방된 작품도 예술적 가치가 있다고 할 수 있다. 작품에 깃든 개성이 바로 작가의 영혼이라 말했던 것을 그는 조선의 미술품에 적용한다. 야나기가 말한 조선의 미술품에서 조선의 민족성을 발견할 수 있다는 점을 선취하여 그는 과거로부터 내려온 문화적 유산 속에는 조선의 혼과 생명의 리듬이 있다고 해석하였다. 따라서 도자기에 나타난 곡선미는 작가의 개성인 동시에 민족적 개성이 된다고 주장한다. 왜냐하면 고려자기의 경우 작가의 개성인 동시에 그 시대적 환경과 정서가 깃들어 있기 때문이다.

---

61) 위의 책, 39~40쪽.

염상섭이 야나기의 견해를 수용한 점은 개인적 친분과도 관련성이 있다. 염상섭이 일본 유학시절에 읽은 『시라카바白樺』는 다이쇼大正 초기의 일본 데모크라시의 문화 경향을 대표하는 문예잡지였다. 시라카바파의 문학은 일본에서 처음으로 개인의 존엄성을 내세운 낭만적이며 이상주의적 문학론을 개진하였다. 그들의 이상주의는 숭고한 자연이나 예술 속에 움직이는 생명의 무한한 힘을 예찬하며, 생명력의 근원인 자아와 개성을 중시했다. 그들의 문학론은 김동인, 염상섭에 직접적인 영향을 주었다. 특히 시라카바파의 인물 가운데 야나기 무네요시는 조선의 폐허廢墟파 문인들과 특별한 관계를 맺었다. 남궁벽南宮璧(1895~1922)의 소개로 야나기 무네요시를 알게 된 염상섭은 야나기 무네요시가 〈도쿄마이니치신문東京每日新聞〉에 연재했던 「조선인을 상想함」을 번역하여 〈동아일보〉에 게재하였다.[62]

　　야나기 무네요시가 조선 예술을 '비애의 미'로 규정한 것은 시라카바파의 직관에 의한 예술평가의 방법에서 비롯된다. 즉 '비애의 미'는 개인의 직관에 의해 조선 예술을 평가한 것이다. 작품의 역사적 배경이나 이전 평가들을 참고하지 않고, 오로지 자신의 감상에 의해 비애의 미가 탄생되었다. 이렇듯 비애로 조선의 예술을 평가한 야나기의 관점은 동시대뿐만 아니라 근대 한국미학에 큰 영향을 미친다.[63]

　　위의 인용문은 예술미 보다는 민족적 개성의 발견에 무게를 두고 있다. 염상섭은 야나기의 견해를 차용하여 민족적 개성을 모색하였지만 이 논의를 첨예하게 진행시키지 못하는 한계점을 드러낸다. 하지

---

62) 최인숙, 「염상섭 문학의 개인주의」, 55~57쪽 참조.
63) 위의 책, 57쪽 참조.

만 민족적 개성과 개인의 개성은 동등한 지위를 점유하여 일체의 개인을 희생시키지 않는다. 이러한 점에서 이광수의 민족 개조론과 비교가 된다.

본 텍스트의 마지막 부분은 다음과 같다.

> 예술은 모방을 배排하고 독창을 요구하는지라, 거기에 하등의 범주나 규약과 제한이 없을 것은 물론이다. 생명의 향상발전의 경지가 광대무애廣大無涯함과 같이 예술의 세계도 무변제無邊際요, 예술 세계의 무변무애無邊無涯는 개성의 발전과 표현의 자유를 의미하는 것이다. 이리하여 우리의 정신생활의 내용은 더욱더욱 풍부하며 충실할 것이요. 영혼은 나날이 빛나질 것이다.[64]

「개성과 예술」은 자아의 각성으로부터 개성을 발견하고, 발견된 개성이 예술미로 승화되는 과정을 논의하고 있다. 각성은 그 동안 자아를 얽매이게 한 억압으로부터 자유롭게 해방시키면서 자아로 하여금 현실의 비애를 목도하게 만든다. 비애와 환멸로 가득 찬 현실에서 자아는 개성을 통해 약동하는 생명의 세계로 나아간다. 그 길에서 예술을 만난다. 예술의 경지는 광대무애하고 무변무애하여, 세상에서 하나밖에 없는 개인으로서 혹은 민족으로서의 존재를 인식할 수 있다. 이처럼 염상섭의 개성론은 자아의 각성을 예술로 승화함으로써 조선의 근대적 미론을 모색하였다.

(2) 개성에 의한 예술

염상섭은 예술의 절대적 자유를 주창하면서 동시에 예술가의 현실

---

64) 염상섭, 『廉想涉全集』12, 40쪽.

인식을 강조하였다. 「개성과 예술」에는 예술과 현실의 관계가 미적 논의로 제시되지 않았다. 이 문제에 대한 본격적인 논의는 「문예와 생활」에 등장한다.

> 문예는 생활에서 보면, 그 표백表白이요, 기록이요, 흔적이요, 주장이다. 결코 생활 그 자체도 아니요. 생활 전체도 아니다. 다만 그 내재한 예술적 효과, 또는 가치 – 통틀어서 그 예술적 위력이 생활 총제를 순화하고 미화하며, 개인의 영적 활동을 자극 활발케 하는 동시에 개개인의 감정과 의지와 혹시는 사상까지를 융화하고 연결함으로써 인생 생활에 대하여 저 맡은 직책을 다할 뿐이다.[65]

위의 내용은 「문예와 생활」의 시작으로 문예를 생활의 방면에서 논의한다. 개인의 정신활동 가운데 생활이 미치는 예술적 효과가 크기 때문에, 문예와 생활은 깊은 관련성을 가지게 된다. 여기서 생활이란 "생활은 어떠한 경우에서든지 제일의第一義다. 현실은 누구에게 대하여서든지 호말毫末의 차착差錯 없는 엄연한 호령자號令者다. 생활은 현실 위에 밟고 서서 춤을 추나, 그 춤의 반주자는 현실이다. 반주자는 본질적으로 명령권을 가지고 있는 것이다. … 생활한다는 말은 결국은 현실타파를 영속적 사업으로서 쉬지 않는다는 말이라고 볼 수 있으나"[66] 라며 현실 속에서의 생활을 의미한다. 인용문을 보면 생활은 결국 현실을 말하기 위한 기제였다. 생활은 현실에서만 존재할 수 있는데, 지금의 현실은 타파하고 개혁해야할 대상이다. 따라서 생활은

---

65) 위의 책, 107쪽.
66) 위의 책, 108쪽.

현실타파를 목표로 개진해야 한다. 그렇다면 어떻게 현실을 타파할 수 있을까?

> 어떠한 작품이든지 작가의 생활과 및 작가의 생활을 조직하고 지배하는 시대정신과 생활감각 및 생활의식이라는 액즙으로써 반죽되지 않은 것이 없다. … (예술적 방법으로) 문자로 묘사하고 (간접적 수단으로) 사상과 의지로 주장하여, 동일한 시대의식과 사회 환경과 생활 감정을 가진 독자에게 제공하는 것이 진정하고 가치 있는 문예요, 그 이외의 것도 아니며 그 이상의 것, 혹은 그 이하의 것도 아니다.[67]

인용문의 시작은 예술은 생활을 떠나서는 존재할 수 없음을 말하고 있다. 어떠한 작품에도 시대정신과 생활감각 및 의식이 반영되지 않음이 없다는 그의 주장에서 예술이 곧 인생이며 현실임을 알 수 있다. 이러한 현실을 예술에 반영하려면, 예술적 기법이 필요하다. 문학 방면으로 보면 대상이나 사건을 작가 특유의 언어로 그려내는 기법을 말한다. 작품의 소재나 내용 및 의미는 작가의 사유와 현실인식이 담겨있다. 이러한 작품을 동시대의 독자들에게 제공함으로써, 독자들이 깨어나 비애의 현실을 자각하여 개혁을 위한 행동으로 발현됨이 바로 염상섭이 말한 현실타파이다.

> 생활은 제일의第一義다. 사람은 문예 속에서 사는 것은 아니다. 생활은 문예적으로 영위할 수 있지만 예술은 생활 속에 발육하고 성장되는 것이다. 인생은 깊게 파고들어가서 현실을 명철한 관조로

---

67) 위의 책, 110쪽.

포착함으로써 깊은 뿌리 위에 튼튼히 심겨진 생활이 없이는 생기 있고 가치 있는 예술이 나오지 못하리라고 생각하거니와, 사실상 자기의 생활의식도 몽롱한 작가가 사이비 인생을 조제남조粗製濫造함에 불과한 문예작품을 보는 것보다는 제국주의국가의 재상宰相이 자본가에게 납미納媚하는 정견 연설기사나 어떤 사회운동단체의 선언서를 읽는 것이 수배數倍하는 흥미를 끌 때가 많다. … 그러한 연설이나 선언 가운데에 움직이는 인생, 움직이는 사회, 움직이는 세계가 보이기 때문이다.[68]

"생활은 제일의다."라는 말에서 사회주의를 떠올릴 수 있다. 하지만 그가 말한 생활은 특정 사상에 종속된 것이 아니라 개인이 인생과 현실을 명철히 관조함으로써 움직이는 개인이 만드는 움직이는 세계를 의미한다. 인용문에서처럼 문예와 생활의 본질은 개인의 자각에 있으며, 현실에 대한 개인의 무비판적인 태도를 경계한다. 그러한 이유로 생활의식이 몽롱한 작가의 작품은 연설이나 선언문보다 못하다. 예술은 생활 속에서 발육하고 성장한다는 말에서 그에게 무엇보다 중요한 점이 생활의식임을 알 수 있다.

그의 「문예와 생활」은 생활이란 키워드를 경유해서 자아의 각성을 한 번 더 강조했을 뿐, 그의 문학론이 개성론에서 생활론으로 변경된 것은 아니다.[69] 개인의 인생에서 현실을 구체화한 것이 생활이며, 생활을 통해 개인은 사회와 연결된다. 이렇듯 개인과 현실의 매개는 생활이다. 그는 자아의 각성과 개성의 발견으로 예술의 자율성과 독창

---

68) 위의 책, 111쪽.
69) 박성태, 「염상섭의 프로문학론 비판과 개성적 사실주의 문학론」, 『현대문학이론연구』66, 2016, 131쪽 참조.

성을 주장하는 한편, 작품은 생활의식을 기반으로 한다는 시대적 특수성을 고려한 근대적 미론을 모색하였다.

지금까지 이광수와 염상섭의 작품을 중심으로 살펴본 주체에 의한 근대적 미론의 모색은 개인의 탄생으로부터 비롯되었다. 개인은 인간의 유형 가운데 최소의 단위이자 분리될 수 없는 개체이다. 조선에서 개인의 표상은 국가 건설과 연관되는 특징을 가지고 있다. 국가의 형성이 불가능한 식민 현실에서 근대성은 오로지 개인에게 집중되었다. 정신적 국가의 국민으로서 개인은 현실의 개혁을 담당한다. 근대적 개인은 자율적이고 독립적 존재로서 권력과 이념에 종속되지 않는다. 따라서 개인은 정신적 독립이 가능하기 때문에 1910년대 이후 정치·문화의 주체로 등장하였고, 주로 근대적 지식을 습득한 조선인들 즉 일본 유학경험이 있는 지식인들에게 주창되었던 것이다.

이광수의 경우 염상섭보다 먼저 자율적이며 독립적인 개인을 주장하였다. 그는 인간의 '정'의 작용을 중심으로 개인의 자각을 말하였다. 개인의 자각을 문학으로 형상화함으로써 근대적 문학관을 정립시켰다. 하지만 개인의 자각은 민족의 자각으로 나아가면서 민족주의를 지향하게 된다. 그가 말한 개인의 자각은 인격개조로부터 사회개조로 나아가 민족개조로 귀결되면서 개인은 민족에 복속하게 된다. 봉건제적 제도와 관습을 비판하며 획득된 개인의 자유는 결국 민족에 의해 다시 희생되고 만다. 다시 말해 그는 스스로 전근대를 비판하면서, 전근대의 길로 회향하고 말았다.

염상섭은 개성을 중심으로 개인에 의한 근대적 미론을 모색하였다. 염상섭의 문학에 반영된 개인은 자아의 각성과 해방을 지향한다. 특히 개인이 특정 환경에서 발휘된 특이성을 개성이라 하는데, 그가 추구한 개성론은 본질적으로 예술가의 창조적 직관을 핵심으로 삼고 있다. 예술가의 창조적 직관이 표현될 때 작품이 독창성을 지니게 되며, 이러한 작품의 생명력은 예술가의 사후에도 지속된다. 그리고 개인의 개성은 민족의 개성으로도 논의되는데, 개인과 민족은 동등한 위치를 점유하고 있다. 그는 개인에게 개성이 있듯이 민족에게도 민족의 개성이 있어야 함을 주장하였다. 또한 그의 미론은 개성과 더불어 현실인식의 반영을 강조한다.

이광수와 염상섭의 미론은 일본 문화사조의 영향 속에서 제기되었다. 근대 미론의 시작은 주체적이며 내재적 발전에 의한 등장은 아니었다. 그래서 한국 근대학문의 키워드인 "이식", "모방", "단절적", "굴절"이라는 개념이 근대 미론에도 적용되는 것이다. 근대의 수용이 일본을 통해 수신되었다는 조선의 특수한 상황은 여러 쟁점을 낳았다. 이식과 모방의 형태로 근대가 형성되었고, 이는 전통과의 단절로 나타났으며 일본을 통해 굴절된 이론을 수용했다는 비판이 이루어졌다.

본 절에서는 1920년대 일본 유학생들에게 발견된 근대적 미를 살펴보았다. 자신이 영향을 받은 사상에 따라 각자 근대적 미론을 모색하면서 조선의 현실에 적용하고자 하였다. 문학이라는 개념을 서로 다르게 접근하였고, 서로 다르게 미론을 개진하였다. 이 과정에서 우리는 그들의 근대적 미론이 일본의 단순한 이식이나 모방은 아니며 그렇다고 주체적인 미론을 제시한 것도 아님을 알 수 있었다. 하지만 명확하게 예술은 미론으로 이행하고 있었고, 그 과정에서 전근대의 예술을 부정하기도 혹은 변용하여 계승하려는 움직임이 있었음을 기억해야 할 것이다.

제3장
하나의 조선과 두 개의 미美

1 '조선'담론과 '조선'의 미[1]

본 절은 한국적 미의식에 관한 담론이 어떻게 등장하였는지를 고찰하고자 한다. 이를 위해 1910년대 이후 '조선적인 것'과 '조선'이라는 담론 형성 과정에서 등장한 미 개념을 탐색할 것이다. 식민치하에서 당시 지식인들의 당면 과제는 독립된 조선의 정체성을 규명하는 것이었다. '조선' 혹은 '조선적인 것'의 고유성은 타자와 구별되는 자기인식에서 비롯된다. 자기인식은 민족 개념을 중심으로 구체화되어 조선의 정체성을 창출하였다. 지식인들은 정체성에 대한 표상 담론을 문화전반에 걸쳐 기획하였고, 이는 '조선적인 것'의 본질적인 내용이 되었다. 따라서 '조선'의 미에 대한 인식도 그들의 '조선'담론을 통해 등장하게 된다.

당시 문학·미술·음악이 어떻게 '조선적인 것'의 정체성을 형성하

---

[1] 본 절은 저자의 「안확의 조선미朝鮮美 탐구」(『유교사상문화연구』72, 2018)의 일부를 수정한 글이다.

는 역할을 수행하였는지 안확安廓(1886~1946)[2]을 중심으로 논의하고자
한다. 그는 1913년부터 일본의 니혼대학日本大學에 유학하는 동안『학
지광學之光』에 여러 편의 글을 게재하면서 '조선적인 것'의 규명을 시
도하였다. 그는 미술·문학·음악·어학·정치 등의 장르를 중심으로
'조선'의 고유성과 보편성을 기술하였다. 여기서 보편성은 특정 국가

---

2) 안확은 1886년 서울에 태어나 우리나라 최초의 관립 소학교인 수하동 소학교에
서 신학문을 교육받고, 1896년 독립협회가 만민공동회를 개최할 때 그 모임에
참여하여 연설지도를 받기도 하였다. 1914년경에 일본에 유학을 가서 니혼대학
에서 정치학을 수학하였다. 일본 유학시절부터 국학에 남다른 열의를 가지고
구체적인 연구를 하여, 전일본유학생학우회 기관지인『학지광學之光』에 국어
와 국문학, 미술 등 국학에 관계되는 글들을 발표하였다. 그의 본격적인 연구
는 귀국 후 출판된『조선문법』을 기점으로 시작되었다. 1916년경 다시 마산으
로 돌아와 윤상로尹相老, 이시영李始榮등 영남 지역 인사들이 1915년에 결성
한 독립운동 단체인 조선국권회복단朝鮮國權恢復團에 참가, 마산지부장을 맡
았다. 3·1운동 이후 서울에 올라와 1921년 창간된 조선청년연합회 기관지『아
성我聲』의 편집을 맡았고, 다음 해에는 신천지사新天地社의 편집인이 되었다.
그는『조선문학사』와『조선문명사-조선정치사』로 대표되는 국어와 국문학,
국사를 비롯한 국학에 대한 글들을 발표하였다. 또한 당시 일제의 문화통치에
이끌린 지식인들의 현실을 비판하고 새로운 지식인의 지향을 제시하는「자각
론自覺論」등의 시론時論들도 발표하였다. 1928년부터는 전통 음악인 아악雅樂
을 정리, 연구하고자 이왕직아악부李王職雅樂部에 촉탁으로 근무하면서 4년
동안 아악에 대한 기본적인 정리와 연구를 이루고, 이를 토대로 국어학·국문
학에 관하여도 새로운 업적을 많이 쌓았다. 1930년대 들어 일본의 식민통치가
무단통치로 바뀌어 활동이 어렵게 되자, 만주와 중국 대륙, 노령의 연해주 지역
과 하와이를 유랑하였다. 7년간의 유랑을 마치고 귀국한 뒤, 어학과 고구려
문학, 시조, 향가, 미술사 등에 관한 글을 발표하였다. 1940년 이후에는 글 쓰
는 일을 중단한 채 정인보鄭寅普 등 비타협적인 민족주의자들과 교유하며 지냈
다. 광복이 되던 해에 자신의 정치이념을 실현하기 위해 친우들과 정당 결성을
꾀했지만 끝내 뜻을 이루지 못한 채 1946년에 생을 마감하였다. 한국민족문화
대백과사전, 安廓, http://encykorea.aks.ac.kr 참조.

나 민족의 단위를 넘어서는 일반적인 가치를 의미하고, 고유성 또는 특수성은 민족이라는 범위 내에서 유효한 가치를 말한다.[3]

그는 '조선적인 것'의 표상으로 문학·미술·음악 등에 '조선'의 미를 언급하였고, 역사적으로 민족의 고유성과 보편성을 준칙으로 미의 논의를 전개하였다. 이 절에서는 안확의 1920년대 이후 예술관련 글들을 중심으로 '조선적인 것'의 형성과 미의 관계를 살펴보고자 한다. 이를 통해 그의 '조선'담론이 어떻게 조선인의 정체성으로 규명되고, 미적 특성을 획득하게 되는지를 목격할 수 있을 것이다.

1) '조선'담론과 미의 상관성

1920년대 예술의 독자적이고 자율적인 위상을 구축하는 데에는 근대 지식인들의 예술인식이 동력이 되었다. 그들은 예술관련 담론을 근대적 양식으로 재구성하여 대중에게 알렸다. 다양한 신문과 잡지를 통해 조선 문화의 가치를 주목하는 글들이 등장하면서 활발한 예술관련 논의가 진행되었다. 이러한 점은 조선학(국학)의 형성과정에 나타난다.

(1) '조선'담론이란

1910년 이후 부상하기 시작한 '조선' 혹은 '조선적인 것'에 대한 논의는 타율적 근대 속에서 생산된 담론이다. 당시 지식인들은 조선의 역사·언어·미술·문학·음악 등의 문화 전반을 '조선적인 것'으로 규

---

3) 류준필, 『동아시아 자국학과 자국문학사 인식』, 소명출판, 2013, 320쪽 참조.

정하며 조선학의 기반을 마련하였다. 조선학은 1930년대 중반의 조선학운동을 중심으로 활발히 전개된다. 조선학운동이란 조선사편수회, 청구학회, 경성제대 조선경제연구소 등 일본 주도의 조선 연구에 대응한 조선 지식인들의 문화운동이다. 그들의 조선학운동은 조선의 고유한 전통을 학문적으로 체계화함으로써 문화 및 사상전반에 걸쳐 조선적이면서 동시에 세계적인 민족적 주체 형성을 목표로 내걸었다.[4]

근대시기 '조선적인 것'에 대한 연구는 조선의 고유한 정신과 순수한 문화적 정통성을 역사적으로 모색하는 데에 집중되었다. 하지만 실상 이 담론은 일본에 의해 고안된 조선학과 이에 대응한 조선인의 조선학이라는 이중적 구조로 전개되었다. 다시 말해 일본은 지배체제로 식민지 국가에 대한 동화와 차별의 담론을 생산하게 되고, 식민지 주체는 민족의 정체성을 창출하기 위한 보편과 특수, 자아와 타자의 담론을 논의하였던 것이다. 본 장에서는 제국의 관점에서 본 조선의 미와 식민지 주체에서 본 조선의 미를 고찰하려고 한다. 우선 조선인의 '조선'담론에 나타난 미를 살펴보겠다.

'조선'담론은 부분 장르에 국한되어 등장하였다가, 1930년대 이르러 다수의 국학자들에 의해 연구 방법과 이념이 다양하게 전개되었다. 안확은 직접 자신이 '조선학'이란 명칭을 부여하지 않았지만[5], 그

---

4) 조현일, 이양숙 외, 『'조선적인 것'의 형성과 근대문화담론』, 소명출판, 2007, 17쪽 참조.

5) 이행훈은 다음과 같이 말하였다. "식민지 상황에 처한 조선 지식인들의 문명과 근대 추구는 근대 국민 국가 건설로 나가지 못하고, 조선의 역사와 문화를 재조명하는 작업을 통해 정신문화의 기원을 탐색하고 민족의 정체성을 실체화하

는 1910년대 중반부터 「조선어가치」(1915)·「조선의 미술」(1915)·「조선의 문학」(1915)·「조선문학사」(1921)·「조선의 음악」(1922) 등 일련의 '조선' 연구를 통해 '조선적인 것'을 규명하였다.

그의 「조선의 미술」(1915)을 살펴보면, "미술은 정신이 사물 가운데 나타난 것이다. 그러므로 미술품의 영묘함의 여부는 재료의 좋음과 나쁨에 관계함이 적고, 사상의 표현에 달려있으니 사상이 부요富饒하지 않으면 어떠한 좋은 재료가 있더라도 그 영묘함을 표현해내지 못한다. 그러므로 국민의 문화사상을 관찰하는 것에는 미술만한 것이 없으며, 또한 미술공예의 성쇠는 정치적 성쇠를 좌우라는 것이라."[6] 고 하였다. 그는 미술에 대해 사상의 표현이라는 정신적 측면을 강조하면서도 미술의 성쇠가 국가의 성쇠라는 문명론적 관점을 견지하고 있다.

안확은 「조선의 문학」(1915)에서 문학은 인간의 미적 감정을 문자로

는 전통의 발명으로 굴절되었다. 국혼·국수·얼·정신 등 추상적 관념이 민족의 영속성을 보장하는 이념형으로 발명되기 시작했다. 일찍이 유길준과 량치차오를 통해 서양 문명을 접한 안확은 서양을 문명의 정점으로 추수하는 대신 문명으로 나아가는 발판으로, 도구로 삼았다. 일본에 유학하여 정치학을 수학하기도 한 그가 서양 문명에 경도되지 않았던 데에는 1차 세계대전 이후 촉발된 근대 문명에 대한 비판 사조도 한몫했다. 무엇보다 일본의 국학 연구가 근대 문명에 대한 황도와 천화의 구체이데올로기로 소수의 지배계층에 복무하는 것이었던 반면 안확의 조선 연구는 그것과 결을 달리 했다. 그의 한 평생은 '조선'을 탐험하는 데 바쳐졌다. 조선의 언어와 문법·미술과 무용·종교와 철학·정치와 경제 그리고 군사에 이르기까지 그가 남긴 140여 편의 저작은 조선의 과거를 파헤쳐 현재로 끌어 올리는 '주체의 고고학'이었다." 이행훈, 「안확의 '조선'연구와 문명의 발견」, 『한국철학논집』52, 한국철학회, 2016, 217~219쪽.

6) 안확, 최원식외 편, 『自山安廓國學論著集』5, 여강출판사, 1994, 125쪽.

표현하기에 정치가 인민의 외형을 지배한다면, 문학은 인민의 내정을 지배한다고 하였다. 그렇기 때문에 한 나라의 문명은 정치보다는 문학의 소장消長을 관찰해야 알 수 있다고 한다. 또한 민족 경쟁의 시대에서 다른 민족과 경쟁하려면 자국의 문학을 발전시켜야 함을 강조하였다. 그리고 우리 문학의 나아갈 방향에 대해 동서양의 사상을 조화시켜 우리의 특징을 발휘해야 하고, 우리의 특수한 사상으로 세계를 동화시켜야 한다고 말하였다.[7] 여기서 문학은 국민의 정신을 지배하며 그 나라의 문명을 살필 수 있는 중요한 요소로 언급된다. 이러한 이유로 그는 조선 문학의 과제를 조선적인 특수성의 구현과 세계를 동화시킬 보편성의 확립이라고 하였다.

그에 의하면 당시 조선이 '조선적인 것'을 획득할 수 있는 것은 고유성과 보편성의 확보에 있다. 이처럼 예술을 대상으로 고유성과 보편성의 문제를 제시한 이유는 아래와 같다.

문학사는 문학의 기원·변천·발달을 질서 있게 기재한 것이다. 곧 한 국민의 심적 현상의 변천 발달을 추구하는 것이다. 대개 한 국민의 심적 현상을 나타낸 것은 홀로 문학뿐만 아니라 정치·미술·종교 같은 것들도 적지 않다. 그러나 문학은 가장 민활 영묘하게 심적 현상의 전부를 드러내므로 그 국민의 진정한 발달변천을 알고자 하면 이보다 더 큰 것이 없으니, 그러므로 이 점으로 말하면 문학사는 일반 역사, 더욱이 인문의 중요한 일부로 볼 뿐만 아니라 뒤집어 여러 가지 역사를 다 해명한 것이라 할 수 있다.[8]

---

7) 안확, 최원식외 편, 『自山安廓國學論著集』4, 219,228쪽 참조.
8) 안확, 최원식·정해렴 편역, 『安自山國學論選集』, 현대실학사, 1996, 15~16쪽.

안확의 「조선문학사」는 국문학 분야에서 통사 체계를 처음으로 갖춘 연구서로 알려져 있다. 인용문의 시작은 문학사의 정의를 서술하고, 이어서 문학사를 민족의 정신사로 규정하였다. "국민의 심적 현상"이라는 표현은 문학사를 정신사의 관점에서 파악한 것이다. 다시 말해 문학사가 민족정신의 발달과 변천을 기술하고 있으며, 물론 역사·정치·종교 등에서도 민족의 정신이 나타나지만 문학처럼 명확하게 드러나지 않는다고 하였다. 이러한 이유로 그는 문학사를 문화사의 일부라고 하였고, '조선'의 역사를 문학의 차원에서 재구성하였다.

이렇듯 안확의 문화연구는 '조선'에 응축된 전통의 부활을 통해 생명력을 잃지 않는 '조선'의 정신을 발견하려는 기획이었다. 또한 그의 '조선적인 것'에 대한 탐구는 타자에 의해 왜곡된 주체를 재정립 하려는 의지를 담고 있다.[9] 여기서 '조선'은 식민지 조선이 아닌 역사 속에서의 조선으로 다시 부흥되어야 할 개념이자 가치를 의미한다.

(2) '조선'담론에 나타난 미

'조선'담론은 '조선적인 것'에 대한 각성과 서구문명에 대한 맹목적인 추종을 자성하는 토대위에서 출발하였다. 이러한 각성과 자성에 기초하여 잃어버린 조선 고유의 정체성을 회복하려는 움직임이 일어난다. 1920년대부터 전개된 문화운동은 과거 문화에 대한 발굴 및 재조명의 작업으로 전개되었다. 안확의 '조선'연구도 이러한 현실이 반영되었다.

---

9) 이행훈, 『지식의 고고학』, 소명출판, 2013, 230쪽 참조.

문화는 '참의 세계를 추구하는 의사意思의 요구에 따라 인류의 노력이 만든 사상 전체'를 일컫는 것으로, 풍속·습관·도덕·제도·산업·종교·과학·예술·철학 등을 문화라 부른다. 이러한 의미로 볼 때 각 개인의 가치를 완성하기 위한 노력은 문화전체와 관계되지 않음이 없다. 그러므로 정적靜的으로 볼 때 문화는 인류의 사회생활 상에 표현된 형식이라고 할 수 있으며, 동적動的으로 문화는 시대정신을 사회생활 상에 표현하려는 인류의 노력 과정이라 할 수 있다.

그런데 문화는 인류의 생명이 항상 진화하고 변화하는 것과 같이 역시 진화하고 변화한다. 문화는 인류 노력의 발현 즉 인류 생명의 내적 충동이 밖으로 표현되는 바 생生의 예술이다. (문화는) 사회 사정에 따라 항상 그 표현이 달라지는데 그 형태는 자연과 대립한다.10)

문화는 인간의 이성 작용으로 만들어낸 모든 것을 범주로 한다. 문화는 인간이 만들어낸 모든 결과물이며, 각 개인은 문화를 생산하는 주체로 존재한다. 그는 진화론적 관점에서 인류가 진화하듯이 문화도 끊임없이 진화되었다고 본다. 진화의 과정은 자연과 대립되어 사회변화에 따라 문화의 표현도 달라진다. 그는 인간의 이성에 의거한 자율적 행위의 결과를 문화로 본다. 다시 말해 자율적이며 자발적인 근대적 인간상은 과거의 자연에 굴복했던 상태를 벗어나 자유롭고 창조적인 양상이다. 이와 같을 때 예술은 다음과 같은 특징을 지닌다.

인간은 불만족스러운 세계에서 벗어나고 이상세계를 건설하고

---

10) 안확, 『개조론』, 회동서관, 1920, 55쪽. ; 안확, 정숭교 편저, 『자산 안확의 자각론 개조론』, 한국국학진흥원, 2004, 본고에서 『개조론』의 원문은 정숭교 편저의 부록에 실려 있는 원문을 참고하였다.

자 하는 것이 본성이다. 그러므로 예술을 중요하게 간주하는 것도 이러한 의미가 있기 때문이다. 사람들은 예술 가운데에서도 시를 더욱 고귀하게 여겨 숭상함에 힘을 더하니 이는 시의 미감이 실감을 얻어내는 것이 커서 인간의 사상을 활발하게 하는 효력이 있기 때문이다. 본래 시는 아름다움을 언어와 문자로 발현하는 예술인 바 그 목적은 인도人道를 완전히 발휘하는 데 있다. 이렇듯 시의 성질과 효과가 예술 가운데에서도 가장 큰 까닭에 궁벽진 시골의 어리석은 농부의 집이라도 몇 폭 주련을 붙여 이상세계를 즐길 수 있다.[11]

인용문에서 예술은 인간이 현실세계에서 이루지 못한 이상세계를 표현한다. 예술은 물질문명과는 다른 정신문명에 의해 새로운 세계를 건설한다. 이 세계는 감정을 기반으로 삼기 때문에 모든 인간이 공감할 수 있는 요소를 갖춘다. 시의 경우 인간이 느낀 아름다움을 언어와 문자를 매개로 작품이 탄생된다. 여기서 미감은 실감을 얻어내는 효과를 가지고 있어 궁극적으로 인도人道의 실현으로 나아갈 수 있다. 그렇기 때문에 시골의 농부도 몇 폭의 주련을 통해 이상세계를 경험할 수 있는 것이다.

미술의 목적은 미를 드러냄이요 유쾌함의 방편은 아니니, 사람이 꽃을 보면 유쾌함이 생겨나므로 혹 꽃이 유쾌함의 방편이라고 할 듯하다. 하지만 꽃이 아름다움을 드러냄으로 유쾌함이 생겨나는 것이다. 그러므로 예술가는 미를 목적으로 삼을 것이요, 방편으로 삼아서는 안된다. … 미술은 정신의 반사反射다. 그러므로 미술가의 방침과 목적은 미의 이상이 있을 뿐이다. 그러므로 미술가는 이러한 이상을

11) 안확, 최원식외 편, 『自山安廓國學論著集』1, 383~384쪽.

우수하게 하는 것이 첫 번째 방침이니, 그 이상이 우수하여야 이를 통해 나온 작품이 고결하여 천고 불변의 작품이 되느니라.[12]

위의 내용은 예술의 목적인 미에 대해 말하고 있다. 여기서 '미술'은 일반적인 회화의 범주를 지칭하지 않는다. 그는 '미술'에 대해 "원예·조각·회화·건축·음악·시가 등을 가리킨다."[13]라며 미술이 곧 예술 전체임을 설명하였다. 그가 말한 예술의 목적은 아름다움의 구현이지, 인간의 유희를 위해 예술이 존재하지 않음을 명확히 언급하였다. 이를테면 인간이 꽃을 보고 일어난 유쾌한 감정은 꽃의 아름다움에 의해 일어난 것이다. 꽃에 내재된 미로 인해 인간의 유쾌한 감정이 생성된다. 마찬가지로 예술가는 꽃을 그릴 때 감상자의 유쾌함을 목적으로 창작해서는 안 된다. 예술가가 순수하게 미를 작품에 구현하고자 할 때, 시대와 역사를 아우르는 걸작이 탄생될 수 있다.

이처럼 그가 예술의 목적을 미라고 했던 이유에 대해 알아보도록 하자.

옛사람들도 또한 예술을 인간세계에서 중요한 요소로 여겼는지라. 하지만 회화는 권계적으로 음악은 화락적으로 시는 감흥적으로 흘러 모두 형식상 이용물利用物로 삼을 뿐이요. 순수한 사상 중심으로부터 나온 것으로 여기지 아니하였다. … 예술의 가치를 한층 더 나아가 찾는다면 오직 사회를 안위하고 인심을 감흥시킬 뿐만 아니라 덕성을 발하는 데에도 큰 효과가 있는 것이다. 즉 예술은 사악한 생각과 조야한 기풍을 제거하고 고아高雅하고 우미優美한 정신을 일

---

12) 위의 책, 382쪽.
13) 위의 책, 380쪽.

으키는 것이다. 따라서 예술을 발전시켜 일반 인심을 고아하게 한다면 그 고아한 정신이 자신의 인격적 이상을 발휘하여 평소 행동에 있어서도 우미함이 실현됨은 정한 이치이다.[14]

안확은 옛사람들의 예술을 부정적으로 평가하였다. 그 이유에 대해 옛사람들의 예술은 천도를 모방하는 수단이었을 뿐 인간을 중심으로 하지 않았다. 이 때문에 회화는 권계적이었고, 음악은 화락으로 흘렀으며, 시는 감흥에 의거하여 형식상의 발전만 있었다고 하였다. 이러한 점을 반복하지 않으려면 예술의 본래 가치인 인간의 이상을 작품에 실현시켜야 한다고 하였다. 그에 의하면 자연의 모방이 아닌 이성의 발현이 바로 예술이며 이를 통해 사회 모든 영역에 긍정적인 효과를 미칠 수 있다. 그렇다면 예술의 긍정적인 효과는 무엇일까? 그는 예술로 인해 인간의 인격이 고아高雅해지고 행동은 우미優美함을 지니게 되어 궁극적으로 생활에 변화가 일어난다고 하였다. 고아와 우미라는 미적 효과에서 알 수 있듯이 안확의 미론은 윤리적 가치[15]를 중심으로 한다. 이러한 점은 음악에 대한 논의에서도 나타난다.

나라가 융성할 때 음악이란 그 정신의 표현을 위주로 하고 기교는 그 표현의 수단으로 하는 것이다. 이와 반대로 오직 기교만 음악의 목적으로 하면 이는 현대 아악과 같이 나라를 망하게 하는 음악

---

14) 위의 책, 380~381쪽.
15) 그의 다른 작품에서도 비슷한 논의가 있다. "우미優美한 사상을 일으키고, 아취한 역을 길러 사악한 생각을 제거하고 조야의 풍風을 없애며, 또한 인심을 편안하게 하나니 … 미술의 여하를 관할진대 나라의 종교 도덕이 어떻게 창락漲落되는지를 추측하나니라." 안확 저, 최원식외 편, 『自山安廓國學論著集』 5, 125쪽.

이 된다. 가령 가야금 현금을 오직 수지의 재주만 피력하던지 단소 · 횡적 같은 것을 입만 잘 놀리는 것을 위주로 하면, 이는 실로 국민을 그릇되게 가르쳐 국가를 망하게 하는 장본인이라 할 것이다. 그런데 그것이 나라를 망하게 한 것이라면 오해다. 기교는 진보한 음악을 표현하기 위하여 매우 필요한 수단이다. 오직 이 수단을 잘못하여 목적으로 생각하고 그 정신을 잃어버린 시대는 곧 나라를 망하게 하는 것이 된다.[16)]

위의 내용은 음악이 나라의 융성과 쇠망에 영향을 준다는 점을 강조하고 있다. 나라의 흥망성쇠는 음악의 표현에서 알 수 있는데, 융성한 시기의 음악은 정신을 중심으로 하여 기교가 정신의 표현을 뒷받침한다. 반면에 음악이 정신의 표현보다는 화려한 기교를 목적으로 한다면 나라가 쇠망할 징조이다. 음악을 연주하는 데에 필요한 기교와 음악에 내재된 정신을 수단과 목적으로 구분하면서, 무엇이 목적이 되느냐에 따라 흥망이 결정된다. 음악이 개인에서 나아가 국가에까지 영향을 끼치는 이유는 인간의 감정을 좌우한다는 점에 있다. 음악의 어떤 요소가 인간의 감정과 행동에 변화를 가져오는 지를 살펴보도록 하자.

악곡의 역시歷時의 단위 곧 한 개의 박자가 진행하는 속도를 악곡의 템포라 한다. 템포 즉 절주의 속도는 악곡의 표정과 주요한 관계가 있다. 나는 맥박과 호흡과 조화한 속도의 악곡을 중용적으로 느끼는 이 중용적 속도를 모버라토mobberato라 한다. 이 중용적 속도는 평은평화平穩平和 한 표정이요 중용속도보다 빠른 것은 차차 흥분의 상태로 된다. 그러므로 쾌활하다. 그러나 조금 격하면 유난의

---

16) 안확, 김세종 편역, 『조선음악의 연구』, 보고사, 2008, 293쪽.

느낌이 있다. 또한 중간 속도보다 느린 것은 쇄침의 상태로 되므로 깊이 정적인 느낌이 있다. 이 속도를 더하여 좇게 되면 음울한 감정이 있다.[17]

인용문은 서양 음악의 구조를 우리나라 음악에 적용하여 설명하고 있다. 특히 템포tempo에 따른 감정의 변화를 논의하였다. 악곡을 연주하는 속도인 템포에 대하여 악곡의 표정과 관계가 있다고 말한다. 이는 전체 곡의 분위기를 말하는 것으로, 그는 인간의 맥박과 일치하는 템포를 선호하였다. 중용적 속도라고 말하면서 모버라토mobberato 즉 서양음악에서의 모데라토moderato를 손꼽았다. 모데라토는 보통빠르기로 번역되는데 그는 중용속도라 의역하였다. 중용속도에서 느껴지는 감정은 평은 평화한 것이다. 인간의 감정을 평온하고 조화롭게 하는 중용속도를 기준으로 이 보다 빠른 템포는 인간의 감정을 흥분상태로 빠져들게 한다. 그리고 이 보다 느리면 감정이 쇄침의 상태가 되어 정적인 느낌이 든다. 나아가 더 느리게 된다면 음울한 감정이 생성된다. 그는 음악에서의 템포를 중심으로 어떤 감정이 생성되는지를 설명한다. 예를 들어 서양의 춤곡은 대부분 3박자 계열로 빠른 템포와 구성될 때 경쾌한 느낌을 준다. 나아가 조성에 따라 곡의 분위기도 결정되는데, 안확은 이러한 관계를 고려하지 않고 곡의 빠르기에 따른 감정의 변화만을 언급하였다.

지금까지 안확의 '조선' 담론 가운데 음악과 미술의 '미'론을 살펴보았다. 그의 '조선'연구는 물질문명보다는 정신문명을 추구하는 주체의 자각에서부터 시작된다. 그는 이성을 지닌 개인의 자율적 행위

---

17) 위의 책, 297~298쪽.

의 결과가 문화이며, 이 문화를 토대로 정신문명이 발전된다고 주장하였다. 그의 열망은 조선의 문화 전반을 역사적으로 재조명하는 작업으로 실천된다. 조신의 문화직 진통을 확립하려는 이유는 바로 민족의 고유성과 보편성을 증명하는 것에 있다. 이를 위한 기초 작업으로 그는 미의 본질에 대해 논의하였고, 이를 토대로 조선의 미술·조선의 문학·조선의 음악 등 예술 전반으로 '조선' 연구의 범위가 확장된다.

2) '조선'의 미

안확의 문화연구는 타자의 조선 문화 인식에 대한 저항과 전유의 방식이라 말할 수 있다. 그는 서양인과 일본인의 조선 인식을 비판하면서 이전의 개화론자들과 다른 방향으로 조선의 근대를 구상하였다. 그가 생각한 근대적인 국가는 조선인의 조선 인식으로부터 시작한다. 이를 위해 고유한 '조선'의 정신을 역사적으로 탐구하면서 문화사를 기술하였다. 그의 '조선' 문학·미술·음악 등에는 각각 형성과 전개 그리고 발전이 시대적으로 서술되어 있다. 안확은 민족의 정신발달사를 드러내는 지표로서 예술을 인식하였다. 따라서 예술의 본질은 미의 표현인 동시에 민족의 고유성과 문화적 보편성을 담지하게 된다.

(1) '조선'미에 나타난 고유성과 보편성

안확의 「조선문학사朝鮮文學史」(1922)는 우리나라 최초의 문학사이다. 텍스트의 상고上古·중고中古·근고近古·근세近世·최근最近이라는 시대 구분과 장르별 분석은 모두 안확의 독자적인 구성으로 이루어졌다.

「조선문학사」는 문학의 정의와 범주에 대한 논의로부터 시작된다.

> "문학이라는 것은 미적美的감정에 바탕한 언어 또는 문자에 의하
> 여 사람의 감정을 표현한 것"이라고 하겠다. 그런즉 시가詩歌·소설
> 小說과 같이 상상력을 위주로 한 것은 물론이요. 다소 사상성思想性
> 을 더한 사전史傳·일기·수록隨錄 또는 교술적敎述的인 문류文類라
> 도 실로 미적 감상에 바탕한 저작인 이상 다 이를 문학 중에 포괄하
> 는 것이다.[18]

내용에서 문학은 미적 감정을 토대로 기록된 문자뿐만 아니라 언어
까지 포섭하면서, 문학의 범주가 기록문학과 구비문학을 모두 포함하
게 된다. 또한 문학 장르는 작품의 집필과정과 목적에 따라 구분하고
있다. 작가의 상상력을 위주로 한 시가와 소설 그리고 학문적인 성향
의 사전, 수록 등이 있다. 마지막으로 지식의 습득을 위한 문장이나
글도 해당된다고 하였다. 본 텍스트에 등장하는 문학 장르를 보면 집
필당시까지 발굴된 모든 양식을 분석하고 이를 시대적으로 열거한
점을 알 수 있다. 그러면서 동시에 문학사를 사상의 기원과 변천 그리
고 발전 양상으로 고찰하였다. 여기서 문학의 기원은 곧 '조선'적인
고유성의 형성으로 서술된다.

> 상고 문학의 기원은 종교적 신화 곧 종倧에서 비롯된다. … 이 종
> 화倧話를 기록한 것은 『삼일신고三一神誥』 1책이니, 이 책은 고대에
> 문자가 없으므로 입에서 입으로 서로 전하다가 기자箕子때 왕수긍王
> 受兢이 한자로 베껴 전하다가 근래 대종교 본부에서 간행한 것이다.

---

18) 안확, 최원식·정해렴 편역, 『安自山國學論選集』, 15쪽.

이 경전은 최고의 문학으로 선조의 사상을 전한 것이니, 인도의 베다, 페르시아의 벤디다드, 헤브류의 구약과 같은 것이다. 이 『삼일신고』를 읽든지 그 설명을 듣든지 할 때는 비상한 감명을 받는 동시에 자부自負의 생각이 고양되어 제왕 같은 높은 위치에 오른 느낌이 드는 것이다. 상고는 사람의 지혜가 이 종에 붙인, 그러므로 화복 경앙禍福慶殃을 신명에 위탁하여 두려움의 기도와 기쁨의 노래로써 제식祭式을 주한 것이다.[19]

안확은 조선 문학의 기원을 신화로 파악하였으며, 신화 속에 담긴 고유 사상을 '종倧'이라 하였다. 그가 말한 '종'은 환인·환웅·단군인 삼신三神을 추앙하는 신앙에 근거한다. 그리고 최고의 문학작품으로 단군신화가 소개된 『삼일신고』을 꼽는다. 이 작품에서 환기된 미적 경험을 그는 비상한 감명과 자부의 생각으로 인해 마치 제왕에 오른 것 같다고 하였다. 이는 대종교의 영향으로 볼 수 있지만 반면에 작품을 통해 민족 고유의 본성을 자각하였음을 알리려는 의도일 수 있다. 따라서 '종'은 조선 문학의 고유성이 되며 나아가 고대문명국가들의 경전과 대등한 위치를 점유한다. '종'을 서양문명과 유비類比한 것은 '종'의 보편성 획득을 위함이다. 다시 말해 조선의 문학이 처음부터 고유성과 보편성을 담지하고 있음을 강조하려는 것이다.[20]

상고시대의 '종'사상은 중고시대에 이르러 국민의 중심사상이 되어 일상생활 가운데 실현되었고, 외래문화의 영향 속에 변화의 과정을 겪는다.

19) 위의 책, 19~20쪽.
20) 이종두, 「안확의 『조선문학사』와 『조선문명사』비교연구」, 『대동문화연구』 73, 2011, 287쪽 참조.

민족은 남북으로 대 이동할 새 따라서 정신 활동과 사상의 조류
도 큰 변천을 낳은 것이다. 이 사상의 변천은 남방불교의 사상과 서
방의 중국 사상을 수입하여 고대 고유의 종의 사상을 협화協和한
바, 하나의 신사상을 만든 것이다. 이 사적은 최치원의 「난랑비서」
에서 말하였다.21)

외래문화의 수용에 따른 '종'사상의 변화는 협화協和를 중심으로
이루어지며, 풍류라는 신사상의 탄생을 맞이한다. 위의 내용은 최치
원의 「난랑비서」에 나타난 풍류사상을 언급한 부분으로, 고유성이 그
대로 보존되는 것이 아니라 시대와 상황에 따라 변화됨을 논의하였
다. 인용문에 따르면 '종'사상은 남방의 불교·서방의 유교와 협화되
어 풍류로 새롭게 탄생한다. 여기서 '협화'는 역사적으로 외래사상 혹
은 외래 문화의 수용에 대한 안확의 관점이 내재되어 있다. '종'이라는
고유성은 외래성과 조화를 이룬다는 상호관계성을 지니고 있다. 고유성
은 독자적인 주체성을 가지고 있지만 다른 문명을 배제하는 배타적인
중심성이 아니다. 또한 다른 문명을 무조건 수용하는 것도 아니다. 그는
고유성을 통해 주체의 중심성을 확인하는 것으로부터 출발하여 타자와
의 관계에 의한 보편성 문제를 역사적으로 입증하고자 한 것이다.22)

불교가 처음 들어올 당시에 신라에서 불교 배척과 불교 숭배의
두 논의가 나와 숭불론자 이차돈을 죽이기까지에 이르렀다. 그러나

---

21) 안확, 최원식·정해렴 편역, 『安自山國學論選集』, 25쪽.
22) 김현양, 「안확의 '조선민족담론'과 상호중심주의: 『조선문학사』와 『조선문
    명사』를 중심으로」, 『민족문학사연구』64, 민족문학사학회·민족문학사연구소,
    2017, 173~174쪽 참조.

불교 대승의 사상은 현세를 부정하지 않으므로 유교와 부합하기 쉬운 성질이 있어서 이제야 중국의 사상을 수입하는 동시에 불교도 또한 점차로 조선화되어 널리 퍼지게 되니. 그러므로 원효·의상·혜공 같은 명승이 배출되었는데 이들은 다 임금에 충성하고 나라를 사랑할 것을 설법하여 고유 사상과 조화됨에 이르렀다.[23]

위의 내용은 불교의 유입과정을 논의한 것이다. 처음에는 불교를 배척하였지만, 점차 조선에 널리 퍼지면서 중국의 불교가 아닌 조선의 불교로 자리 잡았다고 하였다. 원효·의상·혜공 같은 조선인들이 고승이 되어 조선만의 불교를 구축할 수 있었던 것이다. 다시 말해 조선인에 의해 '종'사상과 중국의 불교가 '협화'를 이루어 중고문학을 발전시킨 것이다.

이상으로 살펴본 「조선문학사」에 나타난 고유성과 보편성의 문제는 '종'사상을 중심으로 한다. 안확은 문학의 기원인 '종'사상을 조선의 고유성으로 삼았고, 이를 토대로 문학사를 논의하였다. 고유성은 자기 인식이자 타자와의 다름을 인식하며 전개된다. 다름은 제국 혹은 일본 또는 외래적인 요소를 말한다. 고유성에 보편성이 내제되어 있기 때문에 다름에 대하여 배제하거나 통합하지 않고 조화를 이루어 공존한다. 이러한 점을 역사적으로 문학작품을 통해 입증하고자 한 것이 바로 「조선문학사」이다.

지금부터는 안확의 미술관련 저작을 통해 고유성과 보편성의 문제를 고찰하고자 한다. 대표적으로 일본 유학시절에서 『학지광』에 실은 「조선의 미술」(1915)과 1940년에 〈조선일보〉 연재로 실은 「조선미술

<hr>

23) 안확, 최원식·정해렴 편역, 『安自山國學論選集』, 68쪽.

사요朝鮮美術史要」가 있다. 말년 저술인 「조선미술사요」에는 미술의 정의와 범주 그리고 저술 동기 및 미술의 역사가 체계적으로 서술되어 있다.

미학美學을 기초하여 여러 사람들이 저술한 동서 미술사를 대조하고 각처에 있는 박물관을 두루 관찰하여 분석적 논구論究를 시도하며, 재래 문헌상에 적혀 있는 미술 및 공예품 설명을 탐사하여 보면 적이 해득이 생기고 투리透理됨이 있으매, 그것으로써 재료를 삼아 이 글을 기초한 것이다. 그런데 이 논문을 바르재려 한 동기를 말하면 각각의 학설을 정정코자 함에서 나온 것이다. 외국 학자들이 조선미술에 대하여 너무 과찬한 일도 있으며, 또 혹은 근거 없이 타박한 일이 있으매, 나는 그들의 부적당한 의론을 교정코자 한 의도에서 이글을 쓰기 시작하게 된 것이다.[24]

「조선미술사요」의 저술 동기는 조선미술에 대한 타자의 논의를 정정하고자 함이었다. 1920년대에 서양과 일본 주도의 조선 연구가 인문학 전반에 등장하였고, 이에 따라 미술 분야에서도 연구 성과가 나왔다. 1910년대 안확의 미술연구는 서양의 용어를 조선의 예술에 적용하여 논의하였다면 1940년대에는 조선의 전통 안에 독립적인 미술이 내재되었음을 입증하는 데에 주력하였다. 그는 타자에 의해 인식된 조선의 미술이 아닌 조선인에 의한 조선의 미술을 담론화하고자 했다. 이를 위해 그는 동서미술사를 공부하고 박물관을 다녔으며, 옛 작품과 자료 분석을 통해 조선 미술에 대한 안목을 넓혔다. 그 결실로 「조선미술사요」가 집필되었다. 당시 미술이 다른 학문과 구별되는 독

---

24) 위의 책, 384쪽.

자적인 가치로서 인식되었지만, 오늘날 미술의 위상으로 보면 출발단계라 볼 수 있다. 비록 안확의 저작이 전문 미술사가의 논의는 아니지만 '조선'담론으로 미술사를 조명한 점에 의의가 있다.

아래는 미술의 범주와 연구 대상을 서술한 부분이다.

> 미술의 표현은 회화·건축·조각에만 한정한 것이 아니요. 공예 및 일용물 제작품에도 표현되고, 그 정신 운용으로 언어·문학·음악·정치·도덕·전쟁까지도 뻗어가 있음으로써 일반 역사를 통틀어 대조하지 아니하면 안 되나니, 이에 미술상 정신작용은 문화 전체를 발로함에 대하여 주재가 되는 것이매 우리들은 미술을 광의적으로 강심講尋하여 보고자 하는 동시에 민족의 성질을 예술상으로도 판단하여 볼까 하는 의도도 없지 아니하다.[25]

여기서 미술의 범주는 순수미술에만 한정되지 않는다. 지금으로 말하면 응용미술인 공예, 디자인에서부터 이미지가 표현된 모든 대상을 말하며, 문화와 사회전반에 걸쳐 운용된다고 하였다. 그는 미술에 함의된 정신이 문화전체를 주재하기 때문에 민족의 고유성으로 발로할 수 있음을 피력하였다. 이렇듯 민족의 고유성을 미의식의 관점에서 살펴보려는 의도는 미술의 형성에서부터 나타난다.

> 당시 예술적 의상意想은 모두 사생적寫生的이요 실감적이니, 이는 원시적 사상의 자연스러운 태도라 할 것이나 일방으로 보면 미술적 감정은 삶을 위함으로써 고유정신이 되어온 것이라 할 수 있으니, 그러므로 신적 신앙도 인본종교人本宗敎로 되어 인생을 위하여 신을

---

25) 위의 책, 386쪽.

숭배하였다. … 그러므로 당시의 풍속·습관·법제·예의 등도 다 동일한 미술 정신으로 발로되었으니 그 사생주의가 일반 문화의 종자가 되어 후일 문화의 발아發芽를 지은 것이다. 그 의상이 전래하여 삼국시대에 와서는 한층 찬란한 미술을 전개하였다.[26]

내용을 보면 선사시대 미술의 특징은 사생적寫生的 혹은 실감적이다. 실물 그대로를 묘사했다는 점에서 자연과 인간관계를 중심으로 미술이 형성되었음을 알 수 있다. 일상생활을 위해 만들어진 도구나 장식품 등을 선사시대의 미술품이라 소개하면서, 그 속에 함의된 사생적인 특성이 곧 고유성이 된다. 그리고 사생적인 특성은 삼국시대에 계승되어 전해진다. 삼국시대의 미술은 지형적 위치에 따라 북방미술과 남방미술로 구분된다. 이렇게 두 가지로 구분한 이유는 나라마다 미술의 양상이 다르게 전개되기 때문이다.

북방미술인 고구려미술의 탄생에 대해 다음과 같이 말한다.

고구려의 최초 건설은 그 시조 주몽왕의 탄생설이다. … 이 전설은 그리스의 경기적 조각에 비해 볼 것이다. 그러나 그리스의 조각은 희곡적戲曲的임에 불과하되 주몽왕의 전설은 왕의 권위를 신성화하려는 정신이 있는 동시에 역적力的의식의 발동이 표현된 것이다.

그 건국의 기초 정신이 그런 역적 욕망을 앞세운 것임으로써 그 정치적 활동 또는 일반문화의 기운이 전혀 자유분방하여 우월적임을 꾀했다. 따라서 그 미술도 역시 일반적 구도와 의장에 있어서 역감力感을 발휘하게 되었다.[27]

---

26) 위의 책, 390쪽.
27) 위의 책, 391~392쪽.

고구려의 건국신화를 통해 미술의 특색을 말하고 있다. 설명 방법에 있어서는 그리스 미술과 비교하였다. 신화에 의해 그리스의 조각이 희곡적인 것에 반해, 주몽 설화는 역적力的 의식이 들어 있다. 역동적인 기운은 정치적으로 진취적인 기상으로 발현되고 문화의 방면에서는 자유분방한 힘으로 형상화되었다. 나아가 그는 고구려의 고분 벽화를 통해 역동적인 측면을 분석하였다. 벽화는 풍속과 풍경 및 전설 등을 소재로 사생적인 묘미가 있으나 사실을 초월하여 예술가의 이상을 표현한 정취도 나타난다고 하였다.[28] 이와 같은 미술의 특성을 자세히 살펴보면 아래와 같다.

> 고구려 미술은 선적의상線的意想이요, 신라 미술은 색적의상色的意想이다. 이것이 내가 삼국 미술에 대하여 연구해 오던 결론이다. 고구려 벽화는 일체로 형 또는 색보다 선을 위주하니, 선이란 것은 기하학상으로 이 점에서 저 점으로 향하는 유동이다. 고구려인은 어찌하여 이 동적인 선에 취미를 가졌느냐 하면, 앞에 말한 대로 고구려의 건설은 민족 이동의 최후기로서 그 활동적인 민족성을 심미상에 있어서도 선에 의하여 그 표현욕을 만족시켰던 것이다. 더욱 그 지방은 한기가 심하여 농작에 잘 맞지 않아서 수렵 생활이 성하고 또한 건국 이래 외적과의 전쟁이 쉬지 아니하였으매 그 수렵적 전투적인 심정의 작용도 또한 동적이 되지 아니할 수 없었다. 이렇게 선적 사상은 한편으로 그 실생활의 감명에서 온 것이라 하겠다.[29]

그는 고구려 미술은 선적이며, 신라 미술은 색적인 특성을 지닌다고 하였다. 고구려 벽화를 살펴보면, 색보다는 선을 위주로 한 기하학

---

28) 위의 책, 392쪽.
29) 위의 책, 368쪽.

적인 형상과 유동적인 흐름이 나타난다. 선의 유동적인 측면은 외세의 침입에 따른 전투적인 기상과 수렵생활에 익숙한 고구려인들의 동적인 생활에서 비롯된 것이다. 따라서 역동적인 측면은 미술에 있어서 색으로 표현되기보다 자유로운 선의 모습으로 구현되었던 것이다. 그는 자연환경과 일상생활을 중심으로 미술의 특성을 서술하였다. 그렇다면 신라가 색적의상이 될 수 있었던 점에 대해 알아보자.

> 신라인은 이동보다 정착생활에 벌써 오래 전부터 익숙하여 농경의 단계에 접어든지 오래되었다. 그러므로 일보를 나아가 그들의 감성은 분수分殊되는 공간을 조화적으로 배합하는 광선의 성질 즉 색을 취함에 이른 것이다. 고구려인이 굴[穴]을 숭배하였는데 신라인은 태양을 숭배하여 왕궁도 나을奈乙이라 하며, 나라도 '나라'라 하니 이 나을과 나라라는 말은 곧 날[日]과 같은 것이니 이 태양숭배심은 그들의 색조적 관념에도 관계 깊은 것이다.[30]

신라 미술을 그는 신라인의 농경생활에 주목하여 논의하였다. 토지 등의 공간을 조화적으로 배합하는 특성이 선보다는 색을 발달하게 만들었다. 이러한 점은 신라인의 태양 숭배에서도 나타났다. 그는 신라의 불교미술에 대해 "신라 불교미술은 골동적 가치가 주요, 미적가치로는 감흥이 그리 나지 않는다. 불상 회화에 있어서는 솔거가 대표적인 명장이니, 솔거는 각 사찰의 장식화 및 불상을 전문으로 그렸던 바 색조와 미와 빛의 효과를 선용했던 모양으로 그때 사람이 신화라고까지 극찬했다."[31]고 하였다. 불상 및 사찰의 장식화에 나타난 화려

---

30) 위의 책, 394쪽.
31) 위의 책, 396쪽.

한 색감과 미의 표현은 신라미술의 색적의상을 대표한다.

남방미술인 신라 미술은 색적이라면, 또 다른 남방미술인 백제 미술은 어떠한 특징이 있는지 살펴보자.

> 남방의 백제 미술은 이상한 발달을 하였다. 그 시조는 본시 부여인으로서 남으로 옮겨와서 현재 충청도의 서부 및 전라도를 점령하였다. 그들의 선천성은 북방 부여의 강용強勇한 의상이 있었으나 남방 온습지방에 정착하여서는 다시 후천성으로 유약柔弱을 겸하여이 유약과 강용과의 혼성성을 스스로 배합하여 기교로 발전했다. 그기교성이 미적으로는 고구려식과 신라식을 혼성 절충함에 이르렀다. 그럼으로써 백제 고분을 출토한 기록에는 고구려식의 벽화도 있고 신라식의 부품도 있다. 중국의 미술을 이용함에도 그 남북조 미술을 융화함에 노력한 자취가 보인다. 그 혼성적 또는 절충적인 예술욕이 도수를 증가하여갈 때에는 왕왕 신운표묘神韻縹渺의 걸작품을 산출하였다. 그러나 그 남은 작품은 본국에 있는 것보다 해외에 진출하여 만장의 기염을 토한 일이 많았으니, 비조시대의 법륭사 등의 건축과 도기·회화 심지어 음악까지도 건설하는 데 기여함이 크다.32)

백제 미술은 역사적 상황과 지형적 요소에 영향을 받았다. 본래 북방에 살던 부여인들이 남쪽으로 내려와 정착하면서 백제가 건설되었다. 북방의 용맹한 기질과 남쪽의 따뜻한 지형이 만나 예술은 강건하면서도 유약한 특성을 지니게 된다. 백제 고분을 살펴보면 고구려와 신라의 미적 특성이 절충되었고 또한 중국 남북조 미술의 영향이 발견된다. 그는 백제 미술을 기술할 때, 문화의 혼성성과 절충성을 강조

---

32) 위의 책, 396~397쪽.

하였다. 백제 미술은 외래문화와 융합되어 본래의 고유성이 혼성성 또는 복합성을 지니게 되고, 나아가 세계에 진출하는 보편성을 확보하게 된다. 이러한 점은 백제미술이 일본 비조시대의 건축·미술·음악 등에 영향을 준 기록을 근거로 알 수 있다. 텍스트에서 삼국시대 이후 미술은 대 신라시대, 려조시대, 이조시대로 구분된다. 아래는 대 신라시대의 미술에 대한 내용이다.

> 문화 전체가 흔들려졌다. 그 결과 미술의 급격한 발달은 실로 미술사상의 경이한 시대를 양출釀出하니 말하자면 통일 시대를 경계선으로 하여 그 미술 양식도 새 신라의 양식으로 전환하였다. … 신라가 당 문물을 수입 이용함에는 그 남북양파의 미술을 취하여 자기의 창작적 천재와 고유 정신으로써 그를 융합한 것이다. 불상 조각에 있어서도 당나라 식과 인도식을 합하여 독창적 의장意匠으로써 혼합한 것이다. 이 혼합적 의상은 전일 백제의 필법과 동일한 정신이 있다 할 것이나 그 실상은 위에 말한 대로 원교근공遠交近攻의 정치 수단과 동일한 의취意趣인 동시에 통일 업을 중심으로 한 구심적 경향에서 나온 것이다. 그러나 그 요소를 일보 더 나아가 논구하면, 그것이 신라나 백제에 한한 특수성이 아니라 조선인 고유정신의 계통이라 할 것이니, 이는 통일시대가 시사하는 역사적 현상과 출토된 유물을 서로 비교해보면 그 특징이 명료하게 나타난다.[33]

통일신라 미술은 이전의 신라의 양식에서 새롭게 전환된 것이다. 그 변화는 당나라의 영향에 의한 것이다. 통일신라는 당나라의 미술 기법과 자국의 정신을 융합하여 신라 고유의 의상을 탄생시켰다. 외래문화의 수용은 중국뿐만 아니라 인도에까지 나아간다. 통일신라의

---

33) 위의 책, 397~399쪽.

불상은 당과 인도의 불상을 융합하여 독창적인 의상을 조성하였다. 그는 이를 혼합적 의상이라 하였다. 통일신라의 혼합적 의상은 백제의 혼성성과 배경이 다르다. 그는 외세에 대한 정치적 상황과 삼국이 통일되어 문화적 대통합을 이룬 과정에서 혼합적 의상이 탄생하였다고 본다. 따라서 혼합성은 백제의 혼성성과는 생성조건이 다르다. 그럼에도 불구하고 혼합성과 혼성성은 모두 외래문화의 영향에 의거한 조선의 특성이다. 시대의 특징을 통해 조선의 고유성이 변모하고 발달되어온 과정을 기술하고 있다. 다시 말해 조선의 고유성은 외래문화의 영향에 함몰되거나 위축되지 않는다. 그는 외래문화와의 융합이 조선인의 고유성을 더욱 발전시켰다고 진단하였다.

텍스트의 마지막 장은 조선 미술의 고유성에 대하여 정리하면서, 앞으로 조선 미술이 나아갈 방향에 대해 논의하였다.

> 그 조선祖先의 미술 및 공예품이며 그 의상은 다시 한길로 합하여 대 신라 문화를 빚어내게 되니 그로부터 고려를 거쳐 이조까지 오면서 고대의 의상 및 재료를 인수하여 발달을 전개해 왔다.… 옛날부터 문화상 형식 방면에는 외래의 영향이 없지 아니하나 거기에 대한 취용取用의 정신은 무조건으로 외물을 숭배 모취摹取함이 아니다. 자국의 문화를 풍부케 하기 위하여 채장보단採長補短의 이용을 한 것이다.34)

미술양식의 측면에서 볼 때, 통일된 양식이 등장한 것은 통일신라에 이르러서다. 통일신라부터 이조시대까지 고대의 미술의상과 양식이 발달하였다. 그는 조선의 문화가 중국 문화를 모방했다는 비판에

---

34) 위의 책, 415쪽.

대하여 역사상 외래문화를 어떻게 수용하고 자기화하였는지를 강조
하고 있다. 그는 조선의 미술이 사대적 관점에서 중국문화를 숭배하
여 모취한 것이 아니라, 장단점을 선별하여 조선적 고유의 미술로 융
합되었음을 강조하였다.

　지금까지 살펴본 미술론에서 고유성과 보편성의 문제는 문학론과
는 다르게 시대마다 다른 양상을 지니고 있다. 고유성에는 보편성이
내재되어있다. 보편성은 역사적으로 외래문화의 수용을 통한 자기화
의 과정에서 나타났다. 이러한 점에 근거하여 안확은 조선의 고유성
이 세계적인 문화가 될 수 있다고 주장하였다.

(2) '조선'미와 민족

　3·1운동을 계기로 조선의 지식인들은 언론매체를 통해 민족성 논
의를 재개하였다. 무엇보다 일본이 주도했던 조선 문화에 내재된 부
정적인 민족성에 대응하기 위한 민족사 정립이 시급하였다. 안확의
「조선의 미술」에는 조선미술에 관한 일본의 연구들이 등장한다. 그는
일본의 관학자인 세키노 다다시關野貞(1868~1935)와 야스이 세이이치谷
井濟一(1880~1959)가 조선의 각지를 돌아다니며 유적을 발굴하며,『조
선미술대관朝鮮美術大觀』과『조선예술의 연구朝鮮藝術之研究』등 일본
인에 의한 조선 연구가 확산되는 것을 경계하였다.[35] 이러한 문제의
식을 바탕으로 안확은 근대적 학문을 기반으로 동아시아 즉 조선과
중국 그리고 일본의 비교를 통한 조선의 독자성 구축을 모색한다. 이
과정에서 민족에 관한 논의가 문화사 방면에 포함되어 서술되는 경향

---

35) 안확, 최원식외 편,『自山安廓國學論著集』5, 130쪽.

이 나타난다. 특히 조선의 문화가 중국의 모방이라는 일본 연구자들의 담론을 비판하기 위해 안확은 민족 정체성의 모색을 문화를 통해 적극적으로 시도한다.

민족성 문제는 참말로 조심스런 일이니, 그러므로 소홀히 입을 열 수 없는 것이다. 그러나 다른 방면에 나타난 것은 말할 것 없고 오직 가요에 관한 일면을 잡아 말하면 조선 민족성은 다만 특징이 없이 순탄 화평하다 할 것이다. 그 심법이 너무 야박하지도 않고 또 너무 관대치도 않다. 조선인은 끔찍이 선량한 심법을 가진 민족이다. 그러므로 옛날부터 동방 군자의 나라라 자칭하며, 또한 고대 중국인도 말하되 선인이라 함이 있었다. 이 성미의 온순한 것은 그 살고 있는 거룩한 지리, 기후의 감명으로써 이룩한 성미인 것이다. 조선의 산천은 무던히 명미明媚하며 기후는 춥고 더움의 도가 극도로 됨이 없이 온화하다. 그 진진한 자연미에 목욕한 정조가 스스로 순아하여진 때문에 그 심정을 표창한 일반 시문에는 거의 낙천적인 풍운이 많다.36)

위의 내용은 그의 「조선시가朝鮮歌詩의 연구」가운데 시가와 민족성에 관한 부분이다. 조선인의 감정에서 나온 시가에는 고유한 정조가 있는데, 이를 민족성 또는 심법心法이라 한다. 그는 조선의 민족성을 순탄 화평하다고 하였다. 이를테면 조선과 조선인을 "군자의 나라", "선인" 이라 불렀던 것처럼 선량한 민족성은 지형과 기후의 영향으로 형성된 것이다. 이러한 고유의 민족성은 그 심법을 표현한 시문에도 깃들어 있다. 나아가 그는 옥으로 비유하여 민족성에 대한 논의를 전

---

36) 안확, 최원식·정해렴 편역, 『安自山國學論選集』, 265쪽.

개한다. 그는 옥과 같은 순수한 꾸밈과 명청한 품격이 조선 시가의
특징이라 한다.[37]

중국인을 이지적이라 하고 일본인을 감정적이라 하면 조선인은
자연적이라 할 수 있다. 중국 한시는 여러 가지 복잡한 염廉과 운韻
이 있어 규범이 자못 번거롭고 그 문자는 음 외에 뜻이 따로 있는
것이다. 일본의 고가古歌는 돌발적인 감정어가 많아서 그것이 후일
에 이상한 침사枕詞라는 것이 되었다. 그 문자는 1음 1자로서 변통
없는 단조로운 표음문자다. … 그 밖에 조선인의 본성을 드러냄은
신기神器·옥대玉帶에서 연상되는 바 의복에서 백색을 숭상함에 있
어서도 알 수 있다. 이 백색은 푸른색이든지 붉은색이든지 그런 특
색이 없는 순수한 색이니. 곧 백의를 숭상함은 온순하고 자연적이
특장이 없는 민족성의 표장이라 할 것이다.
   그 중미中味로 된 사고법과 상상법으로 나온 고래의 예술은 신기
·옥탑으로 연상되어 일종 선미線美의 특징이 있다. 말하자면 중국
인이 좋아하는 형미形美도 아니요, 일본인이 즐기는 색미色美도 아

---

37) "그 천품의 순후한 성격은 신라 국보인 옥대·옥탑·옥적 3물이 있어서도 비겨
볼 만하니, 이 3대 국보라 한 것은 사물 모양은 각각이나 그 물질은 동일한
옥으로 된 바 그 개념의 옥미같은 실상 민족성의 표장이 됨을 짐작할 수 있다.
옥은 유리같이 투명치 않고 돌덩이같이 암탁치도 않다. 청징淸澄의 취미가 있
고 온윤의 광채가 있는 것이다. 그 옥의 품질같이 일반 가요는 스스로 내명內
明한 심정을 나타내며, 스스로 청징한 풍취를 띄었다. 다시 말하면 근년 의
가영풍요歌詠風謠는 옥빛과 같이 온윤의 광명과 원융의 상으로서 순수한 꾸밈
을 이룰 새 그 명청한 품격은 아주 철저한 의사와 신묘한 운미를 나타냄이
아니라 자연을 진솔로 묘사하며 실정을 꾸밈없이 표현함을 힘썼던 것이다. 그
러므로 조선 민족성은 옥의 품질과 같이 온량하고 명정하여 극히 순정하다
할 것이다. 다만 옥을 중시함은 동양의 공통성이다. 그러나 다른 나라 사람은
오직 옥 한가지만을 중히 여김이 아니라 각기 성정에 합한 다른 사물을 부가하
였다." 위의 책, 265~266쪽.

니다. 오직 선미에 있다. 곧 회화든지 건축이든지 또 조각이든지 다 형보다 또는 색보다 다만 선의 미가 많으니, 이는 일본 유종열(야나기무네요시)군의 조선 예술론에도 일찍이 말한 바이다. 대저 선이란 것은 곡선이든지 직선이든지 다 강세력強勢力에게 피동被動되거나 일점에서 다른 점으로 움직여 가는 것인바 스스로 높이 나는 태도도 아니요 스스로 침착한 형적도 아니다. 중간에 요동되어 무상하고 불안정한 태도의 취미가 있는 것이다.[38]

민족성에 관한 논의는 중국과 일본을 비교하는 것으로 나아간다. 위의 내용을 보면 중국은 이지적이며, 일본을 감정적이라 하였다. 그리고 조선을 자연적이라 하면서 조선의 가시 즉 시가에 대한 특색을 설명하고 있다. 조선 시가의 호흡과 맥박 그리고 성음의 자연스런 구성은 중국의 한시와 일본의 고가에서 볼 수 없다. 그리고 민족성을 옥에 비유하였던 앞의 논의를 토대로 백색에 관한 예찬이 등장한다. 백색을 비애의 미로 보았던 야나기와 다르게 그는 백색을 온순하고 자연적인 민족성에 근거한다고 말한다. 안확은 민족성을 시가와 연결하면서 중국과 일본을 비교하였으며, 나아가 조선 고유의 민족성을 주장하였다. 하지만 그가 야나기의 선의 미를 수용하여 민족성을 전개하였던 점은 미론의 한계라 볼 수 있다. 이처럼 일본의 연구를 비판하면서도 그 대안으로 조선 고유의 미적 특성을 도출하지 못한 점은 근대미론의 타자성을 입증해주는 단면이기도 하다.

그가 말년에 저술한 「시조시학時調詩學」에서도 문학에 함의된 민족성이 나타난다.

---

38) 위의 책, 266~267쪽.

시의 발달하여 온 내맥은 위에 기술함과 같거니와 한층 더 나아가 그 발달력을 장양長養한 문수文粹는 무엇인가. 최후에 이르러 이것을 말하고자 한다. 대저 시가는 정情을 사寫하고 심성으로 묘描하는 것이다. 그러므로 시조시가 조선인의 산물인 이상에 그것이 조선인의 성정과 긴요하게 달라붙은 관계가 있음을 알 것이다. 조선인의 성질은 ① 화순성和順性이다. 평화적 무사의 기풍이 있다. 극단의 참혹한 행색을 취하지 않는다. 흰옷을 좋아한 것처럼 순직 무잡純直無雜하고 충실용진忠實勇進으로 직선적 행동을 취하니, 그러므로 수천년 문화 양식도 많은 변화가 없었다. 옛날부터 시제詩體를 다 버리고 시조시 한 체만 가장 숭상하여 온 것도 그 성정의 반영이라 할 것이다. ② 조직적 정신이다. 화순성은 한편으로 원만을 취하는 활동이 있으며 한편으론 규칙적 정리를 즐기는 조직성이 있으니 지방 자치 같은 주밀한 제도를 세계의 선진으로 시행하여 온 것도 그 성정의 발작이다. 그러므로 시조시의 문장 및 그 운율법칙이 상당한 학적으로 구성됨도 그 조직성으로부터 나온 것이라 하겠다.[39]

인용문에서 시가는 인간의 감정을 그리고 그 마음을 묘사하는 것이다. 그러므로 조선의 시에는 조선인의 감정과 그 마음이 깃들어져 있으며, 이를 통해 조선인의 두 가지 특성이 도출된다. 첫째는 화순성이다. 그는 조선인의 순수하고 곧은 마음은 충실하며 용감한 기질로 드러나는데, 수 천 년 동안 변함없이 시조시만 숭상한 점에 근거한다. 두 번째는 조직성이다. 조직성은 시조시의 문장 및 그 운율법칙에 드러난 구조적인 측면에서 드러난다. 이 두 가지 특성은 연계성을 지니고 있다. 화순성이 온순하고 순종적인 여성의 모습이 아니라 평화적

---

39) 위의 책, 306쪽.

인 무사의 기풍을 함의하고 있다. 백색을 숭상하듯이 순직하면서 용진한 모습은 단체가 되면 조직적인 측면으로 발전한다. 평화적인 무사의 기풍이 정치적으로 지방 자치의 제도를 시행할 수 있는 토대가 된 것으로 안확은 판단하였다.

나아가 조선인의 화순성과 조직성은 예술 전반에 확장되어 논의된다.

> 대저 예술은 수粹와 조調라는 것을 잃어버리고 한갓 형식적 또는 기교로 흐르면 망국적 물건이 되는 것이다. 바둑을 둘지라도 앉음새와 손 모양에 격조가 없이 머리를 흔들고 손을 휘둘러 장난같이 하면 실조失調요 천태賤態다. 음악과 무용도 다 그렇거니와 도덕도 무체무의無體無義로 실조상절失調喪節하면 그 나라가 망하는 것이다. 시조시도 그와 같이 근본정신과 그의 운율을 잃으면 아니 되느니, 문예가든지 미술가든지 모두 이것을 크게 주의할 것이다.[40]

조선 예술의 순수함과 조화로움은 민족성이 반영된 것이다. 그가 말한 예술은 단순히 인간의 정신을 표현하는 것뿐만 아니라 민족과 국가의 운명을 좌우하는 것이다. 그래서 시조시의 정신을 잃지 말아야 한다고 강조하였다. 이는 식민의 상황에서 현실적 독립이 어려우므로 정신적 차원에서 조선이 나아가야 할 방향을 제시한 사례이다. 다시 말해 정신문화를 통해 조선의 독자성과 조선적인 것을 구현하였다. 이러한 점에서 안확은 민족성의 현현으로 조선적인 예술을 모색하고 탐구하였다.

---

40) 위의 책, 307쪽.

2 제국의 관점에서 본 조선의 미

20세기 한국미론을 살펴보기 위해서는 주체인 조선의 관점뿐만 아니라 타자인 제국의 관점도 함께 고찰하여야 한다. 근대적 학문 방법론에 의한 조선 문화 연구는 일본 지식인들에 의해 시작되었다. 특히 일본 관학자들은 연구자이자 관료로서 일제의 식민통치에 대한 학문적 체계를 구축하는 역할을 담당하였다. 대표적으로 세키노 다다시는 고적 조사를 통해 조선 미술사를 집필한 인물이다. 그는 1902년부터 조선의 고적조사를 시작하였고, 이것을 토대로 조선 미술사를 구상하였다. 현지조사를 통한 많은 역사적 유물을 기초로 그는 조선 미술사의 대상과 범위를 설정하였다. 그의 저술에 나타난 미는 전형적인 식민사관에 의해 만들어진 조선인의 미의식이다. 본 절에서는 세키노가 어떠한 패러다임을 기반으로 조선의 미의식을 규명하는지를 논의하고자 한다. 두 번째로 야나기 무네요시는 조선 예술의 독자성을 언급함으로써 근대 한국미학의 성립에 중요한 영향을 끼친 인물이다. 당시 일본의 조선 연구가 중국의 모방론을 견지해왔던 반면 야나기는 조선적인 것의 특징을 개진하는데 노력하였다. '비애'와 '민예'로 대표되는 그의 조선미론은 실상 일본 미론을 위한 차이의 담론으로 등장하였다. 이렇게 야나기가 조선적인 것을 주장하게 된 원인을 밝히는 것을 시작으로 그의 조선미론을 살펴볼 것이다.

마지막으로 유럽에 한국학을 소개한 독일인 안드레아스 에카르트가 있다. 그의 미술관은 미술사 전체를 아우르는 정신을 중심으로 한다. 그의 미론은 또 다른 타자인 일본 연구들과 차이점을 지니고 있다. 그는 민족과 문화의 내적 연관성에서 고유의 미를 도출하려 했다. 나아가 조선의 미가 단지 조선학(국학)의 형성과정 뿐만 아니라 동아시아의 담론 가운데 출현되었음을 입증하려 했다.

1) 모방과 섬약纖弱의 미

일본이 주체가 되어 구축되었던 조선 문화 연구는 제국주의 이념을 조선에 고착시키기 위한 방편이었다. 1910년 한일합방을 기점으로 일본은 대규모의 자금을 투자하면서 조선의 고적조사와 발굴 작업에 몰두하였다. 조선 총독부가 가장 중점을 두었던 지역이 경주와 평양 일대였다. 경주는 신라시대의 유적이며 평양은 고구려 및 낙랑군 시대의 지역이다. 이렇게 일본이 고대 지역을 집중적으로 발굴한 이유는 조선의 타율적인 역사를 학술적으로 정립하기 위한 목적이었다.[41] 고적과 유물의 분석 및 해설에 함의된 중국에 대한 조선의 타율성과 모방성은 열등적인 조선 정체성의 담론으로 귀결된다. 그리고 일본은 문화재의 발굴과 복원의 과정을 매체와 강연의 방법으로 조선인에게 전달함으로써 식민지배의 당위성을 정립하였다. 1915년부터 1935년까지 고적조사사업의 결과로 『조선고적도보朝鮮古蹟圖譜』가 발행되었고, 이 사업의 중심에는 세키노 다다시關野貞(1867~1935)[42]가 있다.

---

41) 최석영, 『일제의 조선연구와 식민지적 지식생산』, 민속원, 2012, 282쪽 참조.
42) 세키노다다시는 1895년 도쿄제국대학東京大学 공학부 조가학과造家學科 출신으로, 내무성內務省 촉탁 고사사본존위원古社寺保存委員으로 일찍이 발탁되었다. 1901년 도쿄제국대학 조교수가 되면서, 1902년 조선고적조사사업에 참여하게 되고, 1905년 「법륭사금당·탑파급중문비재건론」을 발표하여 주목을 받는다. 1915년 『조선고적도보朝鮮古蹟圖譜』제1책이 간행되고, 1917년부터 1920년까지 중국·유럽을 유학 후 도쿄제국대학 교수가 되어 정력적인 조사

그가 20여년 넘게 조선의 고적사업을 수행하면서 수집한 자료는 조선 문화 연구의 기틀이 되었다. 1909년에 발표한 「한국 예술의 변천에 대하여」는 최초로 역사를 기반으로 조선 미술을 조명한 논문이며, 1932년 『조선 미술사』는 그 동안 조선 연구를 집대성한 책이다. 우선 1909년 저술을 통해 미술이 어떻게 배치되어 특정한 의미로 만들어지는 지를 알아보도록 하자.

(1) 만들어진 조선

일제강점기 일본인 연구자들이 조선의 각종 고적을 조사하고 관련 자료를 수집한 것은 1902년 도쿄제국대학의 교수인 세키노 다다시의 조사가 효시이다. 그는 경성·개성·경주·대구 부근의 유적을 조사하였다. 그리고 한일합방 전인 1909년 탁지부건축소의 위촉을 받아 진행된 고적조사 때는 경성부근 및 평양·의주 지방을 조사하게 된다. 1909년 11월 23일에 탁지부의 요청으로 강연회가 개최되었고, 세키노는 「한국 예술의 변천에 대하여」라는 주제를 발표하였다. 총 3명의

· 연구에 종사하다가 1928년 정년퇴임한다. 1929년 일본 외무성 동방문화학원 연구소 평의원으로 중국역대 제왕릉帝王陵의 연구에 착수한다. 그의 저서 『조선미술사』는 1923년 일제의 어용조직이었던 조선사학회의 〈조선사강좌〉의 하나로 개설된 강좌 원고였던 것으로 뒤에 이를 보충하고 도판과 삽화를 첨가하여 10년후인 1932년에 간행된 것이다. 세키노의 『조선미술사』는 반도적성격론, 정체론, 일선동조론에 이르는 식민통치의 정당화하기 위한 허상에 기초하고 있다. 특히 한국미술을 중국 미술의 모방으로 보려는 시각에 따라 한국 미술의 시발점을 낙랑미술에서 찾는가 하면, 삼국 시기로부터 통일신라 시기에는 발달하였지만 고려시기로부터 쇠조하면서 조선 시기로 와서는 쇠퇴·타락하고 있음을 강조하고 있다. 關野貞, 심우성 옮김, 『조선 미술사』, 동문선, 2003, 353~354쪽 참조.

강연 자료는 『한홍엽韓紅葉』이란 책으로 발간되었다. 이 책의 내용은 일본 관학자들이 한국의 문화유산을 조사하고 그 소감을 적은 글이지만, 내용의 중심은 일본 문화의 선진성과 한일병합의 타당성 등이 강조되어 있다. 따라서 일제강점기 초기에 성립된 일본 관학자들의 시각을 알 수 있는 유용한 자료로 의미가 있다.[43] 「한국 예술의 변천에 대하여」는 세키노의 미술사관을 조선 미술에 적용한 사례로, 향후 조선 문화관을 형성하는 기틀이 된 글이다.

> 제1기 삼한시대도 지금까지의 연구로는 유물이 없기 때문에 그것 역시 생략하려고 한다. 오늘은 제2기인 삼국시대부터 설명하려고 한다. 제2기인 삼국시대는 중국 한위육조漢魏六朝 문화의 영향을 받고, 제3기 신라통일시대는 오직 당唐의 감화를 받고, 제4기 고려시대는 주로 송원宋元의 영향을, 제5기 조선시대는 명청明淸의 감화를 받아서 모두가 그 예술의 발전을 보게 되었지만 각 시대에는 다소의 국민적 취미를 나타내고 고유의 발달을 이루었다는 것을 의심할 바가 없다.[44]

그는 한국 예술의 변천을 삼한·삼국·신라통일·고려·조선으로 총 5기로 구분하였다. 인용문을 보면 시대 구분이 중국을 기준으로 설정되었음을 알 수 있다. 역사적으로 조선의 예술은 중국과의 문화적 영향관계를 중심으로 파악되며, 그 관계는 중국과의 상호 교류에 의한

---

43) 차순철, 「『韓紅葉』과 일본인들의 한국문화 인식과정 검토」, 『한국고대사탐구』 11, 한국고대사탐구학회, 2012, 44쪽 참조.
44) 정인성, 『1909년 「朝鮮古蹟調査」의 기록: 『韓紅葉』과 谷井濟一의 조사기록』, 국립문화재연구소 고고연구실, 2016, 35~36쪽. 『韓紅葉』의 원문과 번역문이 실려 있어, 「한국 예술의 변천에 대하여」의 인용문은 이 책을 참조하였다.

영향이 아니다. 조선의 예술사는 각 시대마다 중국 문화의 수용과 감화를 받아 발전을 이루었다는 타율성을 전제로 하고 있다. 중국의 영향을 강조하면서 반대로 조선의 고유적 측면은 소극적으로 서술하였다. 이러한 점은 시대별 예술의 특징에서 극명하게 드러난다.

> 삼국시대 전기는 한위진漢魏晉등 우국 문화의 영향을 받아서 다소 개명開明의 영역에 달하여 그 문화 또한 일본에 수출하여 아국我國의 개화를 이끈 것은 매우 크지만 당시의 유물로 볼만한 것은 겨우 고분에 한정된다. … 삼국시대 후기는 중국의 남북조시대에 해당하여 그들로부터 왕성하게 불교 및 불교적 예술을 수입하여 심상치 않은 진보를 이루고, 나아가 이들을 우리나라에 수출하여 소위 아스카시대의 예술을 만들어내었다. … 우리나라에 오늘날 잔존하는 아스카시대의 불상을 보면 그 양식이 거의 중국 남북조의 것과 일치하는 바가 있는 것은 결국 삼국이 매개가 되어 중국의 양식을 거의 그대로 우리나라에 수입시킨데 따른 것이다. 그래서 오늘날 한국에서 당시의 유물은 거의 그 흔적이 사라졌지만 일본으로 가면 건축으로는 법륭사, 법기사, 법륜사의 당탑이 있고 조각에는 이들 사찰 및 중궁사, 광륭사 등에 우수한 다수의 불상을 보존하고 있어 당시 삼국의 예술 양식과 그 발달의 정도를 알 수 있다.[45]

삼국시대 예술을 보면, 전기에는 한위진의 영향을 받았고 후기는 남북조의 영향을 받았다. 전기의 유물은 고분古墳에 한정되며, 특히 경주의 능묘들이 일본의 상고시대 능묘와 매우 유사하다고 밝혔다.[46] 그리고 후기의 불교 예술은 남북조시대의 영향을 받았고, 일본에 전

---

45) 위의 책, 36~37쪽.
46) 위의 책, 36쪽 참조.

해져 아스카시대의 예술을 만들어낸다. 그는 아스카시대의 불상이 남북조의 불상과 유사함을 이유로 조선의 매개 역할을 강조한다. 여기서 한위진中 – 삼국시대전기韓 – 상고시대日 그리고 남북조中 – 삼국시대후기韓 – 아스카시대日 라는 동아시아 3국의 연쇄 고리가 성립된다. 즉 조선을 매개로 동아시아 미술이 구성되는 것이다. 그는 중국과 일본의 문화적 공통점을 조선에서 찾으려 했다. 다시 말해 삼국시대의 예술은 중국과 일본 예술의 범주에서 논의된다. 그의 말대로 남북조의 미술이 아스카시대와 유사하다면, 삼국시대 불교 예술은 남북조를 그대로 모방한 것에 지나지 않는다. 이렇듯 조선의 예술은 그 자체의 특성 보다는 동아시아의 범주 즉 중국이나 일본과의 다른 점과 같은 점을 유추하는 형태로 규명되었다.

아래는 통일신라시대에 관한 부분이다.

> 이 시대에는 당시 예술상의 황금시대라고 할 수 있는 당의 문화를 수입하여 대 발전을 이루고 반도에서 전무후무한 융성을 보았다. 우리나라에서도 당시 이미 신라의 중개를 기다리지 않고 직접 당나라와 왕래하고 그 예술을 수입하여 소위 영락(나라)시대의 성시를 만들어 냈다. 당시 동양에 있어서는 중국을 중심으로 일본, 신라가 같이 예술상 심상찮은 발전을 이루는 전후에 비할 바가 없는 황금시대를 보여준다. … 이들 유존하는 각종의 예술품에 대해서 보면 모두가 당식唐式의 요소를 가지고 있지만 그것에 뒤지지 않을 뿐만 아니라 오히려 그것을 능가하는 것도 있다. 당시 예술의 발달을 미루어 알 수 있다. 특히 오늘날 이미 청나라에서 사라진 첨성대, 석등, 대동불 종류를 보유하는 것은 동양예술사의 자료로서 매우 귀중한 표본이라고 말하지 않을 수 없다.47)

세키노는 통일신라를 조선 예술의 황금시대라고 하였다. 당나라
의 영향을 받아 발전하였는데, 조선 고유의 특성도 발견되었다고 하
였다. 그리고 통일신라를 일본의 나라시대와 비교하여 서술한다. 인
용문을 보면 삼국시대와 다르게 나라시대는 당나라와 직접 교류하여
문화 발전을 이루었다. 동양 예술에서 당나라를 정점으로 한 문화 발
전은 동시대 통일신라에서도 그리고 나라시대에서도 절정을 맞이하
였다. 하지만 당나라는 618년에서 907년이고, 통일신라는 676년부터
935년이며 나라시대는 710년에서 794년이다. 연대적으로 짧은 기간인
나라시대를 당나라, 통일신라와 비견하는 것은 타당하지 않다. 나라
시대 이후 일본은 점점 중국의 영향에서 벗어나 이른바 국풍문화시대
를 맞이하게 된다.[48] 이는 나라시대 이후 독자적인 문화를 형성하게
된 일본의 예술사를 고려한 서술이다. 실제로 이 텍스트에서 통일신
라 이후로 일본의 예술이 중국에 영향을 받았다는 논점은 등장하지
않는다.

그리고 조선의 예술은 통일신라의 황금기를 지나 고려시대부터 쇠
락의 길을 걷는다.

일반적으로 말한다면 당대에 속하는 것은 의장意匠과 기술技術이
모두 송원宋元과 백중伯仲인데 중국의 한漢, 육조六朝, 당唐등의 시기
에 만들어진 것과 비교하면 그것은 매우 치졸하다. ⋯ 요컨대 고려
시대의 예술은 부장품 외에 유물은 비교적 적지만 잔존하는 것으로

---

47) 위의 책, 38,40쪽.
48) 가토리에 · 권석영 · 이병진외, 『야나기무네요시와 한국』, 소명출판, 2012, 141쪽
참조.

판단하건대 당나라의 여류餘流를 흡수하고 송원宋元의 감화를 받아 다소 고유의 특질을 발휘한 것과 같다. 그렇지만 도기 이외에는 전 시대의 것과 비교하면 의장意匠과 기교技巧가 모두 크게 쇠퇴하는 것을 본다. 이는 고려뿐만 아니라 송원에서도 이와 비슷한 현상이 나타나는데 당唐을 예술발달의 최정점으로 두고 점차 그 가치가 떨 어지고 있는 것이다.49)

고려시대의 예술품은 주로 고분에서 발견된 부장품을 위주로 하였 다. 그는 고려시대도 송나라와 원나라의 영향을 받았지만, 쇠락의 길 을 걸었다고 말한다. 이유는 당나라보다 송나라와 원나라의 예술이 쇠퇴했기 때문이다. 인용문에 의하면 이러한 현상은 고려시대 도기를 제외한 예술품들에서 나타난다고 하였다.

세키노는 왕조를 중심으로 시대를 구분하고, 왕조의 발달에 따라 예술도 발전하는 문화적 성쇠를 구성하였다. 역사적으로 조선의 예술 은 전개와 발전 그리고 쇠락의 길을 걷는데, 그 여정에는 항상 중국 예술이 있다. 이 텍스트는 일관되게 조선의 예술을 중국의 영향 속에서 서술하였을 뿐만 아니라 문화적 성쇠의 과정도 동일하게 기술하였다.

통일신라를 정점으로 한 조선의 예술은 고려시대부터 점점 쇠락 하면서 조선시대에 이르면 본격적으로 쇠퇴한다.

전기에는 볼만한 예술이 존재하지만, 후기에는 모든 공예를 통해 서 현저하게 쇠퇴하고 타락한 징후를 나타낸다. 시대가 흐르면서 기 교는 더욱 쇠퇴하고 기묘한 상황을 나타내는 것은 결국 국세國勢의

---

49) 정인성, 『1909년「朝鮮古蹟調査」의 기록:『韓紅葉』과 谷井濟一의 조사기록』, 42~43쪽.

성쇠에 따른 시대정신의 추이의 결과 당연히 불가피한 것이었다. 그 시작에 있어서는 송원의 유풍을 본받고 명의 양식도 참고한 것 같지만, 후기에 들어서는 예술상 청나라와의 관계가 서서히 멀어지고 오히려 점점 한국 특수의 취미를 발전시킨 것은 예술사상 재미있는 현상이라고 말할 수 있다. 국제 관계상으로도 매우 주의해야 하는 형세라고 말할 수 있다.[50]

위의 내용은 텍스트의 마지막 부분으로, 세키노의 미술사관을 알 수 있다. 조선시대 전기의 예술은 명나라의 영향으로 고유한 특색이 드러났지만, 후기에 이르러 청나라와 멀어지면서 쇠퇴하였다. 그는 후기에 조선 특수의 취미를 발전시킨 점을 기묘한 상황이라 평가하였다. 여기서 특수의 취미에 대해 "구조의 성실함을 희생하고 오로지 외모의 장식에 중점을 두고 섬약화욕纖弱華縟의 늪에 빠지게 되었는데 일본과 중국과는 매우 분위기를 달리하는 특수한 양식과 수법을 보이는 것은 매우 감흥을 받을 만한 것이다."[51]라 하였다. 그가 말한 예술은 임진왜란 이후의 건축분야이며, 특히 창덕궁과 경복궁을 예로 든다. 세키노가 말한 고유한 특색은 중국과 다른 양식이나 기법으로 인해 생성된 새로운 정조情調를 의미한다. 외적으로 가볍고 섬세하며 화려함을 고유한 특색이라 함으로써, 전체적으로 조선시대의 예술은 고려시대 보다 쇠퇴하고 타락한 것으로 결론을 맺는다.

그의 미술사관은 정치의 성쇠에 따라 예술이 변화됨을 토대로 한다. 그리고 현지조사를 통해 유적을 발굴했음에도 불구하고, 텍스트

---

50) 위의 책, 46쪽.
51) 위의 책, 44쪽.

에는 조선의 예술품을 중심으로 한 해석이나 조선 양식에 따른 예술론이 도출되지 않았다. 조선의 예술은 중국과 일본의 관계 속에서 논의되었고, 특히 중국의 영향 속에서 전개와 발전 그리고 쇠퇴의 역사로 기술되었다. 이러한 인식은 전형적인 식민사관으로 식민 지배를 합리화하는 데에 세키노도 일정한 역할을 수행하였다고 볼 수 있다.

(2) 모방과 섬약纖弱의 미

조선 총독부는 1915년 『조선고적도보』1권을 발행하는 것을 시작으로 1935년까지 총 15권의 조선의 고적과 유물을 정리하여 출판하였다. 이 책은 고구려부터 조선시대까지의 문화재를 조사 및 복원한 것으로, 조선의 고고학과 미술사 연구에 기초가 되는 자료를 제공한 점에 의의가 있다. 하지만 당시 『조선고적도보』의 발간은 식민지 조선의 문화재를 일본이 서술함으로써 국제사회에 식민 지배의 정당성을 알리는 수단이었다. 일본의 담론 방식에 의한 식민지 국가의 내력과 지세를 서술함으로써 조선의 문화통치를 선전하려는 목적이 담겨있다. 이러한 점은 조선 미술사에도 해당된다.[52] 조선고적사업을 실제 관리하고 감독했던 세키노가 1932년에 펴낸 『조선 미술사』는 그 동안 집적한 자료를 토대로 작성한 조선의 미술사이다.

일본은 메이지 정부시절 근대적 문물과 제도를 시찰하는 박람회를 통해 '미술'용어를 도입하였고, 이 용어는 근대문명의 이미지로 인식되었다. 그리고 일본 미술사는 서양미술사의 방법론과 역사인식을 수

---

52) 임지현·이성시 엮음, 『국사의 신화를 넘어서』, 휴머니스트, 2004, 186,197쪽 참조.

용하면서 성립되었다. 미술사의 집필에 있어, 문화재의 등급을 매기고 미술의 장르를 나누며 시대에 따라 구분하는 방법은 1891년 오카쿠라 덴신岡倉天心(1863~1913)의 『일본 미술사日本美術史』에서 체계화되었다. 세키노는 오카쿠라의 미술사 방법론을 계승하여 조선 미술사의 토대를 구축한다.53) 또한 일본은 메이지 시절부터 서양의 고대 문명에 비견한 일본의 고대 만들기를 시작하였고, 1900년대 들어서는 동양의 고대 문명 만들기로 확장시켰다. 따라서 세키노의 『조선 미술사』에 나타난 상고시대와 통일신라시대의 강조는 이러한 고대 문명 만들기의 일환으로 볼 수 있다.

아래는 『조선 미술사』의 시작인 총론의 일부분이다.

조선의 미술은 낙랑군 시대에 한민족漢民族의 양식을 수입하였으며, 삼국시대부터 통일신라시대에 이르러 그 발달이 정점에 달하였다. 그러나 고려시대에 다소 쇠퇴의 조짐을 보이다가, 조선 시대에 이르러 한층 쇠퇴를 거듭했다.

그런데 최근 조선총독부에서 고적조사기관을 설치하여 세밀히 탐색한 결과, 고대 미술품 가운데 최근까지 알려지지 않은 것이 서서히 세상에 모습을 드러내게 되었다. … 우리는 이로써 비록 양은 적지만 옛 문화의 성질을 생각할 수 있고, 동시에 중국과 일본의 관계를 알 수 있었다. 또한 드물게는 중국이나 일본에서 이미 소멸되어 버린 것을 발견하여 양자의 결함을 보충할 수 있게 되었다.54)

위의 내용을 보면 「한국 예술의 변천에 대하여」에서 언급되지 않은

---

53) 위의 책, 167~168쪽 참조.
54) 關野貞, 심우성 옮김, 『조선 미술사』, 동문선, 2003, 67~68쪽.

낙랑군 시대가 등장하는데, 이에 대한 자료는 『조선고적도보』1권에 실려 있다. 1910년대 후반 평양 일대에 낙랑군으로 추정되는 유물이 발견되면서 세키노는 미술의 기원을 낙랑시대라 한 것이다. 그는 "이들 예술은 완전히 중국의 것과 동일한 것이다. 생각건대 한민족이 이주하기 전에 조선 민족은 다소 고유한 예술을 지니고 있었을 것이다. 그러나 모두 지극히 간단하고 유치한 것이었으므로, 새로 수입된 우수한 예술에 압도되어 소멸되었을 것이다. … 가령 토착 민족에게 속하는 것이더라도 그들의 고유한 예술은 일찍 소멸해 버리고 새로 들어온 중국 문화에 동화되었을 것이다."55) 라고 하였다. 낙랑군 시대로 추정되는 유물을 근거로 그는 조선 예술의 기원을 주창한다. 하지만 낙랑문화는 한나라와 동일하다는 문제점을 지니고 있다. 그는 아마도 조선의 고유한 예술이 있었겠지만 선진 문물에 압도되어 소멸되었을 것이라 하였다. 이렇게 조선 예술은 조선적 요소가 없는 한나라를 모방한 문화형태를 기원으로 한다. 결론적으로 낙랑문화의 발견은 역사와 문화 그리고 민족성이 모두 주체적이지 못한 타율적이라는 인식을 생산하고 있다.

또한 총론의 앞부분에서 삼국시대부터 전개된 문화의 발전은 통일신라시대에 정점을 이루고 고려시대부터 쇠퇴하였다고 서술하였다. 시대적으로 고대를 강조하는 측면은 서양의 그리스·로마 문화를 고전古典으로 보았던 인식에 기인한다. 동양의 고전시기를 만들어 내려했던 일본의 노력은 미술개념에 역사적 체계를 세워 조선미술사를 재구성하게 된다. 이렇게 근대적 학문으로서의 조선미술사는 타자가

---

55) 위의 책, 95쪽.

주체가 되어 그들의 패러다임으로 구축되는 과정을 겪는다.[56] 그가 조선 미술을 통해 중국과 일본의 관계를 알 수 있으며, 중국과 일본에서 소멸된 것 등을 보충할 수 있다고 말한 점은 곧 조선 미술사의 집필동기를 피력한 것이다. 조선이 일본과 중국의 문화적 매개역할을 하였다는 의견 역시 일본의 관점에서 의미를 부여한 것으로, 궁극적으로 동양 문화사를 구축하려는 일본의 의도인 셈이다.

> 한 국가로서는 다소 영토가 좁고 인구도 적어 중국에 대항하여 완전한 독립국을 형성할 수 있는 힘이 없었으므로 자연히 사대주의, 퇴영고식주의退嬰姑息主義에 빠져 국민의 원기도 차츰 소모되었다. … 가는 곳마다 지세가 작게 갈라져 있어 이것이 국민의 기질에도 영향을 주어 웅대하고 강건한 기상이 결여된 면도 없지 아니하다. 이 속에서 생겨난 미술 역시 아기자기하고 섬약한 면을 가지고 있다. … 사대주의에 빠져 미술에도 독창성이 결여되어 있고, 시종 중국 예술의 모방에 물들어 있다. 그러나 그 가운데 다소 국민성을 보여 주는 고유한 특질을 나타내는 것도 있다. 국민정신이 일반적으로 문약하며, 웅대하고 호방한 기질이 결여된 나머지 표현된 미술 역시 소규모이며 지나치게 섬세하고 화려한 폐단이 있다.[57]

그는 미술의 발달에 영향을 주는 요소로 풍토와 지형 그리고 민족성을 꼽았다. 조선은 역사적으로 대륙인 중국과 섬나라 일본의 잦은 침입을 받았다. 그는 이러한 지정학적 위치로 인해 조선은 독립국 형성에 어려움을 겪었으며, 자연스럽게 중국에 대한 사대주의와 퇴영고

---

56) 강희정, 「일제강점기 한국미술사의 구축과 석굴암의 '再맥락화」, 『先史와 古代』33, 2010, 59~60쪽 참조.
57) 關野貞, 심우성 옮김, 『조선 미술사』, 68~90쪽.

식주의에 빠질 수밖에 없다고 하였다. 이것은 조선인의 수동적이며 정체(停滯)적인 성향을 강조한 것이다. 그리고 지세가 작게 갈라져 있어 아기자기하고 섬약한 미술적 경향을 지녔다는 것은 지형에 따른 문화의 소극적인 측면을 말한다. 마지막으로 사대주의적 성향으로 인해 중국미술을 모방했다는 점은 타율적인 민족성을 의미한다. 따라서 조선의 미술은 정체적이고, 소극적이며, 타율성을 특징으로 한다. 이와 같은 미술의 특성은 반도사관과 식민사관을 토대로 한 것이다.

다음은 조선 고대미술에 나타난 일본 미술의 기원에 관한 언급이다

(가) 우현리의 대묘·중묘의 벽화는 북위 양식을 그대로 나타낸 것이다. 그 외의 장식 무늬도 북위 양식을 그대로 모방했으며, 일본 아스카시대의 예술과 밀접한 관계가 있음을 엿볼 수 있다.[58]

(나) 요컨대 부여 지방에 있는 능묘는 백제 말기에 속하는 것으로 낙랑·고구려의 것과는 양식이 완전히 다르다. 현실이 직사각형으로 되어 있는 점은 신라·임나의 고분과 비슷하나, 그 구조는 하나의 특색을 지니고 있다. 특히 그 내부에서 발견된 벽화나 보관의 파편으로 보아 중국 남북조 양식, 특히 일본 아스카 시대의 양식과의 관계를 엿 볼 수 있어서 흥미롭다.[59]

(다) 그 양식은 난징에서 출토된 양나라의 것과 동일하며, 일본 아스카사·호류사 등에서 출토된 것과도 동일하다. 우리들은 이곳에서 옛날 백제나 양나라 그리고 일본의 예술 관계가 극히 밀접하였음을 알 수 있었다.[60]

---

58) 위의 책, 122쪽.
59) 위의 책, 132쪽.
60) 위의 책, 139쪽.

(가)는 고구려 고분의 벽화에 대하여 중국의 북위양식을 그대로 모방하였는데, 이것을 아스카시대의 예술과 관련 있다고 하였다. 또한 백제의 문화가 일본에 미친 영향은 중국과의 관련성을 중심으로 논의되었다. 즉 (나)의 부여 능묘와 (다)에서 말한 부여에서 출토된 기와의 특성은 남북조와 양나라의 양식과의 유사점을 분석하기 위함이다. 나아가 분석의 결론은 아스카 양식과 관련된다. 따라서 일본 미술의 기원은 조선이 매개가 되어, 중국에 의해 형성된 것이다.

고대 동아시아 문명의 형성 및 전개는 중국을 기원으로 하여, 조선의 모방에 따른 일본으로의 전개로 규정된다. 결국 일본의 문명은 중국에 기원하는 논리가 성립된다. 이렇듯 조선의 미술은 주체적이며 독창적이기 보다 타율성에 의거하여, 역사상 중국 왕조의 흥망까지 조선예술에 깊은 영향을 미친다. 세키노가 말한 미술의 전개와 발전 그리고 쇠퇴의 역사 가운데 가장 최정점을 이루었던 통일신라시대를 살펴보자. 아래는 석굴암에 관한 내용이다.

> 이런 종류의 석굴은 중국에서는 볼 수 없고 완전히 신라 장인들의 창의로 이루어진 것이라 당시의 발달된 건축술에 놀랄 따름이다. … 본존석가여래상은 높이가 약 2.7미터이며, 연꽃장식을 한 돌받침대 위에 가부좌를 한 자세가 장중하다. 상호相好가 단아하고 엄정하며, 의상의 문양 수법 역시 흐르는 듯 화려하고 건강한 정신을 담고 있다. 현재 조선에서 가장 우수한 조각으로서 당시 중국이나 일본의 작품에는 이와 견줄 만한 것이 없다. … 특히 십일면관음과 범천제석천입상이 가장 우수하다. 석굴의 구조가 신라 특유의 고안을 이루어졌다는 점은 이미 앞에서 논하였다. 이들 조각은 당나라 형식의 영향을 받았으나. 단순한 모방에 그치지 않고 고유한 특질을 충분히 발휘하였음을 알 수 있다.[61]

그는 삼국시대부터 통일신라시대까지를 조선 미술의 황금기로 규정한다. 이 시기의 유물 가운데 석굴암에 대한 평가는 극찬으로 가득하다. 중국의 모방을 일관되게 강조하였던 점과 달리 석굴암을 중국에서 볼 수 없는 독창적이며 주체적인 예술이라 보았다. 본존석가여래상에 대한 단아하고 엄정함은 건강한 정신을 환기시킨다고 하였다. 또한 여래상 주변의 십일면관음과 범천제석천입상을 걸작이라 평가하였다. 이처럼 석굴암은 중국과 일본의 작품 가운데 비견할 것이 없는 조선만의 고유성을 지닌 높은 예술적 가치를 지녔다. 그의 평어 가운데 특수한 혹은 고유적인 이라는 표현은 독창적이며 뛰어난 예술적 가치를 지닌 의미로 운용되었다.

미술품에 대한 세키노의 평가 가운데 '웅혼' 또는 '웅건'이라는 단어를 발견할 수 있는데, 이러한 단어가 고려시대에 집중되었다는 점에서 흥미롭다. 이를 테면 흥법사지 진공대사탑과 대사비에 대하여 "매우 웅혼한 기상을 나타내고 있다."[62]라고 하였다. 또한 고달원지 원종대사 혜진 탑의 내용 가운데 "형태가 기발하고 균형이 잘 정비되어 있으며 수법이 웅혼하다."[63]라 하였고, 혜진 탑비에는 "장대한 자태와 호방하고 강건한 수법은 실로 부도와 더불어 고려시대의 웅건함이 느껴진다."[64]라고 하였다. 그리고 부석사 목조 미타상은 "자세가 당당하고 면상이 온화하며 웅건한 정신을 지니고 있고, 의상 무늬의 선이 자유롭고 강건하다."[65]라고 한다. 고려시대의 미술품 가운데 세

---

61) 위의 책, 179,196쪽.
62) 위의 책, 232,238쪽.
63) 위의 책, 232쪽.
64) 위의 책, 239쪽.

키노가 극찬을 하였던 것은 청자상감이다. 그는 청자상감에는 고유한 특색과 더불어 색체와 형태의 완전함을 지녔다고 하였다.[66] 또한 고려시대는 불교의 대중화로 불교와 관련된 많은 미술품이 제작되었다. 그는 세련된 완결성을 지닌 통일신라시대와 다르게 고려의 불교 미술은 장대함과 호방한 정조가 드러난다고 하였다. 그래서 크고 강건한 느낌의 웅건함과 기세가 웅장하며 막힘없는 웅혼함을 평어로 사용한 듯하다. 비록 이러한 점을 송나라의 영향이라고 하였지만, 고려 건국 시기의 정치 성향과도 관련이 있을 것이다.

고려의 '웅혼'과 '웅건'의 정조는 조선시대에 이르러 '경박'하고 '섬약'한 정조로 쇠락한 모습이 나타난다. 우선 그는 조선시대 미술을 아래와 같이 개괄하였다.

> 전기는 고려시대를 계승하고 한편으로는 명나라의 영향을 받으면서 또 한편으로는 국가의 왕성한 기운을 타고 고유한 발전을 이룩하였다. 후기는 국력의 쇠약으로 유형적인 문물의 회복에 그쳤고, 예술의 경우 매우 침체하였지만 서서히 경제력의 회복과 더불어 쇠잔해 가는 운명을 만회하였다. … 예술은 중국의 영향을 벗어나 특수한 발달을 하였지만, 경박하고 섬약한 폐단에 빠져 단순히 외면의 수식을 즐기는 풍조로 치달았다.[67]

인용문을 보면, 조선의 전기는 고려를 계승함과 더불어 명나라의 영향으로 발전을 이루었지만, 후기에 이르러 청나라를 배척하는 경향

---

65) 위의 책, 252쪽.
66) 위의 책, 271~272쪽 참조.
67) 위의 책, 278~279쪽.

으로 인해 역사상 가장 중국의 영향을 적게 받았다고 하였다. 따라서 조선만의 고유성이 발휘되는 시기를 조선시대라 하였다. 하지만 고유성의 발휘는 경박하고 섬약한 경향으로 인해 화려한 기교를 즐기는 풍조를 낳았다고 한다. 이렇듯 조선시대 미술을 경박하고 섬약한 미로 평가한 점은 일본 침략을 정당화하려는 수단으로 볼 수 있다. 그는 경복궁의 근정전에 대해 "이 궁전의 2층 기단 위에 세워져 있고 형태가 삼엄하고 규모가 웅장하며, 아울러 안팎의 장식이 화려하여 조선 말기의 양식을 유감없이 발휘하고 있다. 더구나 우리들이 가장 경탄해 마지않았던 것은 그 모습과 장식이 조화를 잘 이루고 있다는 점이었다. 그러나 그 세부적인 사항을 보면 기교가 너무 지나치고 수법이 섬약하여 근세 건축의 병폐를 나타내고 있다."[68]라며 이중적인 시각으로 평가하였다. 다시 말해 건축적으로 규모의 웅장함과 장식의 화려함이 조화를 이루었다는 점에서 극찬을 하였지만 이어서 화려함이 지나쳐서 근대 건축의 병폐라는 혹평을 하였다. 이러한 모순된 작품 분석은 근정전에 한정되지 않았다. 조선시대 후기 비석에 대해서도 양식이 퇴폐한 풍조를 띠고 있다[69]고 서술하거나 조각은 "지나친 기교로 치졸하다."[70]고 하였다. 마지막으로 회화에 대해서도 "묘사법이 섬세하지만 경박하고 섬약하거나 치졸하고 비천하여 가치 있는 작품이 적다."[71]라고 하였다. 이러한 평가들은 작품에 대한 분석에서 도출된 것이 아니라 분야별로 정리한 내용이다. 그는 지나친 기교·경박

68) 위의 책, 287쪽.
69) 위의 책, 307쪽.
70) 위의 책, 310쪽.
71) 위의 책, 313쪽.

·섬약·치졸이라는 평어로 한 시대의 미술을 규정하였다.

세키노의 작품 선별과 내용의 구성 및 체계 구축에는 하나의 명제가 있다. 미술의 제작이나 창작관을 다른 문화의 수용·모방·전파라는 영향관계에서 고찰하는 것이다. 이러한 측면에서 조선 미술은 타율성에 의한 모방의 역사를 특징으로 한다.

그에 따르면 조선이 중국의 영향을 가장 적게 받은 시기를 조선시대 후기라고 하면서, 그 시기를 쇠퇴기라 하였다. 위에서 살펴본 미적 용어 가운데 빈번하게 언급된 '섬약'은 임진왜란과 병자호란이후 쇠락한 조선의 모습을 대변한다. 가냘프고 약하여 생기를 잃은 미술품은 바로 조선 민족을 함의한다.

> 근래 총독부에서 미술전람회를 개최하여 조선인의 예술에 대한 취미를 자극함으로써 오랫동안 이완되어 있던 그들의 감성을 일깨우고 있다. 또한 일본에서 건축가는 물론이고 화가·조각가·공예가 등이 와서 예술계에서 활동하는 경우가 많아졌다. 조선인 장인은 그 지도와 영향으로 타고난 자질을 회복하여 우수한 작품을 만들어 낼 시기가 곧 오게 될 것이다. … 일찍이 전개된 고대 예술이 지나치게 우수한 데 현혹되어 그 모방에 급급하고 청신한 세계를 개척하지 못하고 있는 것은 애석한 일이다. 조선인은 중국·일본의 예술사와 더불어 조선 예술의 변천·발달의 흔적을 더듬으면서 동양 고유의 취미와 정신이 담겨 있음을 알았으므로 이제 서양 미술에 비해 특수한 동양 미술의 완성을 기약해야 할 것이다.[72]

근대적이며 과학적인 방법으로 조선의 미술을 문명화의 길로 이끌

---

72) 위의 책, 350~351쪽.

어준다는 취지의 발언은 단순히 근대의 수용이나 이식의 차원이 아니다. 다시 말해 일본이 주체가 된 고적 발굴·복원·전시는 일종의 조선 만들기이다. 이렇게 만들어진 조선의 정체성은 일본의 문화통치 가운데 하나로 볼 수 있다. 20년이 넘는 고적조사사업은 일본관학자들이 주도로 하였으며, 몇몇 조선인들의 참여는 형식적이었다. 문화재를 선별하여 등급을 매기고 시대별로 구분하는 전 과정을 일본관학자들이 주도하였다. 이렇게 완성된 조선 문화의 역사 가운데 미술의 이름으로 세키노가 다시 선별하여 『조선 미술사』를 간행한다. 인용문에서 보듯 세키노는 동아시아 미술을 염두하고 조선 미술사를 저술한 것이다. 그의 조선 미술에 대한 관점은 중국과 일본의 가교 역할에 주목하였기 때문에 조선적인 것을 동양의 보편적인 것으로 파악하였다.[73] 그러한 이유로 중국과 조선에 있는 미술품과 조선과 일본에 있는 미술품 그리고 중국과 일본에는 없는 미술품이 조선에 있는지를 밝혔다. 동양 미술의 범주에서 조선 미술사를 집필하였기 때문에 이와 같은 방법론이 필요했던 것이다.

그는 식민사학의 토대를 구축하고 일본의 한국학 형성을 주도했다고 평가되는 인물이다. 중국에 대한 모방의 측면을 강조한 점은 조선인들의 조선학 연구에 과제가 되었다. 그의 연구는 식민지 지식인들에게 많은 영향을 주었고, 비판의 대상이 되기도 하였다. 다시 말해 조선의 지식인들은 중국이나 일본과는 다른 조선 문화의 독자성을 근대적 학문 방법론으로 정리해야만 했던 것이다. 이렇듯 식민사관에

---

73) 류시헌, 『조선문화에 관한 제국의 시선: 세키노 다다시의 연구 중심으로』, 아연 출판부, 2019, 189쪽 참조.

입각한 그의 연구는 조선학의 형성과정과 연결되었다는 점에서 시사하는 바가 크다.74)

2) 비애와 민예의 미

야나기 무네요시柳宗悅(1889~1961)75)는 조선 예술의 독자성을 언급

---

74) 위의 책, 179, 18쪽 참조.

75) 야나기무네요시의 삶과 사상을 이인범은 4기로 나누어 설명한다. 첫 번째는 서구예술수용기(1910~1916)이다. 야나기는 학습원學習院 고등부에 재학시절 문예지 『시라카바白樺』를 창간하였고, 1913년 도쿄 제국 대학 철학과를 졸업하였다. 1910년부터 1916년까지 그는 서구의 과학, 예술, 철학, 기독교 신비중의 사상에 몰입하였다. 『과학과 인생』·『윌리엄 블레이크』등의 서구 근대 관련 글들이 있다. 두 번째는 동양종교사상의 성립과 조선예술론의 전개시기 (1916~1923)이다. 다이쇼 시기 중엽 그가 1916년 여름 처음으로 조선과 중국여행을 다녀오고 『시라카바』가 폐간되고 1923년 교토로 주거지를 옮기기까지 동양의 종교사상과 예술에 관심을 갖았다. 특히 그는 신비도神祕道에 심취하였고, 조선예술과의 만남을 통해 삶의 종교성을 해명하였던 시기이다. 『종교와 그 진리』·『종교적 기적』·『신에 대하여』등의 종교철학의 저서와 이 시기에 『조선과 그 예술』이 발간되었다. 또한 그는 조선민족미술관 설립운동을 추친하였다. 세 번째는 민예이론과 민예운동의 전개시기(1924~1947)이다. 이 시기에 그는 일상에서의 민중예술에서 종교적 구경성을 발견하고 민예이론을 세우고 민예운동에 가담했다. 민예협단과 민예협회 등을 결성하고 월간잡기 『공예』를 창간 발행하였으며 도쿄에 일본민예관(1936)을 설립하였다. 『공예의 길』·『공예미론』·『공예문화』등을 비롯해 민예품들에 관한 조사, 연구들이 발표된다. 1929년부터 1931년까지 미국 하버드 대학에서 동양미술사 강의를 하고 유럽을 여행하였다. 네 번째는 불교미학의 수립기(1948~1947)이다. 1948년에 『미의법문』을 발표한 이후, 불교사상에 근거한 민예운동의 이론적인 기초를 놓았다. 『나무아미타불』·『미의정토』·『법과 미』등의 대표작이 있으며, 그밖에 민예에 관한 많은 에세이들을 남겼다. 이인범, 『조선예술과 야나기 무네요시』, 시공사, 1999, 25~27쪽 참조.

함으로써 한국 근대미학의 성립에 중요한 영향을 끼친 인물이다. '비애'와 '민예'로 대표되는 그의 조선미론은 당시부터 현재까지 많은 쟁점을 생산하였다. '비애'는 식민사관의 측면에서 비판을 받았으며, '민예'는 후대 미학자들에게 한국미의 특성 가운데 하나로 변용되어 계승되었다.76) 그의 '비애'와 '민예'를 해석하는 관점은 명명名命된 주체 즉 조선의 관점 과 호명呼名한 주체 곧 일본의 관점 인지에 따라 다르

---

76) 이양숙은 야나기가 한국 미론에 끼친 영향을 '야나기 무네요시 효과'라 부르며 다음과 같이 분석하였다. "'야나기 무네요시 효과'란 조선 예술의 개성을 존중해야 한다는 '조선적인 것'의 담론을 의미하는데, 이 담론의 영향은 단지 미술사의 영역에 머무는 것이 아니었다. 근대국가 수립의 좌절 이후 홍수처럼 밀려든 근대적 문물의 경험이 조선적 전통에 무관심하거나 심지어 그것을 비하하는 방향으로 진행되었다면, 야나기로 인해 촉발된 '조선적인 것'의 가치 발견은 우리와 근대 혹은 근대 속의 조선이라는 자기인식을 유발하여 민족적 자부심을 크게 향상시키는 계기가 되었기 때문이다."(150쪽), "야나기의 비애의 미가 숱한 논란에도 불구하고 당대의 조선인들에게 수용될 수 있었던 이유 중 하나는 동경이나 경성의 제국대학에 수학한 조선의 지식인들 역시 이러한 문화적 환경에서 신학문을 수용했기 때문이다. 경성제대에서 미학을 전공한 고유섭이나 동경 미술학교 출신으로 이후 '동양주의 미술론'을 전개한 심영섭·김용준 등이 야나기를 일부 수용하면서도 비판했지만 완전히 그를 넘어선 독자적 미학을 수립할 수 없었던 이유도 여기에 있다."(158쪽), "그간 이루어진 비애의 미를 비판하고 민예의 미를 수용하는 경우에도 야나기의 민예론이 총독부의 '조선미술 전람회'를 통해 일본과 조선의 관계를 '중앙'과 '지방'으로 간주하여 조선의 공예를 일본에 종속된 변방의 지방문화로 내면화시킨 것을 설명하지 못한다. 일반적으로 비애의 미는 제국주의문화 담론의 투영으로 비판되고, 민예의 미는 한국적 소박미의 특성으로 수용되어 왔다. 그러나 제국주의문화 담론과의 친연성을 굳이 따져본다면 비애의 미보다 민예의 미쪽이 훨씬 더 정치적인 것임을 알 수 있다."(177쪽) 이양숙, 「야나기 무네요시의 조선예술론에 대한 고찰」, 민족문화연구소 기초학문연구단, 『'조선적인것'의 형성과 근대문화담론』, 소명출판, 2007, 150,158,177쪽.

다. 본고에서는 호명한 주체의 관점에서 조선의 미를 살펴보려 한다.

'비애'와 '민예'가 탄생된 이유는 일본 미학을 개진하려는 야나기의 노력에서 나온 것이다. 22번의 조선 방문에서 그는 조선의 유적을 탐방하고 작품을 수집하고 관련된 글을 발표하였다. 그는 이 과정에서 일본미술의 기원이 조선임을 확인하게 된다. 그는 조선 미술의 특질을 규명하여 일본의 미를 조선으로부터 독립시키고자 하였다. 즉 일본과의 차이의 담론으로 조선적인 것을 주장하였다. '비애'가 차이점을 밝히기 위한 미적 특징이라면, '민예'는 일본을 포함한 동아시아의 보편적인 미적 특징이다. 따라서 야나기의 조선미론에서 고유성은 '비애'이며, 보편성은 '민예'라 할 수 있다.

지금부터 야나기가 조선적인 것을 주장하게 된 이유를 밝히는 것을 시작으로 비애와 민예의 미론을 살펴보겠다.

(1) 차이의 담론으로 조선적인 것

근대의 국가란 문명화된 정치와 사회뿐만 아니라 독자적인 문화의 유무에 따라 판단될 수 있다. 독자적인 문화는 타자와 구별되는 지점으로, 그 차이로 인해 타자와 주체의 경계가 생성된다. 이를테면 근대의 일본 형성은 서양의 근대를 적극적으로 수용한 문명국가로 거듭나면서 다른 동아시아 국가들과의 차이가 구축되었다. 일본의 차이성은 정체성의 범주를 넘어 타자를 지배하려는 욕망으로 발전된다. 일본에 의해 식민화된 조선은 근대 국가의 수립과 독자적인 문화 형성이 부재하였다. 이런 상황에서 근대적 학문체계로서의 한국미론은 타자에 의해 부여된다. 그것도 일본 고유의 미를 정립하기 위한 차이화의 전략에서 생성된 것이었다.

1920년대 등장한 야나기의 조선미론은 조선의 지식인들을 강렬하게 사로잡았고, 그의 말이 정말 조선 고유의 미인 것처럼 인식되었다. 그의 시도는 조선의 정체성에 대한 지적 관심에 중요한 계기가 되었고 이를 통해 조선적인 것에 대한 담론이 본격적으로 형성되기 시작하였다. 근대 미학이 성립되기 위해서는 무엇보다도 조선의 특수성이 발견되어야만 했고, 그것은 그대로 야나기 혹은 일본을 모방하는 일이기도 했다. 이렇게 타자성으로 덧칠된 자기상을 모방하거나 혹은 반발하며 구축된 새로운 자기상은 결국 더욱 더 타자의 흔적을 드러낼 뿐이었다.[77]

　　야나기가 식민지 지식인들을 사로잡았던 가장 큰 이유는 조선 문화를 모방의 산물이 아닌 독자성에 관심을 두고 예술에 관한 논의를 개진하였던 점에 있다.

> 　　어떤 사람은 중국의 영향을 빼면 조선의 예술이 있을 수 없다는 듯이 말한다. 또 중국의 위대함에 비할 조선에는 인정할 수 있는 아름다움의 특색이 없다는 듯이 여긴다. 전문적인 교양이 있는 사람조차도 때로는 이러한 견해를 갖고 있는 듯하다. … 나는 일본과 마찬가지로 조선도 중국의 영향을 받았다는 것을 부정하지 않는다. 그러나 어떻게 중국의 감정이 그대로 조선의 감정이 될 수 있겠는가. 특히 뚜렷한 내면적인 경험과 아름다움에 대한 직관을 가진 조선이 어째서 중국의 작품을 그대로 모방했을 리 있을 것인가. 비록 외면이나 역사에 있어서는 관계가 있었다 하더라도 그 마음과 표현에 있어서는 분명한 차이가 있다는 것을 나는 알고 있다.

---

77) 박유하, 「상상된 미의식과 민족적 정체성」, 『당대비평특집호』, 삼인, 2002, 363, 366쪽 참조.

조선 민족의 내면적 감정이 고유하고 내면적 역사의 경험이 독특
한 것처럼 그 예술 또한 독보적이다.[78]

야나기는 조선 예술에 대하여 앞에서 살펴본 세키노와는 다른 관점
을 견지한다. 그는 조선 예술을 중국의 모방이라고 했던 점을 비판하
며, 일방적인 모방이 아닌 영향을 받으면서 조선적인 특성으로 도출
되었음을 강조하였다. 그에 의하면, 본래 조선의 역사와 민족성이 조
선인만의 개성과 직관을 생성시켰고 이러한 마음과 표현이 작품에
내재되어 있다. 다시 말해 조선만의 고유하고 독보적인 예술성에 중
국적 요소가 융화되었기 때문에, 중국과는 다를 수밖에 없다는 논리
이다. 나아가 그는 "조선의 아름다움은 고유하고 독특하여 결코 범할
수가 없다. 그 누구도 모방하거나 이룰 수 없는 자율의 아름다움이다.
오직 조선의 내면적인 마음을 거쳐서만이 표현할 수 있는 아름다움이
다. … 더구나 그것은 조잡한 미에 있는 것도 아니고 강대한 특질에
있는 것도 아니다. 그것은 실로 섬세한 감각의 작품이다. 나는 아름다
움에 대한 조선 민족의 예민한 감각에 관해 전혀 의심할 여지를 갖지
못한다. 나는 그 예술을 통해 깊은 존경의 마음을 조선에 바치지 않을
수 없다."[79]라며 조선 예술에 대한 찬사를 보낸다. 그는 조선인의 섬
세하고 예민한 예술적 감각에 주목하여 조선예술의 특성을 유추하였
다. 인용문에서 보듯 조선적인 예술과 조선적인 미가 무엇인지에 대
해 민족의 특성과 독자성을 언급한 점은 궁극적으로 조선의 정체성
문제를 제기한 것으로 볼 수 있다.

---

78) 야나기무네요시, 이길진 옮김, 『조선과 그 예술』, 신구, 1994, 44~45쪽.
79) 위의 책, 46쪽.

야나기의 조선 예술에 대한 동경과 조선인에 관한 애정은 일본의 무단침입과 동화정책에 대한 비판으로 나타났다.

위정자는 당신들을 동화시키려 하고 있다. 그러나 불완전한 우리에게 어떻게 그러한 권리가 있겠는가. 이처럼 부자연스러운 태도가 있을 수 없고 또 이처럼 힘이 결여된 주장도 없다. 동화의 주장이 이 세상에서 얻을 수 있는 것은 반항의 결과뿐일 것이다. 일본의 어떤 사람이 크리스트화를 비웃듯이 분명히 당신들도 일본화를 비웃을 것이다. 조선 고유의 아름다움과 마음의 자유는 다른 것에 의해 침범당해서는 안 된다. 아니, 영원히 침범당하지 않을 것이 분명하다. 참다운 일치는 동화에서 오는 것이 아니다. 개성과 개성과의 상호 존경에서만 일치가 가능할 뿐이다. … 나에게는 동화니 하는 생각이 얼마나 추하고 얼마나 어리석은 태도로 보이는지 모른다. 나는 이러한 말을 조선과 일본의 사전에서 삭제해 버리고 싶다.[80]

그는 일본의 동화정책을 강력하게 비판하였다. 또한 무단침입에 대해 "칼의 힘은 결코 현명한 힘을 낳지 못한다."[81]라며 부정적인 입장을 피력한다. 일본은 식민통치의 기조로 동화同化정책을 펼쳤으며, 1919년 3·1운동 이후 문화통치를 강화하면서 조선의 일본화를 추진하였다. 일선동조론과 내선일체론은 동화정책의 일환으로 정치·경제를 넘어 언어·역사·문화·종교 같은 문화전반에 일본화가 이루어졌다. 그는 일본의 동화정책을 비판하며, 진정한 동화는 일본적인 개성과 조선적인 개성의 상호 존경에서만 가능하다고 말하였다. 이처럼 그는

---

80) 위의 책, 48~49쪽.
81) 위의 책, 23쪽.

일본의 무단침입과 동화정책을 비판하면서도 정작 조선의 독립문제
에는 소극적 태도를 취하였다.

> 조선인들이여, 지금은 한 나라의 정신적 운명이 좌우될 중대한
> 시기이다. … 독립을 바라기 전에 큰 인격의 출현을 우러러 바라보
> 라. 무엇보다도 먼저 위대한 과학자를 배출하고 위대한 사색가를 낳
> 으며 위대한 예술가의 출현을 열망하라. 진선미를 빼고는 조선을 영
> 원한 것으로 만들 기초가 없다는 것을 깊이 깨달아라. 불평하는 시
> 간을 되도록 적게 갖고 가능한 한 힘써 노력하는 시간을 많이 가져
> 라. 참고 견디어 자포자기를 하지 말라.[82]

위의 내용처럼 그는 조선인에게 독립보다는 위인이 될 수 있는 역
량을 키울 것을 당부하였다. 이는 국가의 부재 속에서도 독자적인 문
화형성이 가능하다고 생각한 것이다. 그렇기 때문에 조선인들은 미래
를 위해 지금 이 시간을 참고 견디며, 불평하는 데에 시간을 허비하지
말아야 한다고 하였다. 이러한 야나기의 제국주의적 관점은 3·1운동
과 관련된 글에서도 나타난다. "우리가 칼로써 당신들의 피부를 조금
이라도 상하게 하는 것이 절대적인 죄악인 것과 마찬가지로 당신들도
피를 흘리는 방법으로 혁명을 일으켜서는 안된다. 서로 죽이다니 이
게 웬말인가."[83] 인용문은 1920년에 작성한 「조선의 벗에게 보내는
글」가운데 일부분이다. 그는 침략한 일본도 잘못이지만 이에 혁명으
로 항거하는 조선의 태도를 부정적으로 보았다. 일본의 동화정책을
비난하면서도 일본과 조선의 정치적 일치를 원했다. 이러한 의미에서

---

82) 위의 책, 17~18쪽.
83) 위의 책, 37쪽.

국가가 부재해도 독자적인 문화는 영원하다는 그의 언급은 분명 모순된 것이다.

그렇다면 야나기가 조선적인 것을 규명하고자 노력했던 점은 어떻게 받아들여야 할까? 나카미마리中見眞理에 의하면 야나기는 일본의 국보 대부분이 조선의 것 혹은 그 모방인 것을 인식하고 있었다. 따라서 야나기가 조선의 미를 논의한 것은 일본의 미에 대한 독자성의 구축을 위함이다. 이를 위해 우선 그는 조선과의 구별을 명확하게 하는 것을 중요한 과제로 여겼을 것이라 하였다.[84] 야나기는 "일본은 조선의 미로 꾸며진 일본이다."[85]와 "일본의 문명이 조선의 미를 통해 태어났다는 사실만은 불변의 것이다. 사람들은 왜 이 뚜렷한 사실을 좀 더 의식하지 않는 것일까."[86] 라며 일본의 미가 조선을 기원으로 한다는 사실을 표명하였다. 세키노가 조선의 미술을 중국과의 관계에서 특성을 찾았다면, 그는 조선의 미술이 일본에 미친 영향을 주목하였다. 조선적인 것에 대한 논의는 바로 일본과의 대별점을 생성시킬 수 있다. 그런 까닭에 야나기는 고대 중심의 조선 미술사를 반박하면서 중세에 관한 새로운 논의를 제기한다.

먼 과거의 조선에만 예술이 있고 문화가 있었다고 생각해서는 안 된다. 고려는 도자기만으로도 불멸의 것이 아닌가. 그 시대는 학예의 시대였다. 정교하고 우수한 고려대장경보다 더 뛰어난 불전의 편찬은 중국과 일본 양국을 통털어서 하나도 없지 않은가. 말기라 하

---

84) 나카미마리, 김순희 옮김, 『야나기무네요시 평전』, 효형출판, 2005, 147쪽.
85) 야나기무네요시, 이길진 옮김, 『조선과 그 예술』, 83쪽.
86) 위의 책, 84쪽.

여 대부분이 돌보지 않은 조선시대의 것에서도 나는 불멸의 작품을 여러 번 목격했다. 목공품이나 도자기의 어떤 것은 참으로 영원한 물건이다. 저 일본의 다기가 남한에서 만들어진 일상적인 그릇의 유운遺韻을 전한 것임은 누구나 알고 있는 사실이다.[87]

　그는 고대중심의 미술사관을 비판하며, 고려시대와 조선의 시대에도 불멸의 작품이 나왔다고 하였다. 특히 도자기를 중심으로 한 조선시대의 독자성은 여러 글을 통해 언급되었다. 1922년의「조선 도자기의 특질」을 보면, 고려시대의 미를 여성적이라 하면서 섬세하고 우아하며 예민한 선線의 미가 나타났다고 말한다. 반면에 조선시대는 유교의 영향으로 감정보다 의지가 아름다움을 지배하여 남성미가 발현된다. 그는 조선에서 크기와 강함을 찾으려면 조선시대의 자기에서 볼 수 있다고 하였다.[88] 이렇게 조선시대의 미를 고려시대 보다 강조한 점은 이유가 있다. 그는 조선시대 이전의 조선과 일본은 중국의 문화를 중심으로 결합되었다가, 명나라의 출현부터 각각의 문화를 추구하게 되었다고 보았다. 그 시기가 조선에서는 조선시대이며 일본에서는 아시카가 막부足利幕府에서 도쿠가 막부德川幕府에 걸친 시기이다.[89] 야나기는 중세라고 볼 수 있는 이 시대가 되어서야 비로소 일본이 독자적인 미가 발전하게 된다고 보았다. 그의 관점에 의하면 조선시대의 미술은 쇠퇴기가 아니라 전성기가 된다.

　이처럼 야나기의 조선적인 것의 희구는 식민지와 그 문화에 대한

---

87) 위의 책, 84쪽.
88) 위의 책, 155,157쪽.
89) 나카미마리, 김순희 옮김,『야나기무네요시 평전』, 149쪽 참조.

동정과 동경으로만 볼 수 없다. 일본적인 것을 구축하기 위한 방편으로 조선적인 것을 논의하였다. 조선의 미론은 일본과의 차이를 위한 전략인 점에서 야나기는 세키노와 다른 듯 비슷하다.

(2) 비애와 민예의 미

야나기는 조선의 도자기에 매료되어 1916년에 처음으로 조선을 방문하게 된다. 1919년부터 1922년까지 조선의 문화재를 돌아보고, 예술품을 수집하면서 「조선인을 생각한다」·「조선의 벗에게 보내는 글」·「석불사의 조각에 대하여」·「그의 조선행」·「조선의 미술」·「조선 도자기의 특질」등의 조선 예술에 관련된 글을 일본과 조선의 대중매체에 실었다. 그는 발표한 원고를 정리하여 1922년 『조선과 그 예술』이라는 책을 간행하였다. 책의 서두에는 "나는 조선 미술사에 밝은 몇몇 사람을 알고 있다. … 그들의 연구는 전적으로 자기의 지식을 만족시키기 위한 노력이지 조선의 가치를 수호하고 천명하기 위해서는 아니었다."[90]라며 당시 일본의 연구경향을 비판하였다. 또한 조선 예술에 대한 애정이 자신으로 하여금 조선 고유의 미를 찾게 하였다는 집필동기를 밝혔다.

그가 구현한 조선 고유의 미는 민족과 관련되어 논의된다.

> 민족을 떠난 예술이란 있을 수 없고 예술을 떠나서는 민족이 존재할 수 없다. 따라서 그 민족의 역사가 어떠한가 하는데 따라 예술상의 표현도 각각 다른 것이어서, 실로 예술은 민족적 생명의 표현인 것이다.[91]

---

90) 야나기무네요시, 이길진 옮김, 『조선과 그 예술』, 13쪽.

그는 민족과 예술의 관계를 상생의 관계로 보고 있다. 예술을 떠나서는 민족이 없으며, 민족을 떠난 예술은 없다. 그러한 이유로 민족의 역사에 따라 예술의 표현도 달라진다. 즉 예술은 민족의 마음을 표현하기에, 이를 통해 민족이 무엇을 원하고 무엇을 호소하는지 알 수 있다.[92] 이렇듯 민족과 예술의 관계는 절대적이다. 이러한 민족의 특성을 동아시아 3국을 중심으로 아래와 같이 말한다.

예술을 구성하는 요소에는 여러 가지가 있으나 특히 중요한 것은 다음의 세 가지이다. 즉 형태와 색채와 선이 그것이다.

첫째, 형태의 아름다움은 안정된 아름다움을 표현하는 것을 가리킨다. 안정은 침착을 의미하고, 침착은 확실을 뜻한다. 또 확실은 장엄을 말한다. 장엄한 민족에게는 장엄한 예술이 있다. 동양에서는 한민족에서 이것을 찾아볼 수 있다. 중국에는 높은 산과 큰 강이 많기 때문에 지리적인 이 장엄한 배경이 민족의 예술에 나타난 것이다.

둘째는 색채인데 인정으로 보아도 더러운 색을 피하고 아름다운 색을 찾게 된다. 사람은 마음속에 희열과 유쾌가 충만할 때 아름다운 색채를 찾는다. 여러분도 알고 있듯이 일본은 섬나라이다. 바다에 떠 있으면서 평화로운 생활을 보냈기 때문에 그 기분을 색채로

---

91) 위의 책, 332쪽.

92) "예술에는 민족의 마음이 나타나 있다. 어떤 민족이든 그 예술에 있어서만은 자신을 참되게 표현한다. 한 나라의 심리를 이해하려면 예술을 이해하는 것보다 더 빠른 길이 없다. 미술사가는 필연적으로 심리학자이다. 나타난 미에서 심리의 번뜩임을 읽을 때 그는 진정한 미술사가일 수가 있다. 만약 조선의 예술을 이해 할 수 있다면 우리는 단지 그 미의특질에 관해서만 알게 되는 것이 아니다. 그 표현을 통해 그 민족이 무엇을 원하고 무엇을 호소했는지 알 수 있을 것이다. 가능하다면 나도 이 한편의 글에서 마음을 통찰할 수 있는 그런 심리학자가 되고 싶은 것이다." 위의 책, 85쪽.

표현했다. 일본미술의 특색은 바로 이 색채에 있는 것이다.

셋째는 선인데 이것은 유구함을 의미한다. 끊어질 것 같으면서 끊어지지 않는 아름다움이 여기에 있다. 그리고 이 선의 아름다움이 곧 조선미술의 특색이다. 원래 조선은 지리상·역사상으로 타민족의 압박을 받아 참담했던 시기가 많았다. 조선인은 역사상의 이 무한한 비애를 영원하고 유구한 선에 의탁하여 표현했던 것이다.[93]

인용문에 따르면 예술의 구성요소는 형과 색 그리고 선으로 구성된다. 형은 안정된 아름다움을 표현한 것으로 중국을 비유하여 설명하였다. 그는 중국의 미를 높은 산과 큰 강이라는 지리적인 영향에 의해 형태의 장엄미가 구현된다고 하였다. 그리고 일본은 색의 방면에서 미가 발달하였다. 섬이라는 지형적 요소가 육지에 비해 외세의 침입이 적었다. 그러한 이유로 평화로운 생활을 보냈기 때문에 희열과 유쾌한 민족의 감성이 아름다운 색의 미로 구현되었다. 마지막으로 조선은 반도라는 위치로 인해 역사적으로 끊임없이 중국과 일본의 침략을 겪어왔다. 따라서 국가의 존위가 끊어질 듯 끊어지지 않는 유구함에서 선의 특징을 찾아낸다. 그리고 조선의 미를 역사상 겪어온 비애의 선에 기탁하여 표현하였다. 야나기는 삼국의 문화적 영향관계를 배제하고, 각각 고유의 미를 설명하기 위해 민족 개념을 도입하였다.

앞에서 살펴본 것처럼 예술을 민족의 마음이라 보았던 점은 삶의 터전과 역사를 통해 민족 고유의 특성을 도출하기 위함이었다. 여기서 민족성은 곧 정체성을 의미한다. 인용문에 의하면 조선인은 강함과 즐거움이 부족하여 예술적으로 형태와 색이 결핍되었다. 그는 3국

----

93) 위의 책, 333쪽.

가운데 유독 조선을 부정적인 관점에서 기술하였는데,94) 이러한 점을 학문적 체계로 입증하지 않고, 단지 감상에 의거한 주관적 판단으로 설명하였다.

그의 "나는 조선의 역사가 고뇌의 역사이고 예술의 아름다움이 비애의 미라는 것을 말했다."95)처럼 결국 그가 조선의 예술에서 찾아낸 미는 중국과 일본의 차이에서 발견한 비애일 뿐이다.

선의 특성에 깃든 비애의 미는 다음과 같다.

> 나는 조선의 예술, 특히 그 요소로 볼 수 있는 선의 아름다움은 실로 사랑에 굶주린 그들 마음의 상징이라 생각한다. 아름답고 길게 길게 여운을 남기는 조선의 선은 진실로 끊이지 않고 호소하는 마음 그 자체이다. 그들의 원한도, 그들의 기도도, 그들의 요구도, 그들의 눈물도 그 선을 타고 흐르는 것같이 느껴진다. 불상을 하나 떠올려보아도 도기陶器를 하나 택해보아도 이 조선의 선과 맞닥뜨리지 않는 경우가 없다. 눈물로 넘쳐흐르는 갖가지 호소가 이 선에 나타나 있다. 그들은 그 적막한 심정과 무엇인가를 동경하는 괴로운 정을 아름답고도 잘 어울리는 길고 우아한 선에 담아낸 것이다. 강대하고 태연한 중국의 형태의 아름다움 앞에 그 선의 아름다움은 참으로 좋은 대비가 될 것이다. 그들은 아름다움에서 적막함을 이야기하고, 적막함 속에 아름다움을 포함시킨 것이다.96)

---

94) 「조선의 미술」에서 그는 3국의 미를 다음과 같이 정리하였다. "하나는 땅에 안정되고, 하나는 땅에서 즐기고 하나는 땅을 떠난다. 첫째의 길은 강하고 둘째의 길은 즐겁고, 셋째의 길은 쓸쓸하다. 강한 것은 형태를 즐거운 것은 색채를 쓸쓸한 것은 선을 택하고 있다. 강한 것은 숭배되기 위해, 즐거운 것은 맛보이기 위해서, 쓸쓸한 것은 위로받기 위해서 주어졌다." 위의 책, 92~93쪽.

95) 위의 책, 93쪽.

96) 위의 책, 23~24쪽.

위의 내용을 보면, 조선의 미는 민족의 성정으로부터 유래한다. 따라서 조선의 작품에는 조선인의 원망·기도·바람·슬픔이 선을 타고 흘러서, 어떤 작품에서도 비애의 정조가 발견될 수 밖에 없다. 길고도 우아한 선은 조선인의 쓸쓸함과 괴로운 심정이 담겨있으며, 눈물로 호소하는 모습은 약자를 연상시킨다. 이러한 감성은 중국의 강대하고 태연한 형태의 미와는 크게 대별된다. 그가 말한 선은 직선이나 굵은 선이 아니다. 바람에 흔들이는 곡선으로, 불안정하며 동요되는 마음의 상징으로 본다. 그의 선에 관한 설명 가운데 "슬픔과 괴로움이 숙명적으로 몸에 따라 다닌다."[97]라는 표현은 당시 식민의 현실이 조선의 숙명과도 같음을 시사하고 있다.

선의 특징인 곡선·슬픔·약함·사랑에의 호소 등은 여성의 이미지를 상징화한 것이다. 제국주의 담론 가운데, 남성과 여성·문명과 자연·정치와 예술의 이항 대립적 가치를 제국과 식민으로 비교하는 관점을[98] 야나기는 그대로 모방하였다. 조선의 미를 여성적으로 분석하였고, 민예의 미에서는 자연스러움을 강조하였다.

이처럼 비애의 미는 제국주의의 관점에서 조선을 바라보는 한계를 벗어나지 못하였다. 본고에서는 여성으로 규정된 조선의 선을 좀 더 살펴보도록 하겠다.

(가) 그 선은 "그대들이여, 우리를 따스하게 해 달라"고 말하는 것같이 보이기도 한다. 비애의 미는 마음을 억누르는 미가 아닌가. 그 미만큼 사람을 매혹시키는 것도 없을 것이다. 아름다운 그 모습

---

97) 위의 책, 92쪽.
98) 이양숙, 「야나기 무네요시의 '조선예술론'에 대한 고찰」, 133쪽 참조.

은 "가까이 와서 입을 맞추라"고 말하는 것 같기도 하다. 한번 그녀에게 다가간 사람은 두 번 다시 그녀로부터 떠날 수 없을 것이다. … 국가는 짧아도 예술은 길다.[99]

(나) 그 둥그런 모양이거나 어깨를 따라 흐르는 선에서는 자연의 호흡까지도 들을 수 있다. 더구나 그 살갗의 빛이 얼마나 희고 아름다운지 모른다. 언제나 조선자기에서 볼 수 있는 조용한 푸르름이 베일처럼 걸려 있다. 이 단순한 흰빛에서도 우리는 민족의 마음을 읽을 수 있다. 그것은 여인의 모습처럼 다소곳한 내면에 숨은 부드러운 빛이다. 밖으로 드러나려는 어떠한 오만도 여기서는 찾아볼 수 없다. 모든 아름다움은 내부에 숨겨져 있다. 눈에 보이지 않는 그 무언가를 지켜볼 사람을 기다리고 있는 것 같다.[100]

(가)에 나타난 조선의 선은 이성의 사랑을 갈망하는 여성으로 표상된다. 인용문 가운데 "그대들이여, 우리를 따스하게 해 달라."라는 부분에서 그대는 일본을 지칭한다. 그의 여러 글에서 일본은 사랑보다는 칼로서 그리고 힘으로 조선을 제압하였다고 비판하였다.[101] 야나기는 정책에 의한 조선의 동화보다는 사랑의 주체로서 일본이 조선에게 한없는 연민을 느낄 때 진정한 일치가 될 수 있다고 보았다. 조선

---

99) 야나기무네요시, 이길진 옮김, 『조선과 그 예술』, 102쪽.
100) 위의 책, 69쪽.
101) "식민지의 평화는 정책이 만들어내는 것이 아니다. 사랑이 서로의 이해를 낳는 것이다." (위의 책, 28쪽), "동양은 결합되어야만 한다. 그러나 결합과 정복에 의한 통일을 혼동해서는 안 된다. 개성과 개성의 상호 존중을 통해 존경과 이해와 애정이 솟는 것이다. 상호간의 사랑이 결합의 기초이다."(위의 책, 17쪽), "칼은 약하고 미는 강하다."(위의 책, 103쪽), "일본은 아직 인간의 마음에 살아 있지는 못하다. 그러나 머지않아 젊은 정신적인 일본이 칼이나 힘의 일본을 제어해 버릴 것을 믿는다."(위의 책, 38쪽)

의 선을 그녀라 하였고, 여성적 어조로 남성에게 호소하듯 말한다. 따라서 남성은 제국인 일본이며 여성은 식민지인 조선이라는 관계가 성립된다. 인용문 (나)는 친구가 수집한 조선시대의 큰 항아리에 대한 야나기의 소회를 밝힌 부분이다. 항아리의 선은 (가)에서처럼 사랑을 갈망하는 여성이 아니다. 항아리의 선은 다소곳하고 부드러우며 겸손한 여인이다. 이 여인은 유순하며 자신을 밖으로 드러내지 않는다. 그래서 감정을 안으로 감추며 고통을 인내한다.

(가)와 (나)를 통해 살펴본 조선의 선은 여성으로 묘사되었다. 이 여성의 성격은 부드러움과 유순함 그리고 순종적 면을 지녔다. 남성으로서 일본에게 조선은 고통스럽더라도 감정을 나타내지 않는 침묵 속에 위무하는 여성인 셈이다. 식민지를 여성화하는 시각은 서양과 식민지 국가 사이에서 적지 않게 볼 수 있다. 야나기가 묘사한 여성상은 식민에 대한 조선인의 저항의식을 억압하는 것이었다. 다시 말해 선에 내재된 여성상은 식민지 조선의 현실을 매개로 생산되었던 것이다.[102]

지금까지 살펴본 야나기가 주창한 조선적인 미는 비애의 발견이었다. 비애의 미는 민족사에서 탄생된 것이며, 동아시아 3국의 미를 구별 짓기 위한 과정에서 나온 결과물이다. 다시 말해 예술품에 대한 분석이나 관찰을 통해 도출된 것이 아니라 중국과 조선 그리고 일본을 차별화할 필요에 의해 등장한 것이다.[103]

이처럼 비애가 차이점을 밝히기 위한 미적 특성이라면, 민예는 일

---

102) 박유하, 「상상된 미의식과 민족적 정체성」, 352쪽 참조.
103) 나카미마리, 김순희 옮김, 『야나기무네요시 평전』, 150쪽 참조.

본을 포함한 동아시아의 보편적인 미적 특성이라 볼 수 있다. 야나기는 조선의 도자기에서 민예의 아름다움을 찾을 수 있다고 말한다.

> 아름다움은 단순으로의 복귀였다. 형태는 보다 순수해지고 간단해졌으며 무늬는 대개가 대여섯 필치로 그려져 있지 않은가. 거기에는 복잡하고 기이한 형태가 없다. 치밀하고 현란한 색채와는 아무 인연도 없는 세계이다. 그들은 면밀하고 복잡한 무늬를 그려 볼 생각을 갖지 않는다. 아니, 진보함에 따라 하나의 일정한 그림조차 그리지 않는다. 다만 두세 번의 분방한 필치로 놀라운 무늬를 그려 냈다. ⋯ 도공은 그야말로 천진하고도 자연스럽게 하나의 그릇을 빚어냈다. 그들에게는 걸작에 대한 의식조차 없었을 것이다.[104]

1910년대 이후 일본의 미술사 연구는 고대를 중심으로 전개되었다. 역사상 고대를 기점으로 미술은 점점 쇠퇴하는 경향을 띤다. 야나기는 쇠퇴의 원인을 기교의 발전으로 인해 자연에 대한 순수한 경외가 사라졌기 때문이라고 한다. 그는 기교를 작위作爲라 부르며, 자연을 떠난 작위는 미의 말살일 뿐이라고 말한다. 일반적으로 후대로 내려올수록 작위에 집착하여 예술이 쇠퇴하는데, 그는 조선의 도자기 공예는 이러한 수순을 밟지 않았고 말한다.[105] 인용문은 조선시대 도자기의 미에 대한 내용이다. 조선시대 도자기는 섬세하고 복잡한 작위에서 단순한 작위로의 복귀하였다. 그에 따르면, 조선시대 미술은 작

---

104) 야나기무네요시, 이길진 옮김, 『조선과 그 예술』, 162~163쪽.
105) 위의 책, 162~163쪽 참조.

위에 치중하지 않아서 순수하고 무심한 듯한 자연스런 필치로 도자기에 놀라운 무늬를 그려낼 수 있었다. 도자기를 만드는 도공은 마치 어린아이처럼 천진하고 자유로워 작품을 빚는다는 의도조차 없었을 것이라 말한다. 이렇게 자연성은 무작위無作爲·단순·순수·무심無心·천진난만·자유의 요소를 가지고 있다.

이러한 자연성을 지닌 도자기를 통해 감상자는 "그것을 바라볼 때도 우리도 자연의 마음속에서 놀 수 있다. 그리하여 어린이와도 같이 자연이라는 인자한 어머니 품에 안겨 자기를 잊는 행복을 얻을 수 있다."106)와 같은 감성을 지니게 된다. 그에 의하면 작품에서 환기된 자연성은 감상자로 하여금 어린아이와 같은 마음을 지니게 한다. 도자기를 통해 본 그의 미론은 이성보다는 감성을, 문명보다는 자연을, 그리고 작위보다는 무작위를 말하고 있다. 이는 조선의 고유성을 비애의 미로 규정한 것과 대비되는 특성이다. 이러한 대비는 서양에서 동양을 바라 볼 때 등장하는 구도이다.

그가 자연을 주장하게 된 계기는 일본의 민예운동에 기인한다. 일본에서는 1916년부터 민중예술론이 활기차게 전개되었다. 민중은 피지배계급으로서의 일반 대중을 의미하며, 민예는 민중의 예술이다. 민예는 일반 대중을 문화적으로 구제함으로써 근대 국가로서 완성된 일본을 지향한다. 일본의 미로 선택된 민예는 무심·무용·자연을 통해 지혜·문명·근대에 대항한다. 서양보다 문명 발달이 늦었던 일본이 서양에 맞설 수 있는 것은 오로지 자신들의 고유한 전통에서만 가능했다. 따라서 예술에 있어서 기교나 섬세 보다는 무심이나 소박

---

106) 위의 책, 163쪽.

을 높게 평가하기 시작한다.[107) 인용문에서 조선의 도자기를 무작위
·단순·순수·무심 등으로 평가한 것은 모두 일본의 민예적 요소에
근거하므로 비애의 미에서 보았던 여성화는 제외될 수밖에 없었다.

> 고려의 것에 비해 얼마나 남성적인가. 시대가 선택한 유교의 품
> 격이 가장 분명하게 드러난다. … 비로소 당정하고 엄숙한 직선의
> 아름다움을 접한다. 그러나 중국의 것처럼 힘이 있는 것은 아니고,
> 일본의 것처럼 밝지도 않다. 보다 더 조용하고 소박하다. 행동에도
> 마음에도 서두름이 없다. 똑같은 확실성을 가지고 한결 같이 부드럽
> 고 소박하며 곧다. … 기물은 현실적이다. 일상적인 용품인 것이다.
> 이 사실은 조선시대 도자기의 아름다움을 해석하는 데 있어서는 아
> 주 중요한 성질이다. 흔히들 일용품은 질이 낮은 것으로 생각하고
> 있으나 그러기에 굳이 기교를 부리거나 아취를 찾거나 하는 인연이
> 없었던 것이다. 이 때문에 오히려 작위의 폐단에서 벗어났던 것이
> 다. 만듦새가 자연스럽고 솔직하며 질박하다. 그리고 어디까지나 실
> 용을 목적으로 했으므로 여기에 견딜 수 있는 견고함이 있다.[108)

위의 내용은 도자기의 민예적 요소를 설명한 부분이다. 고려의 여
성적인 청자상감에서 조선의 남성적인 도자기로 이행은 유교의 영향
이었다. 도자기에 직선의 미가 나타나지만, 힘 있는 중국의 것과는
다르며 일본처럼 밝은 색감을 지니지 않았다. 그 미는 소박하며 곧지
만 동시에 곡선처럼 조용하고 부드럽다. 야나기가 도자기를 민예로
분석한 점은 민중들의 일상에서 늘 사용되고 있다는 점이다. 인용문
에 의하면 도자기의 미는 민중의 현실에서 사용하는 실용성이 위주가

---

107) 박유하, 「상상된 미의식과 민족적 정체성」, 359,361쪽 참조.
108) 위의 책, 168~169쪽.

된다. 그래서 기교나 아취의 흔적이 없는 자연스러움 속에 솔직함과 질박함이 깃들여 있다.

이처럼 야나기가 확립하려 했던 일본 미론은 민예였다. 그는 일본의 독자적인 문화는 중세 시기에 시작되며, 미의 특징은 민중들의 일용잡기에서 착안한 민예이다. 따라서 조선의 민예는 일본의 미론을 구축하는 과정 가운데 적용된 것으로 볼 수 있다. 나아가 조선의 도자기에 민예를 부여한 것은 일본의 미를 동아시아의 보편적 미로 등극시키려는 그의 의도를 고려하지 않을 수 없다.

야나기가 조선의 예술에서 비애를 발견한 것은 근대의 학문을 학습하였기 때문에 가능했다. 비애의 미는 동양예술의 일반성으로 포괄할 수 없는 조선만의 차이에 주목한 결과였다. 반면 민예는 일본의 독자적인 미론의 구축에서 등장하였지만, 동양예술이 지닌 보편성의 모색이라는 의미로 전환되었다.[109] 다시 말해 그의 조선적인 것은 차이의 담론으로부터 비롯된 것이다. 비애가 조선적인 미적 특징이라면, 민예는 일본을 포함한 동아시아의 보편적인 미적 특징이다. 따라서 야나기의 조선의 미에서 고유성은 비애이며, 보편성은 민예라 할 수 있다.

3) 고전적인 단순미

20세기 전반에 조선 혹은 한국 고유의 것을 연구하며 유럽에 한국학을 소개한 인물로 독일인 안드레아스 에카르트Andreas Eckardt(1884~1974)[110]가 있다. 그는 한국어·종교·미술·음악 등의 한국에 관한 문

---

109) 이양숙, 「야나기 무네요시의 '조선예술론'에 대한 고찰」, 150쪽 참조.
110) 안드레아스 에카르트는 성 오틸리엔 베네딕트 수도회Kongregationvon Sankt

화 방면의 연구 성과를 발표하면서, 당시 식민지 국가였던 조선을 독립적인 국가로 알리는 데에 선방하였다. 특히 1929년 독일어와 영어로 동시에 발행된『조선 미술사Geschichte Der Koreanischen(독), History of Korean Art(영)』는 유럽의 한국학 혹은 한국미술사의 초석을 이루었다는 점에서 의의가 있다. 다시 말해 유럽에서 동아시아 미술이 중국과 일본을 일컬었던 시기에 미술사 간행은 일본의 식민국가로 묻혀버린 조선의 재발견이라 할 수 있다. 본고에서는 그의『조선 미술사』를 중심으로 조선의 미론을 알아보고자 한다.

Ottilien의 선교사로 1909년부터 한국에 와서 선교 사업의 일환으로 교육활동을 하였다. 수도회에서 "서울의 혜화동에 실업학교인 숭공학교崇工學敎와 사범학교인 숭신학교崇信學校를 세웠으며, 에카르트는 두 학교에서 교사 생활을 하며 한국체류를 시작하였다. 그는 한국과 한국인에게 커다란 애정을 갖고 한국의 역사와 문화에 심취하여 한국학 연구에 몰두하였다. 베네딕트 수도회가 함경남도 덕원으로 수도원을 옮긴 1921년부터는 이곳과 간도 지방에서 사목하였고 훗날에는 경성제국대학에서도 교편을 잡았다. 사목 활동과 교사 생활을 하는 틈틈이 그는 우리말로 물리와 화학 교과서를 저술하였고, 한국 어문관련 책과 한국의 종교와 문화에 관한 책을 다수 집필하는 등, 여러 방면에서 학문적 연구를 병행하였다. 특히 1929년에 독일에서 발간된『조선미술사』는 한국의 전통미를 유럽사회에 알린 저작으로 유명하다. 에카르트는 고국으로 돌아간 뒤 본격적으로 한국학 연구에 박차를 가했다. 1931년 브라운슈바이크 대학에서「한국의 학교제도」로 박사학위를 받았으며, 곧 이어 브라운슈바이크공대 부설의 국제교육학연구소에서 한국학 강사 겸 부소장으로 재직하였다. … 국제교육학연구소가 나치에 의해 폐쇄되자 그는 고향 뮌헨으로 돌아가 1972년에 세상을 떠날 때까지 뮌헨 대학에서 한국학 교수로서 학생들을 가르쳤다. 에카르트가 한국의 교육과 문화를 위해 이룩한 업적을 기려 대한민국 정부는 1962년 그에게 훈장을 수여하였다." 안드레아스 에카르트, 이기숙 옮김,『조선, 지극히 아름다운 나라』, 살림출판사, 2010, 172~173쪽.

(1) 동아시아 담론에서 본 조선

한일합방 전인 1909년 12월 말부터 조선에 독일의 성 오틸리엔 베네딕트 수도회Kongregationvon Sankt Ottilien의 수도사로 파견된 에카르트는 1929년 귀국하기까지 조선의 식민화과정을 몸소 겪었다. 독일로 떠날 무렵 그가 밝힌 소회를 보면 아래와 같다.

> 나를 조선에서 불러낸 것은 권태로움이 아니라 내가 여행을 다니고 글을 써서 모은 풍부한 자료를 정리하여 많은 사람에게 선보이고 싶은 욕심이었다. 연구를 하면서 나는 이곳의 언어와 역사, 문화와 종교, 사회적 경제적 정치적 문제에 익숙해졌고, 주민들과의 일상적인 접촉은 내게 조선인의 무욕과 근면함은 물론이고 삶에 대한 달관까지 보여주었다. … 간단히 말해 나는 '지극히 아름다운 나라'와 그 국민들과 어떤 식으로든 하나가 되었음을 느꼈다. 거의 20년에 달하는 나의 조선 체류는 당연히 나에게 많은 영향을 미쳤다. 생각하고 말할 때, 느끼고 행동할 때, 그리고 생활 습관에서조차 나는 어떤 의미에서 조선인이 되었다.[111]

인용문 가운데 "어떤 의미에서 조선인"이란 조선어로 조선인과 소통하며, 조선을 두루 다니며 그들과 함께 느끼고 생활하면서 스스로 조선화된 삶을 살았다는 표현이다. 베네딕트 수도회는 현재 혜화동 근처에 실업학교인 숭공학교와 사범학교인 숭신학교를 세웠고, 에카르트는 두 학교에서 교사생활을 시작하였다. 그는 교육을 위해 한국 어문·화학·물리학·종교·문화에 관한 다수의 책을 집필하였다. 그의 조선 생활은 교육자 이외에도 조선의 문화 연구가 병행되었다. 미

---

111) 위의 책, 156~157쪽.

술의 경우 그는 조선의 문화재를 직접 찾아다니며 실사로 기록하며 자료를 수집·정리하였고, 중국과 일본을 오가며 직접 자료를 확인하고 조선의 작품과 비교하는 실증적인 연구를 수행하였다.

이를 테면 그의 『조선 미술사』에 실린 고구려 고분벽화는 그가 직접 그린 그림을 도판으로 사용하였다. 제1차 세계대전 당시 조선에 체류한 독일인들에게 일본은 비전투원 포로라는 신분을 임명하였다. 포로라는 신분으로 인해 그는 일본 총독부의 요구에 협조해야 했고, 때로는 에카르트가 자원하여 총독부에서 주관하는 문화재 발굴 현장에 투입되기도 하였다. 이로 인해 낙랑 고분 발굴·고구려 고분 발굴·석굴암 조사·박물관 설립 등 일본의 문화재 관련 사업에 참여할 수 있었다. 이렇게 조선과 관련된 자료의 수집은 그에게 있어 문화연구뿐만 아니라 귀국 후 한국학 연구의 토대가 되었다.[112]

그 동안의 연구와 경험을 바탕으로 에카르트는 귀국 후 한국학자로서의 길을 걷게 된다. 그는 뷔르츠부르크Würzburg 대학에서 「한국의 학교 제도」로 1930년 박사학위를 받았다. 이후 브라운슈바이크Braunschweig 공대 부설의 국제교육학연구소에서 한국학 강사 겸 부소장으로 재직하였고, 뮌헨München 대학의 동아시아 학과에서 한국어 교수로 학생들을 가르쳤다. 그의 대표작으로 『한국의 회화문법』·『조선미술사』·『조선음악』·『한글의 기원』·『도덕경』·『한국의 가락과 춤』·『오동나무 아래에서: 한국의 속담과 동화』·『인삼: 한국 소설』 등의 책과 다수의 논문들이 있다. 이렇듯 일제강점기부터 해방이후까지 언어와 문학

---

112) 홍미숙, 「안드레아스 에카르트의 『조선미술사』에 관한 연구」, 명지대박사논문, 2019, 17~18쪽 참조.

에서부터 미술·음악에 이르는 다양한 그의 연구 성과는 불모지와 다름없던 유럽에 한국학의 기반을 마련한 것으로 평가된다.[113]

유럽에서 동아시아 가운데 한국, 당시 조선에 관한 연구는 1800년대 후반에 나타나기 시작하였다. 본고에서는 미술을 중심으로 유럽학자들의 동아시아 연구와 그 가운데 조선연구를 살펴보고자 한다. 이를 통해 서구의 동아시아 담론에 내재된 조선에 대한 관점을 확인할 수 있을 것이다. 조선 미술에 관한 최초의 기록은 1981년 출간된 박물관 소장품도록에서 발견된다. 우선 라이흐Reich 민속박물관 소장품도록에 조선의 민속품이 소개되었고, 움라우프Umlauf 박물관 전시도록에는 조선의 회화작품과 민속품이 게재되었다. 미술에 관한 구체적인 논의는 1902년에 출판된 에른스트 짐버만Ernest Zimmermann(1866~1940)의『한국미술Koreanische Kunst』이 있다. 그는 동양 3국의 미술을 비교하면서, 그 가운데 조선은 역사를 배경으로 미술의 특징을 기술하였다. 우선 동아시아 미술의 공통점을 좌우대칭·비례성·직선에 대한 공포 등으로 꼽았다. 또한 그는 동양회화의 기준을 명암, 원근 등의 표현방법이 서양에 비해 부족함을 들어 깊이에 대한 표현이 부족하다고 평가하였다. 그 가운데 조선미술은 회화를 중심으로 세밀한 자연관찰과 자연에 대한 친화성을 지적하였다. 그리고 소묘의 정확성과 표현방식의 세련성을 덧붙였다. 1918/19년의 윌리엄 콘William Cohn의「한국미술에 대하여Zurkoreanischen Kunst」는 불교와 관련된 작품을 주로 분석하였는데, 특히 석굴암에 대하여 양식분석법을 적용하였다. 그는 중국

---

113) 이은정, 「독일 한국학의 현황과 전망에 관한 연구」, 경상대석사논문, 2008, 12~14쪽 참조.

서안의 보경사寶慶寺 불상과 일본 호류지의 아미타삼존과 연결하여 논의하였다. 석굴암 본존불이 중국보다 예술적 가치가 높아 일본의 작품 수준에 도달하였다는 그의 견해에서 일본미술에 경도된 관점을 알 수 있다. 그리고 본존불 주위의 십대제자상에 대하여 동아시아에서 가장 뛰어난 인간유형을 구현하였으며, 정신성의 표현이 뛰어나다고 평가하였다.[114] 이렇듯 짐버만과 콘의 조선 미술에 대한 연구는 동아시아미술의 범주에서 조선 미술을 논의하였다. 중국과 일본의 영향의 관계에서 작품의 분석을 통해 조선만의 특징을 유추하였다.

19세기말에서 20세기초 유럽에서 이루어진 조선 미술에 대한 연구는 박물관 소장품이나 개인이 소유한 조선의 미술품을 대상으로 논의되다가 직접 방문하여 실제로 본 작품을 분석하는 방향으로 나아갔다. 이러한 상황에서 1929년에 출판된 에카르트의 연구는 20여년의 조선 체류에서 실사를 통한 자료의 수집과 분석이라는 큰 진보를 가져다주었다. 또한 직접 중국과 일본을 다니며, 그 동안 정리한 조선 연구와 비교하였다. 이를 통해 당시 동아시아 담론에서 주변에 속했던 조선의 위치를 독자적인 위치로 등극시켰다.

> 우리는 중국에 대해 동양미술의 스승으로서 당연한 영예를 주어야겠지만, 그 가르침을 받은 학생인 조선은 스승의 예로부터의 전통 양식을 계승하고 지켜갈 뿐 아니라, 많은 경우 그것들을 더욱 미적으로 심화했다는 생각이 든다. 한편 일본은 중국과 조선에 순종하는 학생이었다. 일본은 자국의 미술을 고도로 발달시키는 과정에서 양자의 예술형식을 단일화시켰고, 특히 회화와 판화부문에서 또한 도

---

114) 권영필, 『미적 상상력과 미술사학』, 문예출판사, 2000, 78~79,83~86쪽 참조.

자기와 칠기공예에서 최고급의 걸작을 만들어냈다.[115)

인용문은 예술에 있어 3국의 관계를 말한 부분이다. 동아시아 미술에서 중국은 시원이 되고, 조선은 중국을 계승하면서 미적으로 심화시켰으며, 일본은 중국과 조선의 영향을 받아 자국의 미술로 발전시켰다. 그는 3국의 관계를 중국을 기원으로 하면서 조선과 일본이 계승하고 발전시켰다는 일반적인 견해를 따르면서도 편향되지 않은 관점에서 3국 예술의 특징을 논의하였다. 그리고 중국과 조선의 영향관계는 모방을 중심으로 논의되었는데, 이에 대한 그의 견해는 아래와 같다.

> 동아시아 일반에서와 같이 조선에서 창조적 조형 능력은 모방 능력 정도 이상으로는 발달하고 있지 않다. 이 모방 능력은 무미건조한 한자 공부뿐 아니라 교육과정 전반과 연관이 있다. 경험을 통해 알다시피, 아시아 지역의 교육과정에서 이해력보다 기억력이 더 중요한 것이었다. 그 때문에 정신마저도 새로운 창조보다는 재생산에 치우치는 형편이었다. … 그 내면에 창의력을 마비시키는 상처가 감춰져 있다[116)

그는 모방을 동아시아인의 공통적인 사고능력이라 말한다. 이러한 모방은 예술에서 비롯된 것이 아니라 한자라는 언어의 습득과정에서 기인된다고 판단하였다. 한자문화권인 동아시아에서 표의문자는 문

---

115) 안드레아스 에카르트, 권영필 옮김, 『에카르트의 조선 미술사』, 열화당, 2003, 20쪽.
116) 위의 책, 21쪽.

자와 언어가 분리되어, 각각의 글자마다 고유한 뜻을 지니고 있어서 글자 수가 많다. 학습에 있어 표음문자보다 많은 글자의 암기가 요구된다. 이러한 점에 근거하여 동아시아의 교육은 반복효과를 통한 기억력의 향상을 중심으로 한다고 말한 것이다. 기억력 위주의 학습은 창의력 보다는 수동적인 모방능력이 발달된다. 그래서 그는 조선예술에 나타난 모방적 요소를 동아시아 문화권에 공통되는 특징으로 결론 지었다.

에카르트가 동아시아 문화의 특징으로 모방 이외에 손꼽은 것은 전통에 대한 맹목적 믿음이다.

동아시아 미술에서 몇 백 년은 아무것도 아니다. 오랜 세월 흘러 내려온 것을 유지하는 전통을 최고의 덕목으로 여긴다. 전통을 포기하거나 새로운 것만을 추구하는 것은 쇠약衰弱의 시작이라고 생각한다. 이 사고 방식은 이미 필연적으로 예술적 붕괴를 자기 내부에 갖고 있었던 것이다.117)

역사적으로 동아시아의 국가성립은 민족의 대이동 보다는 여러 종족 가운데 한 종족이 중심이 되어 나라를 이루면서, 그 왕조가 교체되는 특징을 지니고 있다. 그리고 한 거주지에서 씨족사회를 이루며 대대로 내려오는 가문에는 오랜 기간의 지속된 풍습, 관습 등의 내부적 결속의식이 존재한다. 그는 국가나 사회의 존속에 기여한 문화적 전통이 몇 백 년 동안 지속된다는 점을 지적한다. 다시 말해 전통에 대한 맹목적인 믿음이 아시아의 문화 발전에 걸림돌이 되었다고 말한다.

---

117) 위의 책, 22쪽.

그의 동아시아에 관한 담론에는 서양의 오리엔탈리즘Orientalism적 사고가 내재되어있다. 비록 일생을 조선 연구에 공헌하였지만, 그가 태어나고 자라며 학문을 배우고 익힌 학문적 정체성은 유럽에 의거한다. 따라서 서양의 관점에서 동아시아 특히 조선을 바라보는 것은 자연스러운 결과이다. 다만 본고에서는 그의 미론이 또 다른 타자인 일본 연구가들과 어떻게 대별되는지를 알아보고자 한다. 그 과정에서 조선의 미가 단지 조선학(국학)의 형성과정 뿐만 아니라 동아시아의 담론 가운데 출현되었음을 입증할 수 있을 것이다.

(2) 고전적인 단순미

근대 한국미의 등장은 공교롭게도 제국 혹은 타자에 의해 제창되었다. 앞서 서술한 세키노와 야나기의 경우 식민지 국가에 대한 문화 연구라면, 에카르트는 19세기 유럽에서 유행한 예술방면에서의 오리엔탈리즘에서 비롯된다. 유럽에서 18세기 유행한 신와저리Chinoiserie (중국풍)와 19세기 중반의 자포니즘Japonism(일본풍)과 같은 동양적인 것에 대한 동경과 선호가 문화적 심취로 유행되면서 자연히 조선에 대한 관심이 이어졌다. 이러한 점은 그의 『조선 미술사』서문에서도 볼 수 있다.

> 내가 동아시아에 체류한 이래 다소 불안한 마음으로 조선미술사를 연구하고 그에 대한 문장을 가다듬는 일에 발을 들여놓은 지도 벌써 거의 이십여 년이 되었다. ⋯ 현존하는 자료를 수집하고 정리하여 조선미술에 관한 통사通史를 저술하는 것은, 아직까지 아시아 언어나 유럽 언어로 결코 시도된 적이 없다. 이를 완성하는 것이 이 책의 목적이며, 동양뿐 아니라 모든 문명사회에 조선미술의 의미를

밝히고 알리는 것은 놀라운 일이 될 것이다. … 조선의 곳곳과 중국
과 일본을 여러 번 여행했고, 독일 내외에 있는 고대 문명지와 수많
은 동아시아 박물관을 수시로 방문함으로써 조선미술의 흔적을 추
적했으며, 그렇게 함으로써 나의 연구와 비교의 결과를 이 책에 기
록할 수 있었다.[118]

　위의 내용에서 알 수 있듯, 에카르트가 조선에서 보낸 20여년의 시
간이 집약된 『조선 미술사』는 그 동안 자신이 축적해온 조선과 동아
시아 그리고 유럽 미술사학의 성과를 수렴하며 저술된 것이다. 텍스
트의 체재는 시대별로 나누어 장르로 구분한 서술이 아닌, 장르별로
나누어 그 속에 시대를 구분하였다. 이렇게 장르별로 구분한 것은 조
선 미술사의 전체를 꿰뚫는 미적 특성을 구명하려는 점에 있다. 그리
고 중국과 일본의 미를 비교하는 방법으로 조선미의 특성을 도출하였
다. 텍스트에 실린 500여개의 도판은 그가 직접 그리거나 촬영한 사진
과 그림으로 구성되었다. 그리고 작품의 선별과 해석에 있어 객관적
인 검토를 위해 동시대 일본의 조선 미술 연구 경향을 참고하였다.
이를 테면 불교조각의 선별 기준에 대하여 그는 "오랜 기간 일본인들
에 의해 '조선적인 것'으로 분류되고 있는 작품들만을 충분히 고려하
면서 논급했다. 신라, 백제 그리고 고구려에 근원을 가지고 있는 이들
작품은 보편적으로 조선의 표식을 가지고 있고, 일본인 감정가에게도
조선의 것이라고 인정되어 왔던 것이다."[119]라며 조선 미술에 대한
실증적인 입장을 견지하고자 노력하였다.

---

118) 위의 책, 9쪽.
119) 위의 책, 214~215쪽.

한국 미술사 연구의 관점에서 볼 때, 이 책은 이전까지 논문이나 기사 형태의 미술이나 미적 견해를 피력한 저술과는 다른 일정한 체계를 갖춘 근대 최초의 미술사라 평가 받는다.[120] 더불어 근대 유럽의 동아시아 미술 담론에서 조선의 위치를 점유하였다는 의의를 지니고 있다.

에카르트가 파악한 조선미술 전반을 아우르는 미적 요소를 분석하기 전에, 조선 고유의 미가 탄생하게 된 배경을 알아보도록 하자.

> 조선은 유럽인들에게 가장 익숙한 지형인 반도에 위치해 있다. … 이탈리아 정도의 크기와 이탈리아와 같은 아름다운 풍경을 가지고 있는데 이 풍광의 미美야말로 사람의 마음과 감각을 고양시키고 미술을 왕성하고 활발하게 하기에 아주 적합하다. 조선 사람들은 실제로 미술에 대한 이해나 애정을 가지고 있다. 그러나 지난 수세기 동안의 미술활동을 돌이켜 보면, 지금처럼 국민이 빈곤함 속에 있고 자유롭지 못한 경우보다는 이해 있는 군주에 의해 장려되었던 당시의 예술에 대한 애착이 더 컸다고 말할 수밖에 없다.[121]

조선의 지형적 위치가 고유의 미를 탄생시켰다. 그는 반도국가라는 점에서 유럽의 이탈리아를 떠올리며, 아름다운 자연이 조선인의 미를 고양시켰다고 한다. 반도라는 지형적 위치로 인해 조선인은 우울과 슬픔을 숙명으로 받아들인다고 했던 세키노와 야나기의 견해와는 상반된다. 에카르트는 당시 식민이라는 어려운 상황으로 인해 조선인들이 경제적 어려움과 속박된 삶을 살고 있지만, 역사적으로 독립된 국

---

120) 권영필외, 『韓國美學試論』, 고려대한국학연구소, 1994;1997, 74~75쪽 참조.
121) 안드레아스 에카르트, 권영필 옮김, 『에카르트의 조선 미술사』, 17쪽.

가로서 예술의 활동이 왕성했던 시기가 길었음을 말하고 있다. 다시 말해 그는 현재를 기준으로 과거의 예술 정신을 규정하는 것이 아니라, 현재와 과거를 관통하는 예술 정신의 구심점을 찾고자 했다.

그가 찾고자 했던 조선의 미는 시대와 공간을 초월하는 조선만의 독특한 미이다. 따라서 미술통사임에도 불구하고 시대가 아닌 장르적 분석을 통해 장르와 장르를 연결하는 정신을 탐색한다. 우선 건축분야에서 조선 고유의 미를 살펴보자.

> 이 정자에서는 색채보다도 빛의 대비가 커다란 역할을 하고 있다. 하부의 지주로 사용된 흰 화강암, 상부에 깊이 그림자를 떨어뜨리고 있는 묵직한 모양의 지붕, 중간에 적당히 튀어나와 있는 서까래, 열대熱帶의 태양에 빛나는 기와, 회색 벽을 배경으로 한 붉은 문, 나무들의 신선한 푸르름, 이러한 것들이 일체가 되어 강한 매력과 특색 있는 인상을 만들어내고 있다. 한번이라도 좋은 관선 아래에서 이 정자를 본 사람은 결코 쉽게 잊지 못할 것이다.[122]

인용문은 창덕궁의 정자에 관한 내용이다. 그는 건축의 구조와 외관을 설명하고 있다. 양식적 특성보다는 정자와 주변 환경과의 조화를 설명한다. "빛의 대비"와 "나무들의 신선한 푸르름"등의 자연적 요소가 건축의 미를 구성하는 토대가 된다. 그는 단순히 건축물로 정자亭子를 설명한 것이 아니라, 정자의 본래적 의미인 자연을 배경으로 한 휴식공간이라는 점을 간파하였다. 지붕과 기둥이라는 최소의 구조적 골격만 사용함으로써 주변 경관과 조화를 이루었음을 인용문에서

---

122) 위의 책, 36쪽.

기술하였다. 인용문에 나타난 그의 시선은 햇빛 속에서 정자의 그늘에 앉아 주변을 바라보기도 하고, 멀리서 정자와 주변의 조화를 관찰하기도 하였다.

그는 정자가 인간이 만든 인위적인 구조물임에도 불구하고 자연친화를 지향하고 있음을 강조하였다. 이러한 조선의 자연미는 아래의 내용에서도 알 수 있다.

> 활 모양으로 가볍게 휘어진 지붕의 경사는 주변의 자연과 참된 조화를 이루고 있으며, 이 지붕의 형태 때문에 이 문이 주변의 풍경과 매우 예술적으로 융합되어, 그 형태가 강요된 것이라는 느낌이 전혀 들이 않을 정도이다. 비례의 관점에서 보아도 이 조화는 훌륭한 것이다. 중앙의 둥근 아치, 양쪽의 급격한 경사면으로 만灣처럼 생긴 문루門樓, 마지막으로 약간 안쪽으로 굽어들어 있는 지붕, 이러한 것들이 하나가 되어 각각의 다른 선적線的요소에도 불구하고 기념비적인 예술적 일체감을 만들고 있다. 이것은 단순히 교육이나 모방으로는 될 수 없고, 진정한 예술적 감각에서 태어난 결정체인 것이다. 완만한 벽 경사면의 선을 머릿속에서 연속시켜 보면 그것이 지붕의 용마루 끝에서 얼마나 교묘하게 끝나고 있는지에 주목할 필요가 있다. 이것은 단순히 우연한 것이 아니라, 뛰어난 솜씨의 계산에 의한 것이거나 이 벽을 지은 장인의 무의식에서 나온 절대적인 명령에 의한 것이다. 우리의 미적 만족, 미적 판단은 이러한 또는 이와 유사한 사유적 연관성에 기초하고 있다.[123]

북한산 성문과 성문에 이어진 다리를 설명한 부분이다. 그는 주변에 산과 계곡에 둘러싸인 북한산 성문과 다리의 사진을 도판으로 넣

---

123) 위의 책, 43쪽.

었다. 녹음이 짙은 나무가 완만한 숲을 이룬 모양은 활처럼 휘어진 지붕과 아치모양의 성문 등의 곡선과 어우러져 있다. 이 때문에 건축물의 곡선이 주변 경관과 연결되어 조화롭게 보인다. 또한 각각의 곡선은 하나의 선으로 결합된다. 즉 지붕·문루·문·다리마다의 선적 요소가 하나로 결합되어 일체감을 느끼게 한다. 인용문에서 선적요소는 자연스러움을 추구하고 있다. 그는 자연과 건축이 조화로울 수 있었던 이유로 건축의 곡선처리와 성문을 주조한 조선인의 미의식을 손꼽았다. 건축에 나타난 조선의 미는 다음과 같다. "조선건축은 그 조형의 기본이 중국에서 출발한 것이지만, 많은 점에서 독자의 길을 터득했으며, 그를 통해 자기식의 매력을 살리는 작품을 창출해냈다. 조선건축은 다른 모든 동양건축보다 빼어나지만, 그것은 결코 크고 장엄한 건축물에 의한 것이 아니라, 선과 형태를 예술적으로 예민하게 측량할 줄 아는 그런 능력, 단적으로 말하면 어떤 고적적인 탁월성에 의해 한층 빼어난 것이다."124) 이처럼 에카르트는 건축이 크고 화려하며 장엄하다고 하여 형과 색을 갖춘 것이 아니라, 건축물에 선과 형의 표현 처리에 따른 조형물의 전체적인 균형감을 중요하게 생각하였다. 그는 이러한 점에서 조선의 선과 형에 나타난 고전성을 극찬하였던 것이다.

조선의 미를 고전적이라 평가하였는데, 그 의미를 조금 더 알아보도록 하자.

과거 조선 예술가들의 작품들을 보고 있으면 그것들이 평균적으

---

124) 위의 책, 84쪽.

로 세련된 심미적 감각을 증명하고 있으며, 절제된 고전적인 아름다움을 가지고 있음을 인정하게 된다. … 때때로 과장되거나 왜곡된 것이 많은 중국의 예술형식이나, 감정에 차 있거나 형식에 꽉 짜여진 일본의 미술과는 달리, 조선이 동아시아에서 가장 아름다운, 더 적극적으로 말한다면 가장 고전적古典的이라고 할 좋은 작품을 만들어냈다고 단언해도 좋을 것이다.[125]

그에 의하면 조선의 예술은 세련된 미적 감각과 절제된 고전적인 미를 지니고 있다. 중국의 과장되거나 왜곡된 예술과 일본의 감정에 치우치거나 형식에 얽매인 예술과는 다르다. 두 나라의 지나치고 과한 부분을 조선은 절제와 절충으로 고전적인 미를 산출하였다. 이러한 점은 동아시아의 관계에서도 나타난다. "조선은 인도와 중국의 영리한 학생이고 일본의 원숙한 스승이다. 그리고 조선은 창작 활동력이 가장 성행했던 시기에 이 두 개의 다른 미술풍조 사이에서 중용을 유지할 줄 알았다. 조선의 동아시아 미술에서의 고전성에는 이 천부적 재능과 더불어 중국과 일본의 중간에 위치하고 있다는 지리상의 행운도 그 역할이 크다."[126] 인용문에서 중국은 스승이고, 조선은 학생이며 동시에 일본의 스승이다. 그는 조선을 영리한 학생이자 원숙한 스승이라 표현하였다. 영리한 학생이란 조선이 중국의 예술을 모방하는 것에 그치지 않고, 자기화의 과정을 거쳐 발전시켰던 점이다. 그리고 발전된 예술을 일본에 전승하였기에 원숙한 스승이라 할 수 있다. 이렇게 에카르트는 조선의 미술이 동아시아 3국에서 가장 완성

---

125) 위의 책, 20쪽.
126) 위의 책, 130쪽.

미를 지닌 전범으로의 고전성을 지녔다고 본다. 또한 조선 미술의 고전성은 중국과 일본의 중간에 위치한 "지리상의 행운"에 의해 성취된 것으로, 식민사학의 반도적 성격론과 상반된 견해를 제시하였다.

이러한 점은 회화에서도 발견된다. 그는 "조선회화는 역강한 성격의 중국회화와 줄곧 지나치게 세련되게 묘사하는 일본의 수법 중간에 있다. 조선 민족은 아름다움에 대해 자연스러운, 그리고 비인공적인 감각을 가지고 있다. 그러나 색의 사용방법에서는 단연 일본이 조선을 능가한다."[127]라 하였다. 글의 내용에서 조선인의 미의식은 자연스러움과 비인위성이다. 이러한 점은 앞에서 살펴본 건축의 특징과 동일하다. 조선회화를 그는 필치나 기법에 있어 힘이 넘치는 중국회화와 화려하고 치밀하며 세련된 일본의 회화의 중간지점에 있다고 말한다.

그 중간지점에 대한 논의를 조선 도자기에서 살펴보자. "중국이나 일본의 도자기와 같이 색채나 도안적인 형상에 과다하게 치중하지 않는다. 그러나 이러한 제한성 속에서도 조선의 도자기에 부여되는 가치는 멋있고 은은한 유색釉色과 놀라울 정도로 다양한 형태에 있다."[128] 그가 제시한 조선 도자기의 특징은 색과 형에 있어 적절한 균형이 이루어져 있다. 조선 도자기의 은은한 유색은 색에 치중하지 않기에 나타날 수 있으며, 형태를 강조하지 않아 다양한 모양의 도자기가 만들어졌다. 이처럼 중국·일본과 비교하며 조선적인 특징을 유추하는 그의 서술 방식은 동아시아 미술담론에서 조선을 관조하려는

---

127) 위의 책, 259쪽.
128) 위의 책, 278쪽.

의도로 볼 수 있다.

　　조선미술을 흥미롭게 만드는 것은 한데 섞여 버리거나 불명료에
빠지는 점이 없이, 선, 표면, 색채를 크게 강조한다는 점이다. 그 특
색은 조선의 일상 의복에도 반영되어 있다. 그 의복은 중국인의 볼
품없는 남색이나 검은 의복과도 다르고, 차분하지 못한 면이 많은
변덕스러운 일본의 기모노와도 다른 것으로서, 그 색채는 밝고 정감
이 가고, 재단은 안정적이고 간결하며, 유복한 인접국과 같은 고가
의 비단은 드물게 사용되며, 보통 흰 바탕이지만 가난한 나라로서는
매우 청결한 천을 사용하고 있다. 이러한 내용들이 조선인의 위대한
족적에 덧붙여지며, 이러한 모든 것은 이 민족이 미적인 것에 대해,
또 간결한 것에 대해, 결국 고전적인 중용에 대해 갖는 자연스러운
예술적 감각을 증명하고 있다.[129)

　　인용문을 보면 조선의 미술은 간결하고 명료하여 선과 표면 그리고
색이 크게 강조될 수 있다. 이러한 특징을 그는 조선인의 의복에 비유
하여 논의를 전개한다. 중국과 일본의 의상과는 다르게 조선의 백색
의상은 밝고 간결하며 소박하다. 조선에는 중국이나 일본처럼 비단을
소재로 한 옷은 드물고, 주로 청결한 소재로 만든 흰색의 옷을 입는다.
그는 흰색의 색감을 강조하여 밝다고 하였으며, 여러 가지 무늬와 치
장이 없음을 간결함이라 하였다. 야나기의 경우 "흰옷은 언제나 상복
이었다. 고독하고 신중한 마음의 상징이었다. 백성은 흰옷을 입음으
로써 영원히 상을 입고 있다. 이 민족이 맛본 고통스럽고 의지할 곳
없는 역사적 경험은 그러한 의복을 입는 것을 오히려 어울리게 만들

---

129) 위의 책, 371쪽.

어 버리지 않았는가."130)라며 백색을 고독과 슬픔의 상징이라 말한다. 야나기는 역사적으로 중국과 일본의 침입에 의해 조선 민족은 비애의 정서가 가득하며, 이러한 점이 평소에 상복을 입는 것으로 영원히 상중喪中이라 한다. 앞에서 안확은 백색의 옷을 온순하고 자연적인 민족성이자 순직무잡純直無雜의 특징이라 하였다. 에카르트도 "섞어버리거나 불명료에 빠지는 점 없이"를 언급한 점에서 안확과 비슷한 견해를 가지고 있다.

에카르트는 복식이나 가옥 그리고 실내가구 등의 일상에서의 미술품에 대해 "조선인들은 언제나 단순하고 아름다운 선線·형形·색色을 선호하고, 너무 복잡하고 어수선한 것이나 야한 것에 대해서는 대개 거부감을 갖는다."131)라 하였다. 에카르트의 조선적인 미는 자연스러움·고전성·간결함·단순성으로 볼 수 있다. 그는 표현이나 기법이 인위적이거나 과장된 것을 지양하는 측면에서 자연스러움을 말하였다. 자연스러움은 조선인의 미적 감각이 과욕이 없는 상태로 간결함, 단순성과 연관된다. 그리고 고전성은 동아시아 미술에서의 전범을 의미하기도 하며, 어떤 경우는 "그리스의 고전미술에서 발견되는 바와 같은 온화함과 절제이다."132)라며 시대양식 가운데 하나인 고전을 지칭하기도 한다.

에카르트는 조선의 미에 대해 자연스러움을 바탕으로 간결·단순성의 미감을 지니며, 이러한 점에서 동아시아적인 고전으로 평가하였

---

130) 야나기무네요시, 이길진 옮김, 『조선과 그 예술』, 99쪽.
131) 안드레아스 에카르트, 권영필 옮김, 『에카르트의 조선 미술사』, 21쪽.
132) 위의 책, 375쪽.

다. 조선적인 미는 고전적인 단순성이라 볼 수 있는데, 이는 시대와 장르에 집중된 특징이 아닌 조선 미술 전반에 흐르는 미의식을 일컫는다.

그의 조선 미론을 통해 우리는 당시 일본의 조선 미론과 상이한 관점을 발견할 수 있다. 다시 말해 조선의 예술은 중국을 원류源流로 한 수용과 모방의 관계로 풀어내는 방식과 다름을 확인할 수 있다. 뿐만 아니라 식민사관으로 조선의 역사와 문화를 의도적으로 논술했던 일본 연구자들과도 대조적이어서 동시대 조선 문화연구에 있어 의미하는 바가 크다.[133]

일본 미술에 대해 그는 삼국시대부터 일본은 조선의 문화·문자·문학·종교에 이르기까지 그 영향이 절대적이었다고 말한다. 특히 그는 일본의 도자기가 동아시아에서 현재와 같은 지위를 얻을 수 있었던 점을 조선의 영향이라 하였다.[134] 『조선 미술사』에는 도자기를 중심으로 일본에 남아있는 조선 미술이 집중적으로 논의된다. 〈조선도자기가 일본에 미친 영향〉이라는 절은 당대 연구 가운데 가장 논증적이며 실증적인 자료를 토대로 양국의 문화관계를 규명하고 있다. 그는 일본의 동경제국대학과 경도제국대학의 강의 제안을 수락함으로써 일본에 체류할 수 있게 되었고 이 시기에 조선과 관련된 지역을 방문하였다.[135] 아래의 인용문은 그가 방문한 도자기 가마 가운데 야마구치현에 관한 내용이다.

---

133) 홍미숙, 「안드레아스 에카르트의 『조선미술사』에 관한 연구」, 52쪽 참조.
134) 안드레아스 에카르트, 권영필 옮김, 『에카르트의 조선 미술사』, 18쪽.
135) 홍미숙, 「안드레아스 에카르트의 『조선미술사』에 관한 연구」, 54쪽 참조.

사실 모국인 조선과는 달리, 일본에는 많은 조선 도공의 이름이나 거주 장소가 전해지고 있다. 모두 열두 곳의 현縣이 제시되고 있는데, 그것들은 조선의 도공을 통해 유명해진 곳이다. … 현재 야마구치현山口県이 있는데, 취약한 경영에 새로운 생명을 불어넣은 것은 또한 1592년이었다. 조선인 이경李敬이 모국 양식을 여기에 재현하고, 붉은색을 띤 황색의 가는 빙렬이 생기는 유약을 만들어냈다. 또한 붓으로 회색을 더하기도 하고, 분청사기 형태의 완碗을 만들어내기도 했다. 이 조선의 기술은 17세기 내내 계속되었다. 이 유파의 후예가 오늘날까지도 하기시萩市에 살고 있다.[136]

조선의 도공들은 이름 없는 작가들이었다. 그들의 상당수가 임진왜란 때 일본으로 끌려가면서 일본에서 활동하게 된다. 에카르트는 조선의 도공을 통해 유명해진 도자기 가마 12곳을 찾아다녔다. 텍스트에는 12현에 소개된 조선인 도공의 이름과 일본인 계승자 그리고 도자기의 특징이 서술되어 있다. 위의 내용은 야마구치현에 정착한 이경이라는 도공이 그 지역의 도자기 문화를 융성시켰다는 내용이다. 초기에 그는 조선의 양식을 그대로 재현하다가 붉은색을 띤 유약을 만들어내는 등의 일본의 재료를 응용하는 방법으로 발전되는데, 그 기술이 17세기까지 전승되었다. 나아가 그는 이경의 후예들이 지금도 활발하게 활동하고 있음을 서술함으로써 일본 도자기 역사에 끼친 조선의 영향을 강조하였다.

그는 일본 도자기 산업의 기초는 도요토미 히데요시의 조선 침략에 의해 세워진 것이라 말한다. 도요토미가 비록 정치적으로는 성공하지 못했지만 그때 다이묘들이 자국의 문화와 산업 진흥을 위해 조선의

---

136) 안드레아스 에카르트, 권영필 옮김, 『에카르트의 조선 미술사』, 324~326쪽.

도공들을 데려갔으며, 조선인들이 도자기 산업에 커다란 영향력을 행사했다고 기술하였다.[137]

도자기에서 가장 중요한 자토磁土를 처음으로 일본에 가져온 사람들이 조선인이었고, 일본에 정착하면서 자기를 번조할 수 있는 고운 점토를 발견한 것도 조선인들이었다. 그리하여 일본은 세계적으로 평가가 높은 요업 공장이 약 12군데나 개발될 수 있었다.

> 도자기는 여러 다른 민족들의 협동적인 작업이 빛나는 예술품으로 창출된 고전적인 예를 보여주고 있다. 중국의 기술, 조선 양식의 아름다움, 유연성, 거기에 자연스럽게 갖춰진 조화의 감각, 일본의 눈부시게 아름다운 색채 애호, 이러한 것이 어우러져 언제까지나 인류의 기쁨이 되는 도자기를, 훌륭한 미의 교향악을 창출하고 있는 것이다.[138]

조선이 일본의 도자기 산업에 끼친 영향을 규명하기 위해, 그는 일본에 남겨진 기록과 자료를 통해 조선 사기장의 행적을 추적하였으며 직접 생산지를 실견하며 정보를 수집하였다. 그가 자료를 수집하고 조사할 당시 조선은 식민의 상황으로 일본의 연구자들에 의해 조선연구가 주도되던 시기였다. 이러한 시기에 그는 일방적으로 왜곡된 조선과 일본의 문화교류의 역사를 정정하고자 하였다. 나아가 그의 노력은 동아시아 미술담론의 형성에 의의가 있다.

위의 내용을 보면, 도자기는 중국과 조선 그리고 일본의 미가 결합된 동아시아 예술의 꽃이다. 다시 말해 중국의 도자기술이 조선에 전

---

137) 위의 책, 329쪽 참조.
138) 위의 책, 329쪽.

해져 도자기는 양식의 아름다움과 유연성 및 조화로운 미를 갖추게 된다. 그리고 일본에 전승되어 아름다운 색채가 더해져 도자기는 동아시아의 대표적인 미를 창출하게 된다.

그의 미술관은 기존의 시대나 양식 그리고 장르의 특징을 추구하기보다 미술사 전체를 통찰하는 정신을 중심으로 한다. 이를 위해 민족과 문화의 내적 연관성에서 고유의 미를 도출하려 했다. 그는 20여년을 조선에서 생활하며 조선인과 함께 한일합방을 목도하고, 식민체제의 현실을 경험했다. 그리고 조선 곳곳의 예술품과 문화 유적을 답사하며 자료를 수집하고 정리하였다. 이러한 일련의 과정을 통해 그는 조선민족과 조선 문화의 내적 연관성에서 조선적인 고유의 미를 만나게 된다. 그가 제시한 고유의 미는 고전적인 단순미이다.

옥낙안玉樂安이란 조선 이름을 가졌던 에카르트, 그의 조선에 대한 애정은 『조선 미술사』의 마지막에서도 볼 수 있다.

조선은 중국과 일본의 중간에 위치하고 있어 중국미술을 받아들여 자신의 것으로 소화하고 그것을 일본에 전해주는 역할을 하게 되었다. … 조선의 독자성에 따라 그것을 개량하여, 고대 조선미술을 어떤 의미에서는 동아시아 고전미술로 타당하게 인정받을 수 있는 수준에까지 끌어올렸다. 이것은 위대한 장점이며, 이 비교적 작은 나라인 조선의 영광의 기록부이자 최고의 공적이다. … 조선은 그 스승을 전통을 받아 이었을 뿐 아니라 많은 경우 그것을 더욱 높였다. 조선 자신의 강함을 가지고 다양한 각도에서 동아시아에서 가장 고전적인 예술품을 제작했다. 오늘날 해를 거듭할수록 조선은 민족으로서의 특징을 잃어가고 있으나, 과거의 예술작품에 나타나 있는 조선 독자의 특질을 간과해서는 안 된다.

그 때문에 지금까지 이야기해 온 것으로써, 우리가 조선미술을

중국이나 일본미술과는 많은 점에서 다른 미술이라고 말하는 것이
충분히 정당화되는 것이다.[139]

동아시아 미술에서 조선은 조선만의 독자성을 지니고 있다. 이러한
점에서 조선의 미술은 모방의 역사도 아니며, 비애의 미로 한정되지
않는다. 에카르트가 『조선 미술사』를 저술한 목적은 동아시아 미술
담론에서 조선의 위치를 확보하는 것이다. 비록 조선이 국가로서의
독립성을 잃었지만 역사적으로 전승되어온 예술의 독창성은 살아 숨
쉰다. 그는 중국과 일본이 중심이 된 동아시아 담론에서 이 텍스트를
통해 조선의 문화적 가치를 증명하고자 하였다. 이를 위해 그는 중국
과 일본의 미술과 비교하였으며, 일본 미술에 남아있는 조선 미술의
흔적을 규명하였다.

---

139) 위의 책, 376쪽.

제4장
예藝에서 미론美論으로의 역정歷程

　근대 한국미는 전통적인 예술의 계승과 변용의 문제에서부터 근대
적 학문의 토대에서 유입된 미론의 수용과 자기화의 과정을 거쳐 비
로소 형성되었다. 이를 위해 기존의 미학이라는 서양미학 중심의 관
점을 견지하기보다 한국 근대의 특수성 속에서 미를 바라보았다. 격
동의 근대전환기에 예술은 예술 자체만을 고유하게 전개하고 발전시
키기가 어려웠다. 예술도 그 시대의 언어였기에 조선말 성리학적 전
통의 계승과 변용 그리고 개화의 물결을 지나 식민의 아픔을 겪어낼
수밖에 없었다.

　본고에서는 조선의 예술에서 근대의 미의식으로 변모하는 미의 역
사를 재현하였다. 그 과정을 살펴보면 다음과 같다.

1 전통의 극복, 개화의 물결과 미의식의 발견

　조선에서 중세와 근대가 맞물린 시기는 19세기 중엽이후로 볼 수
있다. 당시 성리학적 질서와 가치관을 가진 조선인들에게 서구의 과

학과 문명의 수용은 충격으로 다가왔다. 특히 중국 중심의 세계관에서 서구 중심의 세계관으로의 이행은 전통과 근대의 갈등으로 나타난다. 다시 말해 전통적인 것을 어떻게 계승할 것이며, 근대적인 것을 어떻게 수용할 것인지의 새로운 문제가 등장한 것이다. 따라서 당대의 사상은 당면한 시대에 대한 사상적 전략인 실학으로 구체화되었다. 다음으로 조선의 개화 담론을 이 책에서는 서양과 동양·전통과 근대·문명과 야만·친일과 민족의 대립, 갈등으로만 볼 것이 아니라 서로 융화하려는 인식들에 주목하였다. 이러한 인식이 문화예술의 담론으로 어떻게 구성되었는지 살펴보았다.

첫 번째로 살펴본 김정희의 예술론은 그의 실사구시적 사유에 기반을 두고 전개되었다. 그는 학문과 예술을 동등하게 보면서 시·서·화 등이 작품으로 창작되는 원리와 방법을 설명하였다. 이를 테면 문경론을 중심으로 예술가는 모범이 되는 법식을 배우고 익힘으로써 예도藝道가 깃든 작품을 창작할 수 있다. 여기서 문경론은 실사구시의 방법을 예술에 적용하여, 올바른 배움과 이를 통한 숙련 그리고 실증적 사고를 의미한다.

두 번째로 살펴본 박규수의 예술관은 법고창신에 깊은 뿌리를 내리고 있다. 중세의 끝과 근대의 시작이라는 과도기에 개항과 개화를 맞으면서 모든 사회·문화현상이 급변하게 달라지기 시작했다. 그 변화의 시작에 박규수가 있다. 그의 예술관은 전대 실학파들의 예술관에 뿌리를 두면서 그것을 개화론과 병합하려는 경향이 있었다. 법고에서 창신으로의 이행은 기존의 실학관점을 계승하면서 시대 현실에 맞는 예술관으로 거듭난 것이다. 다시 말해 불안정한 국내 정세와 열강의 침입에 따른 외교적 혼란이 예술 위한 예술보다는 현실에 필요한 예술을 요청하였다. 이렇게 요청된 예술은 전통의 계승이자 변용으로 나타난다.

　김정희와 박규수 모두 청대 고증학을 기반으로 사상을 형성하며 그에 따른 예술론을 펼쳤다. 하지만 무조건적인 수용이 아니라 조선의 예술 현실에 맞게 적용하였다. 이를 테면 문인화를 비판하면서도 배격하지 않았다. 중인층의 예술향유가 늘어남에 따라 예술을 직업으로 하는 사람들이 늘어났고 이에 대한 폐단을 고민하였다. 이렇듯 그들은 근대라는 새로운 변화를 예감하고, 이에 대응하려 하였다. 이러한 요소들이 조선사회의 기반인 성리학적 전통을 계승하면서도 변용의 길로 나아가게 하였던 것이다.

　세 번째로 살펴본 유길준의 예술인식은 그의 삶과 사유를 토대로 논의하였다. 그의 개화관은 서구적 근대를 목적으로 하지 않았다. 조선의 과거에서부터 현재까지 문화와 역사 등의 전통적이고 고유한 영역을 계승하면서 서구문명을 수용하려 하였다. 유길준이 생각한 개국開國은 서양에 대한 개방이 아니라 조선에게 필요하고 적합한 것을 서양에서 취하는 것이다. 당시 외세에 위협받는 상황에서 국가의 존립을 위해 근대화가 절실히 필요하였다. 그는 전통과 근대·동양과 서양·문명과 야만의 대립과 갈등을 넘어서 조선적 근대를 이루고자 하였다. 이러한 과정에서 그가 남긴 시와 기행문 등은 개화인식의 예술적 형상이라 볼 수 있다. 자신의 삶을 진솔하게 표현한 유길준의 작품에는 중세와 근대의 경계에 선 지식인의 고뇌가 담겨있다. 그의 내면의식을 통해 예술이 삶의 반영이자 시대의 반영임을 다시 한 번 확인할 수 있었다.

　네 번째로 살펴본 자강과 계몽의 예술은 자강운동을 중심으로 논의하였다. 당시 식산흥업殖産興業과 교육이라는 문명화의 과정 속에 공예는 상품을 제작하는 공工의 의미범주에서 논의된다. 특히 『대한자강회월보大韓自强會月報』를 보면 제조로서의 공예가 공업으로 논의되면서 식산의 측면에서 조명되고, 동시에 교육의 분야로서 예술이 등장하면서 심미審美론이 제기된다. 이렇듯 1900년대 예술은 문명화라는 목표에의 헌신과 미의식이 태동이라는 양면성이 공존한 시기였다.

② 근대의 기획, 주체의 탄생과 근대적 미론의 모색

20세기에 접어들자 일제는 본격적으로 조선의 식민지화에 들어갔다. 모든 분야에 걸쳐 식민지화의 전략이 펼쳐졌고, 일제는 조선의 정체성을 왜곡·폄하하는 데에 주력하였다. 신채호는 근대적 자아의 개념을 민족적 자아와 정체성 확립의 기제로 적용하였다. 이를 통해 근대의 전복과 저항의 예술을 기획하면서 일본에 대한 문화적 투쟁을 펼쳤다.

다음으로 이광수와 염상섭은 예술관련 비평을 통해 근대적 미론의 수용과정을 논의하였다. 이광수와 염상섭의 미론은 일본 문화사조의 영향 속에서 제기되었다. 한국의 근대 미론은 주체적이며 내재적 발전에 의한 성립은 아니었다. 그래서 한국 근대학문의 키워드인 "이식"·"모방"·"단절적"·"굴절"이라는 개념은 근대 미론에도 적용된다. 근대의 수용이 일본을 통해 수신되었다는 조선의 특수한 상황은 여러 쟁점을 낳았다. 이식과 모방의 형태로 근대가 형성되었고, 이는 전통과의 단절로 나타났으며, 일본을 통해 굴절된 이론을 수용했다는 비판이 이루어졌다.

이 책에서는 1920년대 일본 유학생들에게 발견된 근대적 미를 살펴보았다. 자신이 영향을 받은 사상에 따라 각자 근대적 미론을 모색하면서 조선의 현실에 적용하고자 하였다. 그들은 문학을 서로 다르게 접근하였고 또한 서로 다른 미론을 개진하였다. 이 과정에서 우리는 그들의 근대적 미론이 일본의 단순한 이식이나 모방은 아니며 그렇다고 주체적인 미론을 제시한 것도 아님을 알 수 있었다. 하지만 그들을 통해 우리는 명확하게 예술은 미론으로 이행하고 있었으며, 그 과정에서 전근대의 예술을 부정하기도 혹은 변용하여 계승하려 했음을 기억해야 할 것이다.

첫 번째로 신채호의 경우 근대 제국의 식민주의를 전복하면서, 끊임없이 근대의 진정성을 의심하였다. 그는 근대라는 문명개화 속의 억압적 계기를 주시하면서, 근대의 전복과 저항의 예술을 기획하였다. 주체의 분열을 지속하여 노예적 삶을 강요하는 일본에 대한 문화적 투쟁을 펼쳤다. 그 투쟁을 그는 '아'와 '비아' 역사 속에서 발견하였다. 이 책에서는 노예적 예속을 거부하고 오로지 '아'를 지향하는 그의 사상과 예술관을 『꿈하늘』을 중심으로 분석하였다. 작품에 나타난 '아'의 투쟁은 '아'와 '비아'의 투쟁과 '아'와 내부적 '비아'의 투쟁 그리고 '소아'에서 '대아'로 이르는 과정이었다. 다시 말해 한놈의 투쟁 과정은 주체가 정립되는 과정이며, 주인공인 한놈은 신채호 자신이자 조선인을 의미한다. 신채호는 민족의 각성과 정체성 확립을 의도하기 위해 소설이라는 형식을 빌었다. 따라서 소설에서 환상의 세계는 식민지 현실에 대한 도피가 아니라 지나간 역사를 현재화시켜 민족을 각성 시키려는 신채호의 철저한 현실인식으로 볼 수 있다.

두 번째로 근대적 미론의 모색은 개인의 탄생으로부터 비롯되었다. 개인은 인간의 유형 가운데 최소의 단위이자 분리될 수 없는 개체이다. 조선에서 개인의 표상은 국가 건설과 연관되는 특징을 가지고 있다. 국가의 형성이 불가능한 식민 현실에서 근대성은 오로지 개인에게 집중되었다. 정신적 국가의 국민으로서 개인은 현실의 개혁을 담당한다. 근대적 개인은 자율적이고 독립적 존재로서 권력과 이념에 종속되지 않는다. 따라서 개인은 정신적 독립이 가능하기 때문에 1910년대 이후 정치·문화의 주체로 등장하였고, 주로 근대적 지식을 습득한 즉 일본 유학경험이 있는 지식인들에게 주창되었다.

이광수의 경우 염상섭보다 먼저 자율적이며 독립적인 개인을 주장하였다. 그는 인간의 '정'의 작용을 중심으로 개인의 자각을 말하였다. 개인의 자각이 문학으로 형상화되면서 근대적 문학관을 정립시켰다. 하지만 개인의 자각은 민족의 자각으로 나아가면서 민족주의를 지향하게 된다. 그가 말한 자각은 인격개조로부터 사회개조로 나아가 민족개조로 귀결되면서 개인은 민족에 복속하게 된다. 봉건제적 제도와 관습을 비판하며 획득된 개인의 자유는 결국 민족에 의해 다시 희생되고 만다. 다시 말해 그는 스스로 전근대를 비판하면서, 전근대로 회귀하고 말았다.

염상섭은 개성을 중심으로 근대적 미론을 모색하였다. 염상섭의 문학에 반영된 개인은 자아의 각성과 해방을 지향한다. 특히 개인이 특정 환경에서 발휘된 특이성을 개성이라 하는데, 그가 추구한 개성론은 본질적으로 예술가의 창조적 직관을 핵심으로 한다. 예술가의 창조적 직관이 작품에 표현될 때 독창성을 지니게 되며, 이러한 작품의 생명력은 예술가의 사후에도 지속된다. 그리고 개인의 개성은 민족의 개성으로도 논의되는데, 개인과 민족은 동등한 위치를 점유하고 있다. 그는 개인에게 개성이 있듯이 민족에게도 민족의 개성이 있어야 함을 주장하였다. 또한 그는 예술미를 개성과 더불어 현실인식의 반영을 강조하였다.

③ 식민과 제국, 하나의 조선과 두 개의 미美

한국적 미의식이라 할 수 있는 고유한 미는 식민과 제국이라는 서로 다른 관점에서 주장된다. 조선의 미에 관한 두 개의 시선은 하나의 담론에서 형성되었다는 특징을 지니고 있다. 1910년대 이후 '조선적인 것'과 '조선'이라는 담론 형성 과정에서 미 개념이 등장한다.

식민의 상황 속에서 당시 지식인들의 당면 과제는 독립된 '조선'의 정체성을 규명하는 것이었다. '조선' 혹은 '조선적인 것'의 고유성은 타자와 구별되는 자기인식에서 비롯된다. 자기인식은 민족 개념을 중심으로 구체화되어 조선의 정체성을 창출하였다. 지식인들은 정체성에 대한 표상 담론을 문화전반에 걸쳐 기획하였고, 이는 '조선적인 것'의 본질적인 내용이 되었다. 따라서 '조선'의 미에 대한 인식도 그들의 '조선'담론을 통해 등장하게 된다. 본고에서는 안확을 중심으로 조선의 미를 논의하였다.

그 다음으로 제국의 관점에서 본 조선의 미는 타자의 시선에서 본 미론이다. 근대적 학문 방법론에 의한 조선 연구는 일본 지식인들에 의해 시작되었다. 특히 일본 관학자들은 연구자이자 관료로서 일제의 식민통치에 대한 학문적 체계를 구축하는 역할을 담당하였다. 대표적으로 세키노 다다시는 식민사학의 토대를 구축하고 일본의 한국학 형성을 주도했다고 평가되는 인물로, 그의 연구가 조선학의 형성과정과 연결되었다는 점에서 시사하는 바가 크다. 세키노를 통해 전형적인 식민사관에 의해 만들어진 조선의 미의식을 알 수 있다. 두 번째로 야나기 무네요시는 조선 예술의 독자성을 언급함으로써 근대 한국미학의 성립에 중요한 영향을 끼친 인물이다. 당시 일본의 조선 연구가 모방의 담론을 견지해왔던 반면 야나기는 조선 고유의 특징을 개진하는데 노력하였다. '비애'와 '민예'로 대표되는 그의 조선미론은 일본 미론을 위한 차이의 담론으로 주창된 것이다. 본고는 야나기가 조선 담론을 주창하게 된 이유를 밝히는 것을 시작으로 비애와 민예의 미론을 살펴보았다.

마지막으로 유럽에 한국학을 소개한 독일인 안드레아스 에카르트가 있다. 그의 미술관은 미술사 전체를 통찰하는 정신을 중심으로 한다. 이를 위해 민족과 문화의 내적 연관성에서 고유의 미를 도출하려 했으며 나아가 조선의 미를 조선학뿐만 아니라 동아시아의 담론 가운데 출현시키려 했다.

첫 번째로 안확의 문화 연구는 타자의 조선 문화 인식에 대한 저항과 전유의 방식이라 말할 수 있다. 그는 서양인과 일본인의 조선 인식을 비판하면서 이전의 개화론자들과 다른 방향으로 조선의 근대를 구상하였다. 그가 생각한 근대적인 국가는 조선인의 조선 인식으로부터 시작한다. 이를 위해 고유한 '조선'의 정신을 역사적으로 탐구하면서 문화사를 기술하였다. '조선'의 문학·미술·음악 등에는 각각 형성과 전개 그리고 발전이 시대적으로 서술되어 있다. 안확은 민족의 정신발달사를 드러내는 지표로서 예술을 인식하였다. 따라서 예술의 본질은 미의 표현인 동시에 민족의 고유성과 문화적 보편성을 담지하게 된다. 「조선문학사」에 나타난 고유성과 보편성의 문제는 '종'사상을 중심으로 논의된다. 「조선미술사요」에서 그는 미술의 역사를 조선의 미의식과 외래문화의 관계 속에서 전개시킨다. 고유문화와 외래문화의 융합이라는 문화의 복합성과 혼성성을 승인하고, 이를 통해 미술사가 전개됨을 논의하였다. 그는 조선적인 것의 고유성은 예술의 각 장르에 모두 나타나며 고유성에 보편성이 내재되거나 고유성이 외래문화와의 융합을 통해 보편성을 획득하는 것으로 논의하였다. 이처럼 안확의 조선의 미는 고유성과 보편성의 문제로 전개된다.

두 번째로 살펴본 세키노 다다시는 고적 조사를 통해 조선 미술사를 집필한 인물이다. 그는 1902년부터 조선의 고적조사를 시작하였고, 이것을 토대로 조선 미술사를 구상하였다. 실제 현지조사를 통해 유적을 발굴했음에도 불구하고 그는 예술적 특성으로부터 미론을 도출시키지 않았다. 조선의 예술은 중국과 일본의 관계 속에서 논의되었고, 특히 일관되게 조선의 예술을 중국의 모방 속에서 전개와 발전 그리고 쇠퇴의 역사를 기술하였다. 근대적 학문으로서의 조선미술사는 타자가 주체가 되어 그들의 패러다임으로 구축되는 과정을 겪는다. 이렇게 만들어진 조선은 바로 조선인의 정체성을 의미한다. 조선의 미술은 정체적이고 소극적이며 타율성을 특징으로 한다. 특히 조선시대를 지나친 기교·경박·섬약·치졸이라는 평어로 한 시대의 미술을 규정하였다. 따라서 세키노의 조선미는 타율성에 의한 모방과 섬약의 미로 귀결된다.

세 번째로 '비애'와 '민예'로 대표되는 야나기 무네요시의 조선미론은 일본 미학의 개진을 위해 등장한 것이다. 22번의 조선 방문에서 그는 조선의 유적을 탐방하고 작품을 수집하고 관련된 글을 발표하였다. 그는 이 과정에서 일본미술의 기원이 조선임을 확인하게 된다. 그는 조선 미술의 특질을 규명하여 일본의 미를 조선으로부터 독립시키고자 하였다. 즉 일본과의 차이의 담론으로 조선적인 것을 주장하였다. 이러한 점에서 야나기의 조선적인 것의 희구는 식민지와 그 문화에 대한 동정과 동경으로만 볼 수 없다. 조선 미론은 일본 미와의 차이를 위한 전략인 점에서 야나기는 세키노와 다른 듯 비슷하다. 비애의 미는 동양 예술의 일반성으로 포괄할 수 없는 조선만의 차이에 주목한 결과였다. 반면에 민예는 일본의 독자적인 미론의 구축에서 등장하였지만, 동양 예술이 지닌 보편성의 모색이라는 의미로 전환되었다. 이러한 의미에서 비애가 차이점을 밝히기 위한 미적 특질이라면, 민예는 일본을 포함한 동아시아의 보편적인 미적 특질이다. 따라서 야나기의 조선의 미에서 고유성은 비애이며, 보편성은 민예라 할 수 있다.

마지막으로 안드레아스 에카르트는 조선에 선교사로 체류하며 20여년을 조선에서 생활하였다. 그는 조선인과 함께 한일합방을 목도하고, 식민체제의 현실을 경험했다. 그리고 조선 곳곳의 예술품과 문화유적을 답사하며 자료를 수집하고 정리하였다. 이러한 일련의 과정을 통해 그는 조선민족과 조선 문화의 내적 연관성에서 조선적인 고유의 미를 만나게 된다. 그가 제시한 고유의 미는 고전적인 단순미이다. 그의 문화연구는 당시 일본 연구자들의 조선 예술에 대한 중국을 원류源流로 한 수용과 모방의 관계로 풀어내는 방식과 다르다. 그는 작품의 선별과 해석에 있어 실증적인 측면을 중요하게 생각하였으며,

조선의 미가 단지 조선학의 형성과정 뿐만 아니라 동아시아의 담론 가운데 출현되었음을 입증하고자 하였다.

지금까지 살펴본 근대 한국미의 형성은 고유섭, 김용준, 임화, 이태준 등의 본격적으로 근대학문으로 한국의 미학을 주창하기 전의 역사이다. 그 동안 고유섭을 필두로 한국 미학에 관한 많은 연구들이 이루어졌다. 하지만 근대라는 문명을 수용하면서 시작된 예술의 변용과 미론의 수용 및 자기화의 과정 등 일련의 논의들은 부분적으로 이루어졌다. 특히 문학·미술·공예·음악 등의 개별 범주에 연구가 집중되는 한계를 드러냈다.

이 책은 실제 근대적인 예술인식이 생겨나게 된 시기부터 독립적이고 자율적인 영역을 구축하며 근대적 미론을 형성한 과정까지를 살펴보았다. 이를 위해 당대 지식인들이 예술을 어떻게 상상하고 재구성해나갔으며, 새롭게 유입된 근대적 미론에 대한 인식과 배제의 측면을 논의하였다. 그리고 한국 고유의 미론이 타자에 의해 주창된 점을 살펴보았다. 식민 혹은 제국의 관점에서 한국미론이 어떻게 형성되었으며, 연구자마다 주창한 미론을 비교하며 분석하였다. 이를 통해 한국의 미가 조선 담론을 넘어 동아시아 담론으로도 출현하였음을 입증하였다.

한국미의 역정은 이제 시작이다. 본격적으로 미론의 형성을 토대로 한국학자들이 어떻게 한국미를 구성해나갔는지 그 역사는 과제로 남겨놓고 글을 마무리하고자 한다.

참고문헌

1. 원전

『阮堂全集』

『瓛齋集』

『俞吉濬全集』

『雲養集』

『雲養續集』

『承政院日記』

『李光洙全集』, 又新社, 1979.

『廉想涉全集』, 민음사, 1987.

『自山安廓國學論著集』, 여강출판사, 1994.

　단재신채호선생기념사업회, 『丹齋申采浩全集』, 형설출판사, 1977.

　단재신채호전집편찬위원회, 『단재신채호전집』, 독립기념관 한국독립운
　　　동사연구소, 2007.

2. 단행본

가토리에 · 권석영 · 이병진 외, 『야나기무네요시와 한국』, 소명출판, 2012.

강재언, 『한국의 개화사상』, 비봉출판사, 1981.

關野貞, 심우성 옮김, 『조선 미술사』, 동문선, 2003.

김명호, 『환재 박규수 연구』, 창비, 2008.

김열규, 신동욱, 『廉想涉硏究』, 새문사, 1981.

김재용 · 이상경 · 오성호 외, 『한국근대민족문학사』, 한길사, 1993;1999.

김주현, 『계몽과 혁명: 신채호의 삶과 문학』, 소명출판, 2015.

김현주, 『단재 신채호 소설연구』, 소명출판, 2015.

권보드래, 『한국 근대소설의 기원』, 소명출판, 2012.

권영민, 『한국현대문학사』1, 민음사, 2002.

권영필,『미적 상상력과 미술사학』, 문예출판사, 2000.

권영필 외,『韓國美學試論』, 고려대한국학연구소, 1994;1997.

나카미마리, 김순희 옮김,『야나기무네요시 평전』, 효형출판, 2005.

류준필,『동아시아 자국학과 자국문학사 인식』, 소명출판, 2013.

류시현,『조선문화에 관한 제국의 시선: 세키노 타다시의 연구 중심으로』, 아연출판부, 2019.

민족문화추진회 편,『國譯 阮堂全集』4, 솔, 1998.

민족문화연구소 기초학문연구단,『'조선적인 것'의 형성과 근대문화담론』, 소명출판, 2007.

박규수, 김채식 옮김,『瓛齋集』1, 성균관대출판부, 2017.

박관규, 손성준 외,『대한자강회월보 편역집』3, 소명출판, 2015.

박정심,『조선의 아, 비아와 마주서다』, 문사철, 2019.

부산대점필재연구소 고전번역학센터,『대한자강회월보 편역집』1, 소명출판, 2012.

신채호, 최경희 엮음,『신채호작품집』, 지만지, 2008.

신채호, 송재소·강명관편,『꿈하늘』, 동광출판사, 1990.

야나기무네요시, 이길진 옮김,『조선과 그 예술』, 신구, 1994.

안드레아스 에카르트, 이기숙 옮김,『조선, 지극히 아름다운 나라』, 살림출판사, 2010.

안드레아스 에카르트, 권영필 옮김,『에카르트의 조선 미술사』, 열화당, 2003.

안확, 최원식·정해렴 편역,『安自山國學論選集』, 현대실학사, 1996.

안확, 정숭교 편저,『자산 안확의 자각론 개조론』, 한국국학진흥원, 2004.

안확, 김세종 편역,『조선음악의 연구』, 보고사, 2008.

이광수, 김종회 엮음,『이광수작품집』, 지만지, 2008.

이상우,『동양미학론』, 아카넷, 2018.

이인범,『조선예술과 야나기 무네요시』, 시공사, 1999.

이재선, 『이광수문학의 지적편력: 문학론의 원천과 형성』, 서강대출판부, 2010.

이행훈, 『지식의 고고학』, 소명출판, 2013.

임지현·이성시 엮음, 『국사의 신화를 넘어서』, 휴머니스트, 2004.

임상석, 정두영, 『대한자강회월보 편역집』2, 소명출판, 2014.

양진오, 『영웅의 발견과 한국근대 소설의 기원』, 태학사, 2015.

임형택 외, 실시학사 편, 『환재 박규수 연구』, 학자원, 2018.

유동준, 『俞吉濬傳』, 일조각, 1987.

유홍준, 『안목』, 눌와, 2017.

유홍준, 『유홍준의 한국미술사 강의』3, 눌와, 2013.

정인성, 『1909년 「朝鮮古蹟調査」의 기록: 『韓紅葉』과 谷井濟一의 조사기록』, 국립문화재연구소 고고연구실, 2016.

정용화, 『문명의 정치사상 : 유길준과 근대한국』, 문학과지성사, 2004.

조현일, 이양숙 외, 『'조선적인 것'의 형성과 근대문화담론』, 소명출판, 2007.

최공호, 『산업과 예술의 기로에서: 한국 근대 공예사론』, 미술문화, 2008.

최덕수 외, 『근대 한국의 개혁 구상과 유길준』, 고려대출판문화원, 2015.

최열, 『한국근대미술의 역사』, 열화당, 1998;2001;2015;2016.

최석영, 『일제의 조선연구와 식민지적 지식생산』, 민속원, 2012.

한국철학사연구회, 『한국실학사상사』, 다운샘, 2000.

한국철학연구회, 『한국철학사상사』, 심산, 2005.

허성일, 『俞吉濬의 사상과 시문학』, 한국문화사, 2005.

황지원, 사공홍주, 『김정희의 철학과 예술』, 계명대출판부, 2010.

홍선표, 『한국근대미술사: 갑오개혁에서해방시기까지』, 시공사, 2009;2019.

3. 논문

강희정, 「일제강점기 한국미술사의 구축과 석굴암의 '再맥락화'」, 『先史와 古代』 33, 2010.

김인규, 「朴珪壽의 思想形成에 있어서 北學派의 영향과 그 전개: 실학사상에서 개화사상으로의 발전을 중심으로」, 『東洋哲學硏究』 28, 2002.

김현양, 「안확의 '조선민족담론'과 상호중심주의: 『조선문학사』와 『조선문명사』를 중심으로」, 『민족문학사연구』 64, 민족문학사학회 · 민족문학사연구소, 2017.

노관범, 「대한제국기 신채호의 '아我'개념의 재검토」, 『개념과 소통』 14, 2014.

박유하, 「상상된 미의식과 민족적 정체성」, 『당대비평특집호』, 삼인, 2002.

박성태, 「염상섭의 프로문학론 비판과 개성적 사실주의 문학론」, 『현대문학이론연구』 66, 2016.

배나나, 「김정희 화론의 문자향서권기 개념연구」, 홍익대석사논문, 2012.

이난수, 「안확의 조선미朝鮮美 탐구」, 『유교사상문화연구』 72, 2018.

이난수, 「조선의 정신, 그 정체성에 대한 근대적 탐색 :신채호의 '아'와 박은식의 '국혼' 그리고 정인보의 '얼'을 중심으로」, 『양명학』 54, 2019.

이난수, 「19세기 이후 개화담론에 나타난 예술인식」, 『양명학』 55, 2019.

이은정, 「독일 한국학의 현황과 전망에 관한 연구」, 경상대석사논문, 2008.

이종두, 「안확의 『조선문학사』와 『조선문명사』 비교연구」, 『대동문화연구』 73, 2011.

이주형, 「朴珪壽의 實事求是的 書畵思想 硏究」, 『서예학연구』 34, 한국서예학회, 2019.

이주형, 「장지연의 애국계몽활동과 사상」, 『향토문학연구』 11, 2008,

이행훈, 「안확의 '조선'연구와 문명의 발견」, 『한국철학논집』 52, 한국철학회, 2016.

유홍준, 「환재 박규수의 회화론」, 『泰東古典硏究』 10, 翰林大學校附設泰東古典研究所, 1993.

조종환, 「大韓自强會의 開化自强論」, 『論文集 人文 · 社會科學』 23, 상지전문대, 1993.

차순철, 「『韓紅葉』과 일본인들의 한국문화 인식과정 검토」, 『한국고대사

탐구』 11, 한국고대사탐구학회, 2012.

최성실, 「개화기 문학담론에 나타난 '근대국가'라는 숭고한 대상: 유길준의 서유견문 읽기 시론」, 『민족문학사연구』 24, 민족문학사학회, 2004.

최인숙, 「염상섭 문학의 개인주의」, 인하대박사논문, 2013.

황종연, 「문학이라는 譯語: 「문학이란 何오」혹은 한국 근대문학론의 성립에 관한 고찰」, 『문학사와 비평』6, 1999.

홍미숙, 「안드레아스 에카르트의『조선미술사』에 관한 연구」, 명지대박사논문, 2019.

한국민족문화대백과사전, 安廓, http://encykorea.aks.ac.kr

| 지은이 소개 |

이난수李蘭洙

성균관대 동양철학과에서 「심미정서로서의 '興'연구」로 박사학위를 받았고, 경북대학교에서 박사후연구과정을 밟았다. (사)인문예술연구소 선임연구원, 조선대학교 우리철학연구소 전임연구원, 한국전통문화대학교 한국철학연구소 전임연구원, 세종대와 조선대 강사를 역임하였다. 현재 한국전통문화대학교 한국철학연구소에 학술연구교수로 재직하고 있다.

단행본으로 공저인 『수행성과 매체성: 21세기 인문학의 쟁점』(2012, 푸른사상), 『21세기보편영성으로서의 誠과 孝』(2016, 동연), 『효와 경의 뜻을 찾아서』(2019, 문사철)이 있고, 논문으로는 「근대전환기 '풍류(風流)'인식으로 본 한국사상의 원형 문제」, 「조선의 정신, 그 정체성에 대한 근대적 탐색」, 「인문정신으로서의 '얼'과 한국인의 신명문제」, 「19세기 이후 개화담론에 나타난 예술인식」, 「안확의 조선미(朝鮮美) 탐구」, 「古조리서로 본 宗家의 살림문화: 『需雲雜方』, 『음식디미방』, 『蘊酒法』을 중심으로」, 「張桂香의 『음식디미방』과 유교여성 살림의 철학」, 「茶山, 女性의 눈으로 女性을 그리다: 다산과 페미니즘 미학」등이 있다.

한국학
총 서

조선대학교 우리철학연구소 우리철학총서 07
근대전환기의 한국철학 〈美〉

근대 한국미의 정체성

초판 인쇄   2020년 12월 10일
초판 발행   2020년 12월 20일

지 은 이 | 이 난 수
펴 낸 이 | 하 운 근
펴 낸 곳 | 學古房

주   소 | 경기도 고양시 덕양구 통일로 140 삼송테크노밸리 A동 B224
전   화 | (02)353-9908 편집부(02)356-9903
팩   스 | (02)6959-8234
홈페이지 | www.hakgobang.co.kr
전자우편 | hakgobang@naver.com, hakgobang@chol.com
등록번호 | 제311-1994-000001호

ISBN 979-11-6586-124-7 94100
        978-89-6071-865-4(세트)

값 : 15,000원